慧海拾珠

西方文化千问

Classic Reading
And Collection

探寻世界文明发展之路·解读西方千年璀璨历史

王永鸿　周成华◎主编

陕西新华出版传媒集团

三秦出版社

图书在版编目（CIP）数据

西方文化千问 / 王永鸿，周成华主编. —西安：三秦出版社，2012.1
（2022.6 重印）
（慧海拾珠）
ISBN 978-7-5518-0068-6

Ⅰ. ①西… Ⅱ. ①王… ②周… Ⅲ. ①文化史—西方国家—问题解答
Ⅳ. ① K103-44

中国版本图书馆 CIP 数据核字（2012）第 001614 号

慧 海 拾 珠
西方文化千问

王永鸿　　周成华　主编

出版发行	陕西新华出版传媒集团　三秦出版社
社　　址	西安市雁塔区曲江新区登高路 1388 号
电　　话	（029）81205236
邮政编码	710061
印　　刷	永清县晔盛亚胶印有限公司
开　　本	787mm×1092mm　1/16
印　　张	15
字　　数	400 千字
版　　次	2012 年 1 月第 1 版
	2022 年 6 月第 3 次印刷
标准书号	ISBN 978-7-5518-0068-6
定　　价	46.00 元

网　　址　http://www.sqcbs.com

西方文化在人类文化与精神领域占有很重要的地位。本书主要面向青少年读者，介绍西方文化的特点和成就，帮助读者了解西方文化起源、人文思想等，激发读者对西方文化的学习热情，增长知识、开阔眼界。同时通过学习，培养宽容地对待异国文化的态度。

由于在文化、艺术、文学、历史方面的基石作用，西方文化在欧美学校课程中占据了支配地位。1970年代开始，一种被称为多元文化政策的新文化觉醒，开始鼓励在西方学习非洲、亚洲的文化、历史与艺术，这项政策在进入1990年代后进展加快。西方文化的概念通常与西方世界传统定义相关联。根据此定义，西方文化是西方的文学、科学、艺术以及哲学原理等的合集，并且有别于其它主要文明。适用于受西欧移民或殖民影响强烈的国家，并不仅限于西欧。从地理意义上讲，西方文化主要指的是西欧、北美的文化，同时包括西方世界中共同的标准、价值观、风俗等。在欧美，与西方这个词相对应的是整个基督教、伊斯兰国家，甚至一些亚洲及第三世界发展中国家。不仅美国文化、唯物主义、工业主义、资本主义、商业主义、帝国主义、现代主义等范畴，乃至共产主义、纳粹主义也都诞生于欧洲，也是广义的西方文化的一部分。

西方文化从本质上看是个体文化。西方文化主要特征是具有个体性特性，其核心问题就在于西方强调个体自由度的发挥，所以，西方文化可称之为"个体文化"。文化的核心是观念的共识，在当前的世界上，有两种不同的观念的共识，那就是东方文化的整体性和西方文化的个体性，它们是人类历史发展的结果。不同的政治、经济、社会环境造就了不同的文化观念，产生了不同特性的西方文化和东方文化。

本书以通俗易懂的叙述方式，展现了西方文化发展过程中的特性，无任西方的还是东方的，都属于全人类的共同财富。

目 录
mu lu

3

第五章 文学与戏剧 115

第六章　音乐与舞蹈……… 155

第八章　宗教与神话 199

第一章 文明的遗迹

班图人是什么样的民族？

班图人是4000年前在西非兴起的农耕与放牧相结合的民族。他们与北非的穆斯林统治者进行贸易往来，向北运送象牙、乌木、金、铜以及奴隶，带回来陶器与玻璃器皿等工业制成品。他们学会了怎样冶铁，这可能是从迦太基这样的北非城市的人们那儿学会的。加纳、贝宁、马里以及松海是几个在西非不同时期繁荣的小王国。他们都说班图语，是班图人的后裔。

米诺斯是如何被发现的？

在100年前，英国考古学家阿瑟·埃文斯获得一个意外的发现。他在地中海克里特岛发掘到漂亮的克诺索斯宫殿遗迹。宫殿是巨大的，有几百间房子、庭院以及弯曲的楼梯。这使埃文斯想起了古代希腊迷宫的神话故事，这个迷宫是由传说中的克里特国王米诺斯修建的，于是埃文斯以传奇国王的名字称这处遗迹为米诺斯。

拉斯考克斯洞窟的绘画有什么特点？

在拉斯考克斯洞窟中，壁画上的大部分动物很健壮，有些动物甚至露出怀胎的形态。原始画家用简练而粗壮的黑线勾画出动物的大概轮廓，并用红、黑、褐色渲染出动物的结构和体积。洞窟壁画的整体画面都气势雄壮，极富动感，充满野性的生命力和粗犷的原始气息。拉斯考克斯洞窟壁画主要有三幅代表画作，画面表现如下：《拉斯考克斯野牛》——一头甩尾扬蹄并充满暴怒感的欧洲野牛疯狂地奔跑着，经过两匹小跑着前行的马驹身边，画面左边有一些格子形符号，可能代表将牛驱赶进去的大门；《拉斯考克斯鹿》——四只拥有夸张高度的角的野鹿，奔驰在洞窟的一面石壁上，画者在作画时，竟然使用红色、黄色和更多的墨色点染出动物轮廓；《拉斯考克斯洞穴的公牛大厅》——画的是动物侧面像。

阿尔塔米拉洞窟有什么特点？

阿尔塔米拉洞窟位于西班牙。1875年，考古学家索特乌拉侯爵进这个洞穴去收集化石，但没有发现壁画。1878年，索特乌拉侯爵再度来到这里发掘史前沉积物。随他来的女儿玛丽亚在洞穴内玩耍时发现了一个洞口，就独自进去。洞内很黑，于是玛丽亚点燃了蜡烛。就在灯亮的一瞬间，她竟然看见一头直瞪瞪地盯着她的公牛。她吓得大叫："爸爸！公牛！一头公牛！"于是，这个被称作"史前的西斯廷教堂"的地下秘密画廊——阿尔塔米拉洞窟，就这样被小孩子无意中发现了。洞壁上画的野牛是用燃烧驯鹿油脂灯火后所得到的油烟画的，然后又用朱红色粉末进行了着彩，因此画得非常生动。其中有幅《猛冲的野牛》，正扬角低头向前冲去，充满动感和活力。

阿尔塔米拉洞窟有300多米长，大壁画就画在洞穴的顶部，大概有14米长，上面用各种颜色描绘了15头野牛、3头野猪、3只母鹿、2匹马和1只狼的形象。它们展现出多种动态，有的动物在奔跑，有的动物好像受了伤，有的动物好像正在被追赶，仿佛处于惊慌失措的状态中。画面整体显得生动逼真栩栩如生。

克诺索斯宫殿有什么特点？

克诺索斯宫殿是米诺斯人在克里特岛上修建的最大的宫殿。建筑包括神龛、宗教象征以及神像。可能在克诺索斯生活着一个僧侣阶层，有几间宽敞装饰精美的房间，可能属于王室。一些小的屋子内满是高坛子，被称为储物罐，它们是用来装油、酒以及其他东西的。同时克诺索斯也是一个食品与商贸交流中心。

★克诺索斯宫遗址

克里特宫殿的墙上是漂亮的图画，许多都保存下来。一些画描绘的是自然的风景，其他的一些描绘的是米诺斯人工作、娱乐以及参加宗教仪式的场面。宫殿的遗迹给了我们许多线索，使我们知道更多有关米诺斯人的情况。起初他们来自于希腊本土，后来迁移到克里特，在这里大约经过了1000年左右，创建了一个繁荣与神奇的文明，这一文明在公元前2000～前1900年达到了顶点。海洋孕育了丰富的鱼类资源和肥沃的土壤，这意味着米诺斯人拥有富有安逸的生活方式。

宫殿倒塌，并发生了大火。突然之间，米诺斯繁荣的文明遭受到一场灾难。可能是由于发生了地震或者附近的锡拉火山爆发了。米诺斯人重建了他们的宫殿，但是在公元前1450年，再次发生了灾难。从希腊本土来的迈锡尼人入侵，米诺斯文明被摧毁。

尼罗河在古埃及之中有什么样的重要作用？

尼罗河是这一地区生命的血液，提供了所有的东西——土地的肥料、农耕与灌溉的水以及被称为"三桅帆船"——埃及人的小船——行使的道路，这些小船是世界上最早的航海工具。每年尼罗河都发一次洪水，肥沃的淤泥为两岸提供了养料。在洪水期间，没有人可以劳作。于是王国集结所有能够劳动的人都去修筑巨大的建筑工程，如城市以及供奉埃及众神的庙宇。他们也修建巨大的金字塔，也就是法老死后的坟墓。金字塔修建在沙漠地区。

古埃及的法老有着什么样的显赫地位？

法老统治着古埃及漫长的3000多年的历史中。从新王国开始的法老都非常有权力，他们扩展帝国的边疆，向西亚派出使者。他们修建雄伟的庙宇、建造巨大的自己的塑像。在大约500年内，新王国时期的埃及是当时世界上最伟大的文明。古埃及人相信他们的法老是神。对他们而言，法老既是鹰神荷鲁斯，也是太阳神阿蒙。这种神化的地位给了法老绝对的权威。他们任命祭司、书记官以及高级官员。他们还控制着军队，许多士兵是从被征服地区——从苏丹到叙利亚——征集来的。法老每到一个地方，埃及人就会记录下法老的权威。在庙宇的前面，是巨大的法老石像，并以太阳神为原型。雕塑告诉人们法老神的地位。人们也能够知道法老在巴勒斯坦和努比亚取得的胜利，以及与土耳其的赫梯人之间订立的和约。

最著名的法老来自于新王国。他们包括拉美西斯二世、著名的军事领导人塞提一世、埃赫那吞（他废除了除太阳神以外所有的神）、少年法老图坦卡蒙，以及一个强有力的皇后哈特舍普苏特。

埃及金字塔有什么特点？

埃及金字塔位于埃及开罗附近吉萨高原上，是至今最大建筑群之一，是古埃及文明的象征之一，也是埃及国家的象征。埃及金字塔建于大约公元前2700～前2500年，是世界七大奇迹之一。

金字塔相传是法老的陵墓，法老是古埃及的国王。法老为什么要建造金字塔？巨大的金字塔是如何建成的？有人说金字塔是外星人造出来的，事实究竟是怎样的？相传，在古埃及第三王朝之前，无论是王公大臣或者是老百姓，死后都会被埋入一种用泥砖筑成的长方形的坟墓中，古代埃及人把它叫做“马斯塔巴”。后来，有个叫伊姆荷太普的年轻人十分聪明，他在给埃及法老左塞王设计坟墓时，创造出了一种奇特的建筑方式。他用山上开采下来的方形石块来替代泥砖，并不断地修改陵墓设计方案，最后建成了一个梯形金字塔坟墓，即为当今金字塔的最初面貌。金字塔是一种角锥形建筑物，底座为四方形，每个侧面都为三角形，外形类似中国的汉字“金”，所以我们叫它“金字塔”。左塞王之后的法老都效仿他，在生前就为自己修建了坟墓，此后，修造金字塔之风在古埃及盛行，此时的古埃及王国被称为“金字塔时代”。

为什么法老的坟墓会被修成“金”字？

在古埃及，法老们为什么要将坟墓修成“金”字形呢？在最初时，法老一直将马斯塔巴作为死后的永久性住所，大约在第二至第三王朝的时候，埃及社会产生了国王死后成为神，灵魂要升天的思想。在后来发现的《金字塔铭文》中有这样的话，为法老建造上天的天梯，为的是让法老能够由此上天，而金字塔则是这样的天梯。此外，角锥形的金字塔又象征着对太阳神的崇拜，这是因为古代埃及太阳神的标志是太阳的光芒，金字塔象征着刺向青天的太阳光芒。当你站在通往基泽的路上，朝金字塔棱线的角度上向西方望去，可以看到金字塔犹如洒向大地的太阳光芒。第四王朝法老胡夫的金字塔是古埃及所有金字塔中最大的一座。这座大金字塔原高146.6米，经过几千年来的风吹雨打，顶端被剥蚀了近10米。但在1889年巴黎建成埃菲尔铁塔以前，它还一直是世界上最高的建筑物。这座金字塔的底面呈现

正方形，每边长230多米，绕金字塔一周，差不多需要走1公里的路程。

迈锡尼文明有什么特点？

大约在公元前1600年，一个好战的民族统治着希腊本土，他们就是迈锡尼人，这个名字是根据他们在伯罗奔尼撒半岛东北部的最大军事据点迈锡尼而得的。迈锡尼人创造了第一个希腊本土文明。他们生活在小山顶，据点坚守，制造非常好的金属物品，士兵以英勇而闻名。

现在看迈锡尼人留下的遗迹很荒凉，只有风吹日晒的山壁上光秃秃的石墙。事实上国王与贵族生活豪华，他们在要塞内修建小但是奢华的宫殿。每一个要塞都有供国王、士兵、官员、神职人员、书记官以及手工业者居住的房屋。农民居住在周围的平原与乡村，他们供养国王与其官员，在战争的时候回到要塞躲避。

迈锡尼文明一直延续到公元前1200年，一场大火烧毁了迈锡尼要塞。尽管其后迈锡尼文明又延续了100多年，但是他们的势力已经衰落了。

迈锡尼人是个什么样的民族？

迈锡尼人可能包括几个不同的部落，每一个部落都有自己的首领和堡垒。迈锡尼是最大的，但是在提林斯和伽拉还有其他部落。他们说早期的希腊语，其巨大的要塞是用大石头建造的。从希腊本土出发，他们远航到爱琴海和地中海。他们的商人向西航行到达西西里，向东航行到达土耳其海岸，在那里他们建造了贸易港口——米利都。他们也到达一些希腊岛屿，与当地人进行贸

易或者建立殖民地。最大的征服行动是对希腊最大的岛屿克里特发动的，他们打败了米诺斯人。这次征服使得他们可以使用以前米诺斯商人的贸易路线。

古巴比伦是怎样建立的？

公元前1700年，从叙利亚来的亚摩利人迁移到底格里斯河与幼发拉底河之间的美索不达米亚地区。亚摩利人在幼发拉底河边的巴比伦建都。在公元前1700年左右，汉谟拉比国王征服了整个南部美索不达米亚，建立著名的巴比伦王国。被征服的地区包括许多拥有不同文化与法律的人们，于是汉谟拉比决定统一法律，并把法律刻在石碑上，让所有的人看到。

★幼发拉底河

在汉谟拉比的统治之下，巴比伦成为科学与文化的中心。巴比伦的学者们发明出计数体系，这是基于60进位的方法，是现在1小时等于60分钟，以及360°圆的由来。巴比伦的科学家也是有名的天文学家，他们记载了黑暗天空中月亮和星星的运动。

亚述人是一个什么样的民族？

亚述人是居住在两河流域北部的一支闪族人。亚述军队攻击迅速，洗劫

村庄，摧毁城墙，屠杀任何反抗的人。他们带走珍贵的金属、木材、建筑石头——任何只要他们能够使用的东西。他们让囚犯像奴隶一样在底格里斯河沿岸的城市中修建工程，建造奢侈的宫殿、庙宇以及大量的城墙。

亚述人好像永不停息。他们征服了从尼罗河三角洲到古巴比伦城与乌尔的广大地区。他们修建漂亮的城市，如尼尼微、尼姆鲁德以及科撒巴德，它们是当时世界上最富丽堂皇的城市。他们的王宫用描绘着国王胜利与荣耀的浮雕装饰。浮雕保存到现在，向我们显示了亚述国王与他们生活的许多内容，如他们征战的胜利、庆祝胜利的场景、被征服者向他们进贡的东西以及打猎的场景。

亚述人主要的力量是他们的军队，随着帝国的扩张，军队不能够保卫整个帝国领域了。单个被征服的城市不能够打败亚述人，但是当巴比伦人和米底人联合起来后，他们胜利了，强大的亚述帝国很快垮台了。

赫梯人是个什么样的民族？

来自寒冷多山的安纳托利亚中部地区的赫梯人是在约公元前1600～前1200年间兴盛起来的武力强大的民族。作为一个好战的民族，他们经常与邻国为控制地中海地区的贸易而开战。

赫梯人控制着一块荒芜的地区，他们得寻找土地种植小麦与大麦，饲养牛羊。他们在王国中部的哈图萨斯建造要塞。从这里，他们征集人马，训练成一支强有力的军队。他们是在战争中最早使用骑兵的民族之一，并且发明出战车，这是他们最令人敬畏的武器之一。他们从美索不达

亚北部进攻米坦尼，征服了叙利亚。他们的军队甚至威胁到埃及帝国的安全。赫梯人也使用和平的手段来增加他们的力量，他们与埃及法老订立条约，这些条约在哈图萨斯众多王室档案的泥板中发现。条约显示，有时候赫梯人向敌人缴纳赎金，以求得敌人退走。

赫梯人拥有强大的陆军，但是防御海岸是困难的。为人熟知的"海上民族"海上入侵者腓尼基人——不断地攻击赫梯人。这与欠收和来自埃及的压力一起，导致了约在公元前1200年赫梯人的衰落。

伊特鲁里亚人是个什么样的民族？

生活在意大利西部的亚诺河与台伯河之间的伊特鲁里亚人是最不为我们熟知的早期人类之一。从公元前8世纪～前1世纪，他们修建了一系列的城市，并且通过开采铜、锡与铁矿而变得富有。我们不知道伊特鲁里亚人最初来自于何地，他们至今仍然是一个神秘的人群。他们会书写，但是没有留下任何文学作品，他们的许多城市埋在现代意大利城市的下面。

伊特鲁利亚人的艺术有什么特点？

伊特鲁里亚的艺术深受希腊人影响，是熟练的艺术家。最引人注目的伊特鲁里亚遗迹是坟墓。富人修建的大型的坟墓有几间房间大，装饰有主人家庭的图像，是古代世界保存到现在最好的图画之一。在北部伊特鲁里亚城市也有许多好的雕刻工人，他们制作青铜，生产雕塑、雕像以及镜子、家具和战车的装饰嵌板。伊特鲁里亚人最后的敌人是罗马人，罗马人非常欣赏这些手工艺品。当罗马人与其同盟者在公元前3世纪

征服伊特鲁里亚城市时，他们掠夺走了上千件青铜雕像。

古代的腓尼基指的是哪里？

历史上，"腓尼基"是指叙利亚巴勒斯坦的沿海地区，它北起苏克苏，南至阿科，东起黎巴嫩山，西至地中海，大约相当于今天的黎巴嫩。最初在这里居住的大概是胡里特人。公元前3000年说塞姆语的迦南人迁入，并逐渐同化了原先的居民。

古代的腓尼基不是一个国家的名称，而只是一个地区、一个民族的名称。事实上，腓尼基这个地区也从未形成一个统一的国家，而是形成了若干个彼此独立的小的城市国家（如著名的推罗、西顿、乌伽里特、毕布勒等）。居住在这个地区的人们也从来不把自己叫做腓尼基人，而是叫做某某城市的人，如推罗人、西顿人等。

斯巴达国家采取什么样的等级制度？

斯巴达是古希腊著名城邦，位于希腊东南部。公元前21世纪末，多利斯人侵入南希腊，古斯巴达灭亡。入侵者的一支定居在拉哥尼亚的攸洛塔斯河谷，离古斯巴达原址不远，定居地也称斯巴达。

斯巴达国内阶级结构简单：第一，是奴隶阶级，又称希洛人，由一部分拉哥尼亚的土著亚该亚人与美塞尼亚的多利斯人组成，人口约20万～30万。他们以家庭为单位固着在公民份地上，每户公民占有7户希洛人，每年需向主人交纳一半劳动产品。希洛人的人身属国家，占有者不能任意买卖、杀戮他们，

因此希洛人实际上是国有奴隶，其社会地位极低，受到各种虐待。第二，是小生产者阶级，又称皮里阿西人，同样由被征服者组成，居于山区或沿海地带，

★斯巴达

从事农业、手工业、商业，人口约10余万。有土地等不动产占有权，但需向国家纳税和服兵役，无公民权，无同斯巴达人通婚权，但有一定程度的地方自治权。第三，是奴隶主阶级，即斯巴达公民。虽然公民集体内部也有平民、贵族之分，就整体而言都是不劳而获的奴隶主阶级。人口约4万人，公民最多时约7000～10000人，完全脱离生产，专注于军训，彼此财产差别不大，每户有份地约20公顷，无所有权，只可传给后代。

为什么斯巴达会灭亡？

公元前5世纪末战胜雅典，一度确立对全希腊的霸权。公元前371年，被后起的城邦底比斯击败，美塞尼亚希洛人乘机独立，获得解放，斯巴达元气大伤。马其顿征服希腊后，斯巴达保持了独立，但国势日衰，土地兼并严重，因失地而丧失公民权的人日益增多，至公元前3世纪公民仅存700人左右。国王阿基斯（公元前

245～前241年）、克利奥蒙尼（公元前235～前222年）先后试图改革，复兴斯巴达，均告失败。公元前2世纪中叶罗马吞并希腊，斯巴达最终灭亡。

亚历山大有着什么样的传奇经历？

公元前336年，一个叫亚历山大的年轻人成为希腊北部马其顿王国的统治者。在不长的岁月里，他与他训练有素的军队建立了古代世界最大的帝国之一。他们横扫小亚细亚，并到达地中海东部海岸征服了腓尼基以及现在的巴勒斯坦。然后他们又到达埃及，在这里，亚历山大被尊崇为太阳神之子。从这里出发，亚历山大与他的军队又向北征服波斯，此外还到达了印度边境的印度河流域。之后亚历山大准备远征阿拉伯半岛，但是由于一次瘟疫，他

★亚历山大

在33岁时死去。亚历山大是有史以来最伟大的军事统帅和最强有力的统治者之一。他受过良好的教育，他的老师就是希腊哲学家亚里士多德。同时他也是一个善战的骑兵，拥有无穷的精力。在征服波斯以后，他准备继续进军印度，但是他的军队太疲劳了。

亚历山大灯塔有什么特点？

亚历山大灯塔位于埃及亚历山大城对面的法罗斯岛上，因此也叫做"法罗斯灯塔"。大约在公元前283年由小亚细亚的建筑师索斯特拉特设计，在托勒密王朝时修建而成，为当时世上最高的建筑物。

亚历山大灯塔用白色大理石建造而成，分为三层：最低的一层是四角柱，高55.9米，第二层是八角柱，高18.30米，而最高一层是圆柱，高7.30米，屋顶上还有海神波塞冬的雕像，整座灯塔高达117米，相当于一幢现代四十层高的建筑物。灯塔内部是螺旋状阶梯，燃油沿阶梯运到塔顶，塔顶的一座房间内，工人就依靠燃烧石油的灯光，利用后方的镜子收集光线，然后反射出去，晚上以火光照耀大海，白天就依靠反射阳光，据说灯光能照射到方圆40公里的区域，用作地中海上航船的指航。

1326年，亚历山大城发生一场罕见的大地震，摧毁了这座建筑奇迹，亚历山大城的王冠就这样消失了。1500年，亚历山大灯塔一直在暗夜中为水手们指引着进出港的路线。一位阿拉伯旅行家在他的笔记中这样写着："灯塔建筑在三层台阶之上；在它的顶端，白天以一面镜子反射日光，晚上则用火光引导船只。"1996年11月，一组潜水员在地中海深处意外地发现了据说是亚历山大灯塔的遗留物。

雅典城邦是如何发展起来的？

著名古希腊城邦雅典，位于中希腊东南的阿提卡半岛。迈锡尼文明时期，该地已出现若干小王国，建有宫殿、卫城。多利斯人南下，阿提卡受到影响，宫殿倒塌。但入侵者并未定居于此。

可能在荷马时代，传说中的英雄提修斯以雅典为中心统一阿提卡，雅典娜

女神成为整个阿提卡的保护神。公元前8世纪，王政被贵族制替代，形成贵族国家，公民大会权力日微。贵族借职权、财力兼并小农土地，发展债务奴隶制，造成平民与贵族之间的紧张关系。公元前594年，梭伦当选为执政官，实行重大改革，按财产划分等级，取消债务和债务奴隶制，扩大公民大会权力，建400人议事会和民众法庭，为奴隶主民主制奠定了基础，为剥削外来奴隶进一步开辟了道路。改革触动各方利益，社会力量重新组合，出现持续内争，庇西特拉图乘机夺取政权，确立个人统治。在不损害个人权利前提下，他基本执行了梭伦的政策，强化了改革后形成的国家制度。庇西特拉图于公元前527年逝世，其子统治被推翻。克里斯提尼改革（公元前506年）以地域划分国民，确立500人议事会和严格制约执政人员权力的陶片放逐法，实现奴隶主民主政治。

雅典民主的有利环境，促成思想文化的繁荣，出现一批彪炳史册的哲学家、历史学家、戏剧家、美术家、修辞家。直到罗马统治时代，始终是地中海地区的文化教育中心，为人类精神文明作出巨大奉献。

雅典为什么会成为附属国？

公元前431年，以雅典为首的提洛同盟与以斯巴达为首的伯罗奔尼撒同盟发生争霸战争，雅典最后惨败，提洛同盟瓦解。公元前4世纪上半叶雅典东山再起，与斯巴达抗衡，组织第二次海上同盟。因霸主故态复萌，引起盟国反感，同盟破裂。公元前4世纪下半叶，抗击马其顿失败，沦为附属国，曾多次争取独

★雅典

立。公元前2世纪中叶，被罗马征服。

波斯帝国是如何建立起来的？

从巴比伦附近地区兴起的罗马帝国最初是一个小的民族。突然之间，约在公元前549年，波斯人好像无处不在了。在赛勒斯（约公元前559～前530年在位）的领导下，波斯军队从西到东横扫，征服了从现代土耳其到印度边境的广大地区。赛勒斯以及后来的国王们从征服中获得了巨大的财富。他们修建城市和雄伟的宫殿，喝酒就用金银杯子，享用奢侈品。

有一些民族也击退过波斯人的入侵。从北部来的无畏的马背民族——斯基台人曾经打败过波斯军队，希腊人也击退过波斯人的两次入侵。希腊人憎恨波斯人，最后从希腊来的著名征服者亚历山大大帝在公元前332年摧毁了波斯帝国。

古罗马是如何建立起来的？

大约在2000年前，一个意大利小城镇逐渐地成为整个西方世界最重要的城市，它就是罗马。罗马城修建在台伯河边的小山丘上，到公元前3世纪时候，它已经变得强大了。罗马有着组织完备的政府、令人恐怖的军队，并占据了整个意大利。在接下来的200年里，罗马扩大了它的影响并成为整个帝国的中心。到公元117年，

罗马帝国的版图包括从不列颠到北非、从西班牙到巴勒斯坦的广大地区。帝国的中心是罗马城。城市的中心是市民广场，这是一个由大型公共建筑——如庙宇、浴室以及运动场——所包围的大广场。罗马人继承了古代希腊文明的大部分。他们的许多公共建筑带有希腊风格，也有古典的柱子与大理石的雕塑。

罗马人的居住生活是什么样的？

在罗马，城市的土地非常昂贵，贫穷的人供养不起房子，只好租多层楼的单间房间，就像现代的公寓。每幢楼的下面是装满货物的商店以及手工业作坊，在商店的中间是单元住宅的入口。一些房间较大也较贵，而楼层更高的房间更小、更便宜。很少有房间能自己供应水以及有好的厨房。在乡村也是这样，许多普通的罗马人生活在贫困之中，依靠种地并把食物卖给城市人维系生活。在乡村，土地便宜而且很多，于是有钱的罗马人在那里为自己修建了宽敞豪华的别墅，这些房子里通常有浴室以及地下的供热系统。

古罗马绘画有什么样的特点？

古罗马时期的绘画主要有镶嵌画和壁画。古罗马壁画包含了每一种绘画形式，如历史画、风景画、人物画、肖像画和静物画。那时的罗马，已经发明了一种透视方法用来表现各种空间的幻觉效果，而且当时也发明了各种不同的画法，如线描、平涂色彩或用笔直接描绘等。

古罗马早期的绘画作品主要记载了当时的具体历史事件，用以装饰公共场所和住宅的各种叙事性绘画却只有少量保存了

下来。公元79年，维苏威火山爆发，火山熔岩以及火山灰把庞贝城埋没了。18世纪时，庞贝城被发掘出来，那里保留了许多壁画。后人根据这些壁画，将古罗马的壁画划分出四种样式：镶拼式、建筑式、华丽式、复合式。镶拼式简单地把灰泥抹在墙上，然后再用颜料把它画成或塑成各种大理石的模样，并且镶拼成简单的图案，该样式承袭了古希腊城市壁画的样式。建筑式是从镶拼式发展而来的，它是直接在墙面上绘制图画，比如花园风景等，通过透视效果进行处理，以此达到扩大室内空间感的目的，建筑式的题材多样，有建筑物、林木花鸟和人物。华丽式主要强调墙的平面性，在上面绘制出各种精致的静物。因为在画中有埃及图案和狮身人面像的出现，因此也称其为"埃及式"。复合式将装饰性纹样和透视效果相结合，在繁丽的景物中穿插人物的活动，使画面既有空间感、运动感又有华丽的色彩。这种样式追求画面的华丽繁复、层叠有致，达到真幻如梦的装饰效果，同时也注重光色和动态感，因此也称"庞贝巴洛克式"。

《伊苏斯之战》的镶嵌画，是1831年在庞贝古城遗址中发现的镶嵌画作品，是根据公元前4世纪希腊画家菲罗克西诺斯的同名壁画复制而成。画中描绘了亚历山大大帝与波斯帝国末代国王大流士三世在伊苏斯大战的历史场面，但是只用一棵击倒的大树来表示战争所发生的环境。画家描绘两军对阵，特别是描绘波斯大流士和他的士兵的战斗动作，整个画面充满了戏剧性冲突和战争气氛。

除此之外，在罗马城、赫库兰尼姆等地区也分布有十分精美的壁画，题材大多以神话为主，人物形象主要以明暗

造型，富于立体感，可以看出希腊雕塑艺术的痕迹。

古罗马建筑风格有什么特点？

受亚平宁半岛上伊特鲁里亚人建筑风格的影响，再加上对古希腊建筑传统的继承，古罗马人创造了一种在建筑形制、技术与艺术等方面都别出心裁的建筑风格，这种建筑风格被称为古罗马建筑风格。它的突出特点是砖石墙的厚重、拱券的半圆形、门框的装饰和拱顶的交叉。

古罗马建筑包括宗教建筑、皇宫建筑、剧场建筑、角斗场建筑等公共建筑和内庭式住宅、内庭式与围柱式相结合的居住建筑，也有低层公寓式居住建筑。

古罗马建筑是一种形制与功能完美结合的艺术品。例如古罗马各地的大型剧场，平面半圆形的观众席层层升起，主纵过道与辅横过道相交叉。观众根据票号可以经由不同入口、楼梯，到达各自座位区域。过道交叉但人与人不交叉，进出均很方便。舞台前是乐池，后是化妆间，舞台两端微微前凸，与现代大型演出性建筑物的外形很相似。古罗马建筑有着各种复杂的应用功能，拱券结构为内部拓展了宽阔的空间。古罗马的建筑物风格迥然不同，但结构和谐统一，形式灵活多变，古罗马人开拓了新的建筑艺术领域。

古罗马建筑达到了当时西方古代建筑的高峰。从4世纪下半叶起，曾经普遍流行的古罗马建筑潮流趋于衰落。15世纪以后，古罗马建筑在欧洲重新点燃了流行的火焰，它一直持续到20世纪前期。

反映古罗马建筑艺术的书籍与图画在明朝末年开始传入中国，这得力于意大利传教士利玛窦。他从意大利带来的《罗马古城舆图》3卷画册，现存放在北京耶稣会图书馆。1672年，又一名意大利传教士阿莱尼将两册《广舆图说》带到中国。这两本书中描绘了罗马角斗场、浴场的精彩场面和神庙与罗马街市的情景。

古罗马斗兽场有什么特点？

罗马斗兽场原名"弗莱文圆形剧场"，是古罗马时期最大的圆形斗兽场，位于意大利首都罗马市中心，在威尼斯广场的南面，古罗马市场附近。72年至82年间由四万名战俘用八年时间建造起来。217年，斗兽场遭雷击引起大火，部分受到毁坏，但是很快在238年又修复，继续举行人与兽或人与人之间的搏斗表演，这样的活动一直到523年才被完全禁止。

斗兽场呈椭圆形，长轴为188米，短轴156米，周长527米，高57米，占地2万平方米，可容纳近9万名观众。外形单纯、明确，浑然一体，非常宏伟，高高的立面分为四层，自下而上分别采用多立克柱式、爱奥尼亚柱式和科林斯柱式。

虽然现在的罗马斗兽场只剩下残垣断壁，但它是古罗马历史的象征，是古罗马当时为取悦凯旋的将领士兵和赞美伟大的古罗马帝国而建造的。起初，古罗马只是意大利的一个城邦，后来随着势力的不断强大，开始了向外扩张的步伐，到了公元前2世纪时成为地跨欧、亚、非三大洲的奴隶制帝国。在当时，古罗马人最喜爱的娱乐就是观看角斗。大量的角斗士被驱赶上角斗场，相互残杀，与野兽肉搏，嗜血的贵族奴隶主在角斗士的流血牺牲中获得野蛮的快感。

尽管罗马斗兽场的建筑师仍然是个

未解之谜，但我们还是为之叹服，他缔造了史上最伟大的体育场，规模和功能的设计令其成为所有类似建筑的范本。在8世纪时，比德曾慨叹道："斗兽场站立，罗马就站立；斗兽场倒下，罗马也倒下。"斗兽场在世界建筑史上是一个典范、奇迹，以庞大、雄伟、壮观著称于世。现在虽只剩下大半个骨架，但其雄伟之气魄、磅礴之气势犹存。

万神庙是什么？

万神庙是古罗马最大的圆形庙宇之一，又称潘提翁，也是罗马众神的总称。这个著名古建筑建于公元120～124年，庙宇平面可分为两部分，前面的门廊由8根科林斯石柱组成，柱高14.5米，耸立在高高的台阶上。后面是圆形的神殿，直径跨度为43.2米，真可谓鬼斧神工之作。全部结构均为混凝土浇筑，外墙用石贴面。门廊柱子为大理石，柱身为红色花岗石。神庙整体造型严谨，内部空间宏大，建筑装饰华丽，代表着当时古罗马建筑的设计和技术水平，被认为是古典建筑的范例。17世纪，罗马的潘提翁变成了教堂，到近代又变成安葬意大利名人的地方。18世纪时法国也修建了潘提翁，法国大革命以后也成了安葬法国杰出人物的地方，伏尔泰、卢梭、雨果等人都安葬在那里。

罗马采取的什么样的执政制度？

罗马的政府随着罗马影响力的扩展也发生了变化。以前城市是由国王统治的，但在公元前509年，罗马变成了共和国，由选举出来的执政官统治，元老院辅助执政官。在执政官的统治下，罗马

的势力继续增长，到公元前2世纪时，只有北非强大的贸易帝国迦太基可以与罗马相比。在公元前146年，罗马人征服了迦太基。罗马作为共和国，一直延续到公元前27年，在内战后，奥古斯都成为罗马的第一个皇帝。在接下来的500年内，一系列的皇帝统治这个当时西方世界最大的帝国。

罗马经历了哪些变革？

罗马的成功有许多原因。帝国有一支强大的有组织的军队。当罗马人征服了一个新地区后，他们也获得了战利品。通过这种方式，罗马人获取了各种各样的原材料，包括中欧的铁、西班牙的金银。随着罗马征服新的地区，他们也把自己的政府体系、语言和法律传播到被征服地区。帝国也有许多杰出的工程师，他们修建桥梁、沟渠以及第一个圆顶屋。罗马人发明了混凝土技术。他们修建通向帝国各地长而笔直的道路网络，许多道路现在还在使用。

罗马的势力到公元前200年时达到了顶点。罗马人似乎可以做任何事情，他们的军队可以征服任何国家。但是最后罗马帝国变得太大了，从中欧开始，边缘地区的人民起来反抗，罗马帝国迅速调动军队进行镇压，但是镇压起义变得越来越困难，庞大的罗马帝国开始分裂。公元395年，罗马帝国分裂为两个部分。

安第斯文明最初是怎样出现的？

在南美安第斯山脉地区，好像是不宜定居的地区，交通、建筑以及耕种都比较困难。但是在公元前12世纪，一群人开始在这些贫瘠的地区修建城市与

★安第斯山脉

宗教建筑。这些人是查文人，他们因主要聚居地在查文·德·万塔尔地区而得名。在他们最繁荣的时期，他们的定居地沿着海岸平原延伸很远。

帕提亚王朝与萨珊王朝是如何出现的？

波斯帝国被马其顿的领导者亚历山大征服，帝国不复存在。但是在公元前323年亚历山大死后，波斯人开始重新控制自己的领土。他们再一次建立了大帝国，联合了不同的民族——从伊朗的牧羊人到美索不达米亚的农民，都处于被称为"万王之王"的统治者统治下。亚历山大以及先前阿黑门尼德王朝的国王们都向波斯人展示了他们需要一支强大的军队来建立并维持帝国。但是新的帝国领导者——帕提亚王朝（公元前240～226年）与取代帕提亚王朝的更为成功的萨珊王朝（公元226～646年）走得更远。

帕提亚王朝与萨珊王朝采取什么样的社会等级？

帕提亚王朝与萨珊王朝重建了社会等级严格的社会：贵族、教士、战士、各级官员以及农民，每个人都知道自己的地位。人们的全部生活——从他们从事工作的类型到他们选择婚姻的对象，从他们应该缴纳多少税到他们所吃食物的种类，所有都依赖于他们从属的等级。

这一严格的等级体系使得国家统一。皇帝处于体系的最高层，是统治者。

人们会记住他的伟大，因为萨珊的皇帝们把他们的图像画在生产的所有物品上。他们的宫殿与城市用石头浮雕与雕刻装饰，在浮雕与雕塑上面描绘的是皇帝在作战或者在进行打猎与骑马的运动。

最重要的阶层之一是琐罗亚斯德教的领导者——教士。这种信仰约在公元前1000年已经发展起来，但是是萨珊波斯人把它定为国教的，尽管当时东方宗教与其他文化对其也有影响。

在后期波斯时期，贸易、工业与艺术繁荣起来了。他们在农耕方面取得了进展，并改进了灌溉体系，当地的人口增长了。但是因为过度使用土地，庄稼收成日减，这一地区又一次变得贫穷。最后，穆斯林阿拉伯人入侵，最终结束了后期波斯帝国。

阿兹特克文化有什么特点？

阿兹特克人是印第安人的一支，他们创造了阿兹特克文化，繁荣期在15至16世纪。阿兹特克人的故乡在墨西哥西北部的阿斯特兰岛。据说战神兼太阳神威济罗波奇特里告诉他们，一只鹰站在仙人掌上食蛇的地方就是他们的新居住地。

1325年，阿兹特克人在酋长特诺克率领下来到特斯科科湖中的两个小岛上，建立特诺奇蒂特兰城，称新居住地为墨西哥。"墨西哥"意思是"战神指定的地方"，因为威济罗波奇特里又名墨西特利，鹰吃蛇图案成了今墨西哥的国徽。

墨西哥是怎样发展起来的？

15世纪初，墨西哥开始向外扩张，征服邻近部落。蒙特祖马二世（1475～1520年）时期达到极盛，领土扩张到墨西哥

湾、危地马拉和太平洋沿岸。墨西哥贵族向被征服者征收金银、玉石、皮毛、可可和蜂蜜，私有制和阶级分化日益明显，形成早期奴隶制国家。阿兹特克人以农业为主，种植玉米、甘薯、棉花、番茄和豆类，还知道施肥和灌溉，产量较高。他们能对1200种植物进行分类，手工业比玛雅进步。他们在制造铜器和陶器、铸造和压制金器以及用宝石和羽毛镶嵌装饰品方面显示的高超技艺，使16世纪的欧洲人感到惊异。首都特诺奇蒂特兰有一座大市场，定期举行贸易，一般以物易物，偶尔以可可豆、细金砂作交换媒介。

阿兹特克人的建筑有什么特点？

阿兹特克人擅长建筑，用不到200年的时间把首都建成一座布局整齐、气势宏伟的城市。城中央是供奉战神的大庙，庙基是一座高35米的巨型金字塔，两边各有120层阶梯。大庙附近还有许多庙宇（全城有40座庙宇）、宫殿和贵族的宅第，大都饰以羽蛇浮雕，修有亭台花园，两条大道纵横交叉，把全城分为四个区。为防止水患和联结各岛，筑有3条10米宽的堤坝，并派官员负责管理。每隔一定距离修建横渠和吊桥，便于船只往来，一旦外敌侵扰可拉起吊桥，断绝陆路联系。为解决居民饮用水不足，专门修建两条引水渠。

玛雅人是个什么样的种族？

玛雅文明是印第安人的一支——玛雅人创造的文明，繁荣期在公元4～10世纪，15世纪初，特别是西班牙殖民者侵入后衰落。

玛雅人分布在今墨西哥的尤卡坦

半岛、危地马拉、洪都拉斯和伯利兹一带，是唯一有文字的印第安人。

玛雅人的文化对后来的阿兹特克文化有很大的影响，他们被称为"新世界的希腊人"。公元前很早的年代，玛雅人已有刀耕火种农业，培育出玉米、番茄、甘薯、南瓜、豆类、辣椒、可可、棉花和烟草等，为丰富人类生活作出重大贡献。他们用石头制造工具和武器，用金、银、铜、锡的合金制成精美的首饰和器皿，用棉花或龙舌兰织成种种布匹。公元初出现城市，先后共有100多座，重要的有帕林克、蒂卡尔、哥潘、玛雅潘和奇钦——伊察等。城市和村落里有贸易广场，交换蜂蜜、布匹、武器、鱼、盐和奴隶，甚至与南美的哥伦比亚也有商业联系，以可可豆、贝壳、布匹、铜铃或小铜斧为交换媒介。有的城市规模相当大，如蒂卡尔方圆达80平方公里，有大小金字塔300多座，估计有4万多居民。玛雅的金字塔是平顶，上面修建富丽堂皇的神庙，装饰着美丽的壁画和雕刻，四周有供攀登的阶梯。著名的奇钦——伊察库库尔坎神庙，其金字塔台基高24米，每边宽5米，各有70级阶梯，庙高6米，正面阶梯底部还有两个带羽毛的蛇头石刻，整个布局美观大方。

玛雅纪念碑有什么特点？

玛雅人有立纪念碑的习惯，一般每隔20年立一座，记载重大事件。现已发现数百座纪念碑，最早的立于公元292年，最晚的立于西班牙殖民者开始大肆侵略时的1516年，是研究美洲古代史的难得资料。1946年在墨西哥恰帕斯州发现的博南帕克壁画，画有贵族仪仗、战胜凯旋、献祭俘虏、庆贺游行、交纳贡赋等场面，色彩绚丽，线条清晰，形态逼真，充分表现玛雅人的高超艺术才能。

玛雅人在数字、天文和历法上有哪些贡献？

玛雅人在数学、天文和历法上有很高的造诣。他们根据手脚帮助计数的经验，创造20进位法，使用"零"（类似眼睛的椭圆形）比欧洲人早800年。他们的天文台能准确预测日蚀，知道月亮、金星的运行周期。他们使用太阳历，一年有18个月，每月20天，剩下最后5天为禁忌日，又4年一闰加一天，总长362420日，接近现代的科学预测（362422日）。玛雅有象形文字，使用800多个表音和表意的符号，组成近3万个词汇，可惜至今未被全部释读。

印加人是个什么样的民族？

印加人是南美印第安人的一支，他们创造了印加文化，繁荣期在15世纪和16世纪初。"印加"意思是"太阳的子孙"，因为这支印第安人自认为是太阳的后代，国王是太阳的化身（亦称印加）。他们原居今秘鲁的库斯科，讲歧楚阿语。

在第9代王帕查库蒂（1438～1471年）及其子图帕克（1471～1493年）统治时期，开始征服邻近部落。11代王瓦伊纳·卡帕克（1493～1526年）时，形成庞大的帝国，疆土北起哥伦比亚南部，南到智利中部，西临太平洋，东至亚马孙林，囊括今厄瓜多尔、秘鲁和玻利维亚，总面积达80万平方公里，人口600万。人们称印加人是"新世界的罗马人"。

第二章　哲学与思想

苏格拉底的思想是如何形成的？

据说苏格拉底生于公元前470年，属于平民阶层。最初，他子承父业做了一位雕刻匠。后来他就致力于哲学和社会政治活动。苏格拉底的时代正是伯里克利执政时期。这一时期，希腊的经济文化非常繁荣。苏格拉底就是在这样的背景下走上了历史舞台。他曾跟阿开劳斯学习过哲学

★苏格拉底

与天文，跟智者狄奥提玛学习语言学和修辞学。经过长期的求学生涯，苏格拉底逐渐崭露头角。

在苏格拉底20岁时，他与爱利亚学派的代表人物巴门尼德及其弟子芝诺展开了一场大辩论。这标志着苏格拉底在青年时期就开始形成了一套系统的哲学观念，展示了卓越的才华。为了让自己的学说广为人知，苏格拉底常常在各种公众场合与别人辩论。很快他就名扬全希腊。他的身边逐渐地聚集了一批门徒，其中就有柏拉图、色诺芬等后来著名的思想家。苏格拉底成了思想家中的领袖人物。

因理念论而出名的哲学家是谁？

柏拉图（前427～前347年），被认为是"苏格拉底的唯一的继承人"。柏拉图出生在公元前427年，原名阿里斯托克勒，柏拉图只是他的绰号。柏拉图为"宽阔、壮伟"之意。柏拉图出身贵族，自幼受到良好的教育。他才华横溢，在苏格拉底的引导下走上哲学之路。柏拉图一生著有大量作品，幸运的是几乎全部被保存了下来，并且保存程度也相当好。在这些著作中，我们可以领略他思想之深邃、文笔之华美。而他的哲学思想、宇宙理论、政治学说和美学观点更是令人击节称赞。

柏拉图的哲学是一套以理念为核心的一系列唯心主义哲学。"理念"这个词，它的希腊文原意是"被祝之物"。柏拉图以为"理念"是客观的，它不依赖于人的意识，是独立存在的实体，和观念又有不同。因为理念是唯一的真实存在，所以理念世界也是唯一真实的世界。

柏拉图在宇宙、政治、美学上的理论是怎样的？

柏拉图的宇宙理论、政治学说、美学观点同样也是以理念论构筑起来的。

他说宇宙是造物主按照善的理念构筑起来的。这是个有秩序的完美的唯一的世界。而他心目中的政治是"理想国"。在这个国家里,哲人、王有"智慧",是神用黄金打造的,负责管理;武士有"勇敢"的美德,是神用白银打造的,负责保卫国家;农夫、手艺人、商人有"节制"的美德,是神用黑铁打造的,负责劳动。三个阶级,三种美德相互融合,各司其职就会产生第四种美德"正义"。他的美学观点是:美的事物只是美的理念的摹本,不是独立的,而是易变虚幻的。所以他主张从认识美的事物上升到认识美的理念。

将教父哲学推向巅峰的哲学家是谁?

奥古斯丁(354~430年),是古罗马帝国时代基督教思想家和欧洲中世纪基督教神学、教父哲学的主要代表人物。他是圣孟尼迦的小儿子,出生在北非,在罗马受教育,在米兰接受洗礼。在罗马天主教世界,他被认为是圣人和圣师,并且是奥斯丁会的发起人。至于新教教会,特别是加尔文主义,奥古斯丁的救赎和恩典思想是他们进行宗教改革的思想的源头。他的著作有《忏悔录》、《论三位一体》、《上帝之城》、《论自由意志》、《论美与适合》等。他的美学思想主要体现在他的神学著作与《忏悔录》中。

奥古斯丁持有什么样的哲学思想?

奥古斯丁说一切美源自上帝。美有高低等级,最高的、绝对的美为上帝,紧接着是道德美,形体美属于低级的、相对的美。低级有限的形体美本身没有独立价值,不过是通向无限的绝对美的阶梯。美的体现是整一、和谐的,而整一与和谐是上帝按照数学规律创造出来的,因此美的基本要素是数。此种观点明显是受到毕达哥拉斯学派的影响。在美与丑的问题上,他说美是绝对的,而丑是相对的。孤立的丑是形成美的积极因素。这是具有辩证性的说法。

在奥古斯丁看来,艺术应抛弃现实世界而反映上帝,实现为宗教服务的目的。造型艺术是为装饰教堂服务的;诗和音乐是用来赞美上帝的;人欣赏艺术作品也是领会艺术作品中所包含的上帝的理念的。他说世俗艺术是不真实的,它引发人的邪恶欲望,令人远离绝对美的上帝。

将哲学分为物理学、准则学和伦理学的思想家是谁?

伊壁鸠鲁(前341~前270年),古希腊哲学家,无神论者。据记载,伊壁鸠鲁自称14岁开始学习哲学,曾就学于柏拉图学派的潘菲劳和德谟克利特学派的脑西芬尼等人,并熟悉亚里士多德和阿那克萨戈拉等早期哲学家的哲学。伊壁鸠鲁继承、修正和发展了德谟克利特的哲学,建立起一个思想上统一的完整体系。公元前306年他到雅典,在他自己买的一所花园里办学,由此伊壁鸠鲁学派也称花园学派。伊壁鸠鲁的学校里有男有女,还有奴隶,以充满友谊而著称。据记载,伊壁鸠鲁的著作多达300多卷,其中重要的有《论自然》、《准则学》、《论生活》和《论目的》等。现存的只有3封书信和一些残篇。

伊壁鸠鲁认为,哲学的任务是研究

自然的本性，破除宗教迷信，分清痛苦和欲望的界限，以便获得幸福生活。因此他的哲学可以分为三个组成部分：物理学、准则学（主要讨论逻辑和认识论问题）和伦理学。

伊壁鸠鲁的伦理学说思想是什么？

伊壁鸠鲁的伦理学说认为快乐是生活的目的，是天生的最高的善。但是，应当区分不同的快乐。解除对神灵和死亡的恐惧，节制欲望，远离政事，审慎地计量和取舍快乐与痛苦的事物，达到身体健康和心灵的平静，这是生活的目的。伊壁鸠鲁还认为人是以个人快乐为准则的生物。国家建立在相互约定的基础上，正义是人们互不侵害的契约，有利于人相互关系的便是正义的，否则是不正义的。

西方第一个发现勾股定理的哲学家是谁？

毕达哥拉斯（约前580～前500年），古希腊哲学家、数学家和音乐理论家。生于萨摩斯岛，早年曾游历埃及，后定居意大利南部城市克罗顿，并建立了自己的社团。公元前510年因发生反对派的造反，毕达哥拉斯又搬到梅达彭提翁，直至死去。毕达哥拉斯的哲学思想受到俄耳浦斯的影响，具有一些神秘主义因素。他认为社会中有三类人，而灵魂属于轮回的结果。但同时从毕达哥拉斯开始，希腊哲学开始产生了数学的传统。毕达哥拉斯曾用数学研究乐律，而由此所产生的"和谐"的概念也对以后古希腊的哲学家有重大影响。毕达哥拉斯还是在西方第一个发现勾股定理的人。

毕达哥拉斯的哲学理论有哪些？

在宇宙论方面，毕达哥拉斯结合了米利都学派以及自己有关数学的理论。他认为存在着许多个有限的世界，并坚持大地是圆形的，不过则抛弃了米利都学派的地心说。毕达哥拉斯对数学的研究还产生了后来的理念论和共相论。即有了可

★毕达哥拉斯

理喻的东西与可感知的东西的区别，可理喻的东西是完美的、永恒的，而可感知的东西则是有缺陷的。这个思想被柏拉图发扬光大，并从此一直支配着哲学及神学思想。

赫拉克利特的哲学思想是什么？

赫拉克利特（约前530～前470年），一位富传奇色彩的哲学家。他出生在伊奥尼亚地区的爱菲斯城邦的王族家庭里。他本来应该继承王位，但是他将王位让给了他的兄弟，自己跑到女神阿尔迪美斯庙附近隐居起来。

赫拉克利特以毕达哥拉斯的学说为哲学理论的基础。他借用毕达哥拉斯"和谐"的概念，认为在对立与冲突的背后有某种程度的和谐，而协调本身并不是引人注目的。他认为冲突使世界充满生气。赫拉克利特主张火与万物可以相互转化，但并未说明转化是如何进行的。这体现了他哲学上晦涩难懂和神秘主义的特点。他认为火的燃烧中有一定的尺度和逻各斯的思想。原因是火是诸元素中最精致，并且是最接近于没有形体的东西；更重要的是，

火既是运动的，又是能使别的事物运动。

笛卡尔持有什么样的哲学思想？

笛卡尔（1596～1650年），法国哲学家、物理学家、数学家、生理学家，解析几何的创始人。笛卡尔不但在科学上的贡献很多，其哲学思想和方法论，在哲学史上也占有重要的地位。他的哲学思想极大地影响了后来的哲学和科学的发展。

笛卡尔着重指出科学的目的在于造福人类，这样人才能成为自然界的主人和统治者。他批判经院哲学和神学，倡导怀疑一切的"系统怀疑的方法"。不过他坚持"我思故我在"的原则，即不能怀疑以思维为其属性的独立的精神实体的存在，并论证以广延为其属性的独立物质实体的存在。他确定上述两实体都是有限实体，将它们并列起来，可见在形而上学或本体论上，他属于二元论者。笛卡尔还力图证明无限实体，也就是上帝的存在。他以为上帝是有限实体的创造者和终极的原因。笛卡尔的认识论基本上属于唯心主义。他坚持唯理论，将几何学的推理方法和演绎法应用于哲学上，持清晰明白的概念就是真理的观点，推出"天赋观念"。

亚里士多德最主要的贡献是什么？

亚里士多德对欧洲传统文化以至于对人类文化的贡献都是非常巨大的。他最重要的贡献是把知识系统化。这个设想发轫于柏拉图。亚里士多德在此基础上提出了两个光辉设想：第一，他认为各类科学之间有内在联系，并且设计了人类第一张科学分类表：理论科学、

实践科学和创制科学。理论科学有第一哲学（神学）、物理学、数学；实践科学有伦理学、家政学、政治学；创制科学有诗学、修辞学和辩证法。至于逻辑学，属于哲学的工具，不是所要研究的对象。第二，他认为每门科学自身应成为一个公理体系。他说，知识不但能说明它为什么这样，而且还能说明它必然是这样。一门科学是由成体系的证明组成的。这就为探索真理指明了前进的方向。

乔治·贝克莱的哲学思想是什么？

乔治·贝克莱（1685～1753年），18世纪英国哲学家、主教，西方近代主观唯心主义哲学的主要代表。1700年进入柏林三一学院读书，获文学硕士学位，在学院里担任过辅导员、希腊语和希伯来语讲师等职。1734年被任命为爱尔兰克罗因教区的主教。

贝克莱力图建立一种既能维护宗教神学，又能修正科学实质的思想体系。他从洛克的经验论出发，承认知识起源于感觉。但他认为知识的对象就是观念。他把观念划分为三种：感觉观念、反省观念和想象观念。这三种观念虽有差别，但最后都归于感觉。在这个意义上，观念就是感觉。在贝克莱看来，不是由物派生感觉观念，而是由感觉观念派生物，物是"一些观念的集合"。这就是贝克莱修正洛克的经验论而提出的主观唯心主义的基本观点。

康德的哲学思想是什么？

伊曼努尔·康德（1724～1804年），德国哲学家、天文学家，星云说的创立者之一、德国古典哲学的创始

人，唯心主义和不可知论者，德国古典美学的奠基者。康德的哲学体系由"三大批判"构成，即："纯粹理性批判"（1781年）、"实践理性批判"（1788年）与"判断力批判"（1770年）。

"纯粹理性批判"是要解答"我们能知道什么"这个问题。康德的答案是：我们只可以知道自然科学让我们认识到的东西，哲学仅能帮助我们澄清使知识成为可能的必要条件，除此之外没有什么更多的用处，自从柏拉图以来的形而上学问题其实是没有解的。

康德的这一论断引起了哲学上的哥白尼式转变。他说，是人在影响事物，而不是事物在影响人；是人在构造现实世界，人在认识事物的过程中，人本身比事物本身更重要。康德甚至说，我们认识到事物的真性其实是根本不可能的，被我们认识的只能是事物的表象。康德有个著名论断就是：知性为自然立法。这个论断与现代量子力学有着共同之处：事物的特性离不开观察者。

费尔巴哈的主要贡献是什么？

费尔巴哈（1804～1872年），德国哲学家。费尔巴哈早年进入海德堡大学神学系，后转入柏林大学学习哲学，1826年转入埃尔兰根大学学习植物学、解剖学和心理学，后获博士学位，并在该校任教。后因发表反对神学的著作被辞退，隐居乡间。在逝世前不久曾加入德国社会民主工党（爱森纳赫派）。

费尔巴哈的功绩是在唯心主义统治德国哲学界达数十年之久后，恢复了唯物主义的权威。他曾属青年黑格尔派，后批判黑格尔的思维和存在同一说，提出了以人

和自然为哲学唯一对象的人本学。他肯定自然是物质的客观存在，空间、时间和机械运动是物质的存在形式，人是自然的产物，是灵魂和肉体的统一，唯物地阐述了思维和存在的关系。

为什么阿奎那被称为天使博士？

托马斯·阿奎那（约1225～1274年），中世纪经院哲学的哲学家和神学家，死后被封为天使博士（天使圣师）或全能博士。他是最早提倡自然神学的人之一和托马斯哲学学派的创立者，确立了天主教研究哲学的传统。他最有名的著作是《神学大全》。他被天主教会认为是历史上最伟大的神学家。

托马斯·阿奎那认为神学是一种科学，以文字记载的经籍和教会传统是学术的基本资料，而这些基本资料则是来自于上帝在漫长历史中对人类的启示。信仰和理性虽然是有区别的，同时也是互相关联的。阿奎那认为这两者是研究神学所不可或缺的，更进一步地，如果想了解有关上帝的知识，信仰和理性的交叉点是必备的。阿奎那混合了希腊哲学和基督教的原则，坚持并提倡理性的思考和研究自然，就像研究上帝启示的方法一样。按照阿奎那的说法，上帝通过自然给予人类启示，所以研究自然便是研究上帝。而神学的终极目标就是运用理性以理解有关上帝的真相，并且透过真相得到最终的救赎。

阿奎那是怎样解释上帝是完美的这个观点的？

阿奎那用三位一体概念进行完整解释上帝是完美的这个观点的。圣父、圣

子、圣灵这三个不同的位格由他们和上帝的联系所构成一体。圣父产生圣子，而圣子又产生永恒的圣灵，圣灵是"拥有神授的爱戴上帝、爱戴圣天父的本质"。三位一体的存在与现实世界是连在一起的，他认为三位一体的存在是为了传递上帝的启示以及美德给人类。这个传递通过化身而成的耶稣基督，透过内心的圣灵，以及那些有被上帝救赎经验的人来进行。

伏尔泰都有哪些作为？

伏尔泰于1729年回到法国，积极开展启蒙宣传活动。他在1730年到1732年，连续发表了悲剧《布鲁杜斯》、历史著作《查理十二史》，对宗教偏执和封建专制主义作了尖锐的揭露和抨击。1734年伏尔泰发表了《哲学通信》，全面论述了他的哲学和政治思想。这一重要著作出版后，立即遭到查禁，伏尔泰被迫逃亡到洛兰省边境的西雷城堡。在那里，伏尔泰住了15年，完成了大量著述。主要哲学专著有：《形而上学论》、《牛顿哲学原理》等。1750年，伏尔泰应弗里德里希二世之邀，怀着劝说这位普鲁士王推行开明政治的幻想来到柏林，在德国逗留了四五年。这期间他出版了重要史学专著《路易十四朝纪事》，系统地论述了他关于实行开明君主制度的政治主张。但是，当伏尔泰终于认识到自己被这位伪善的专制君主欺骗和利用以后，便于1755年不辞而别，到法国和瑞士边境一个偏僻地方凡尔那购置地产定居下来。从此，伏尔泰开始了反封建战斗生活的新阶段。他加强了与国内外著名学者的联系，热情支持百

科全书派的狄德罗等新一代启蒙学者，利用各种斗争形式抨击宗教狂热和封建王朝的罪行，推动了为民主自由而进行的斗争。

德谟克利特在哪些方面做出了成绩？

德谟克利特（约前460～前370年），出生在古希腊的属地阿布德拉。他是古希腊伟大的唯物主义哲学家，是原子唯物论学说的创始人之一。根据第欧尼根·拉尔修的记载，德谟克利特是个博学多才的人。他对于哲学的每一个分支都十分通晓，于物理学、伦理学、数学、教育学等也十分精通。此外，他还是非常出色的音乐家、画家、雕塑家和诗人。他摸索出了圆锥体、棱锥体、球体等体积的计算方法，对逻辑学发展的贡献也十分突出。德谟克利特的著作十分广泛，遍及自然哲学、逻辑学、认识论、伦理学、心理学、政治、法律、天文、地理、生物和医学等诸多领域。据说他著作总共有52种之多，遗憾的是到现在，其中的大多数都已经散失了，有的也只剩下零散的残篇了。

德谟克利特最大的贡献是什么？

德谟克利特最大的贡献就是创立了原子论。此前，他的老师古希腊爱奥尼亚学派著名学者留基伯首先提出原子学说，即认为原子是最小的、不可分割的物质粒子。在此基础上，德谟克利特进一步提出在宇宙空间之中，除了原子与虚空之外什么都不存在。原子始终存在于宇宙之中，它们不能创生也不能消灭，所有的变化实质上都是它们的结合

和分离。

原子的数量无限多，形式具有多样性。当原子下落时，由于较快和较大的原子撞击着较小的，于是引起了侧向运动和旋转运动，从而导致万物的形成和变化。所有物体的不同，都是构成它们的原子在数量、形状和排列上的不同的缘故。所有的原子在本质上都是相同的，它们不存在"内部形态"，它们的相互作用借由碰撞挤压来传递。后来，伊壁鸠鲁和克莱修继承了他的原子论。再后来，经道尔顿发展，形成了近代的科学原子论。原子论的提出对近现代科学的发展产生了重要作用。

休谟为什么会提出不可知论？

休谟（1711～1776年），18世纪英国哲学家、历史学家、经济学家。休谟11岁进入爱丁堡大学。1729年起专攻哲学。1732年刚满21岁就开始撰写他的主要哲学著作《人性论》，1734年去法国自修，继续哲学著述。

休谟生活在英国资产阶级"光荣革命"结束到产业革命开始的社会变革的时代。这时，英国资产阶级已经成为统治阶级的一部分，它继续维持同贵族的联盟以加强对劳动人民的统治，与此同时，迅速成长壮大起来的工商业资产阶级要求对这个联盟内部的关系作有利于本阶级的调整，并继续反对封建复辟势力。这时，资产阶级的进步性和保守性交织在一起。作为这个阶级思想的代表人物的休谟，贯彻经验论观点，提出了以动摇于唯物主义和唯心主义之间的怀疑论为特色的哲学体系。

休谟在概述自己的哲学体系时指出，全部哲学可以区分为自然哲学和精神哲学两大部分，而科学的哲学研究法是实验和观察的方法。自从培根以来，哲学家和自然科学家已经运用这种方法建立起自然哲学的体系。但是，在精神哲学方面，仍然没有建立起一个新的体系。休谟给自己提出任务：应用实验推理的方法，直接剖析人性本身，以便建立一个精神哲学的体系。而作为这个体系的基础——"人性"本身，他认为主要由两个部分构成，即理智和情感。他对"理智"的研究是关于认识论问题的论述，对"情感"的研究是关于社会伦理和政治问题的考察，对宗教问题的探讨同理智原理和情感原理都有联系。休谟的精神哲学体系，大致包括认识论学说、社会伦理、政治学说以及宗教哲学学说等几个部分。

德里达的贡献有哪些？

雅克·德里达（1930～2004年），法国当代哲学家、符号学家、文艺理论家和美学家，解构主义思潮创始人。德里达1930年出生在阿尔及利亚，犹太人。青年时代，德里达在有"思想家的摇篮"之称的巴黎高等师范学校求学。毕业后，到美国哈佛大学进修。此后长期在各大学任教，从事学术活动。1967年，他因发表《书写与差异》、《论文字学》、《声音与现象》而奠定在解构主义思想上的地位。他的思想受到了美国学界的关注，却不被法国传统思想所接受。此外他还参加一些激进的政治活动，如反独裁、反对种族隔离等活动。2001年德里达曾来中国进行学术交流，2004年死于法国巴黎。

德里达的言论和观点在20世纪中后期掀起巨大波澜，这使得他成为了当代欧美知识界中最具有争议性的人物之一。他的思想是后现代思潮最重要的理论源泉。他的核心概念"解构"如今已经广泛地渗透到了艺术、社会科学、语言学、人类学、政治学甚至建筑等领域。他的著作超过40本，主要有《人文科学话语中的结构、符号和游戏》、《论文字学》、《言语和现象》、《文字与差异》、《有限的内涵：ABC》、《署名活动的语境》、《类型的法则》等。

以空想社会主义而闻名的英国哲学家是谁？

欧文（1771～1858年），19世纪初期英国空想社会主义者、社会改革家。

他出生在北威尔士一个手工业者家庭。9岁当学徒，10岁起当店员，业余时间刻苦自学。20岁时被曼彻斯特一家纺纱厂聘为经理，因管理有方而享有声誉。1799年，同别人合伙买下苏格兰新拉纳克的一家纺织厂，第二年起担任该厂经理。他进行了通过改造环境来改造人的性格的实验，采取一系列措施来改善工人的劳动和生活条件：将工作日缩减到10小时半，提高工资，修建学校和托儿所，组织伤病储蓄会，改善工人住宿条件。实验收到明显效果，居民成分复杂、堕落分子聚集的新拉纳克被改造成社会风尚优良的模范移民区，工厂股东亦获得优厚红利。欧文博得慈善家的声誉。

19世纪20年代，欧文从李嘉图的劳动价值理论得出新结论：既然价值是由劳动创造的，那么劳动者就有权占有他

们创造的全部价值。他认为，资本主义制度是"充满谬见、不良行政管理、缺乏理智和正义的社会制度"，私有制是万恶之源；主张建立由劳动者组成和管理的公社，实行生产资料公有制和各尽所能、按需分配原则；主张消灭城乡对立，实行工农结合、脑体结合。

狄德罗的著作有哪些？

狄德罗（1713～1784年），法国唯物主义哲学家、美学家、文学家，百科全书派代表人物，第一部法国《百科全书》主编。1732年获得巴黎大学文科硕士学位。他精通意、英等几国文字，以译述沙夫茨伯里的《德性研究》而著称。狄德罗在主编《百科全书》的25年中，深受培根和洛克等人思想的影响，尤其是培根关于编辑百科全书的思想，促使他坚定地献身于《百科全书》的事业。狄德罗除主编《百科全书》外，还撰写了大量著作。在他的《哲学思想录》、《对自然的解释》、《怀疑者漫步》、《论盲人书简》、《生理学的基础》、《拉摩的侄儿》、《关于物质和运动的哲学原理》、《达朗贝尔和狄德罗的谈话》、《宿命论者让·雅克和他的主人》、《驳斥爱尔维修〈论人〉的著作》等著作中，表述了他的唯物主义哲学思想；在他的《美之根源及性质的哲学的研究》、《论戏剧艺术》、《谈演员》、《绘画论》、《天才》等著作中，表述了他的"美在关系"的美学思想。

狄德罗的艺术思想是什么？

狄德罗在认识论上强调感觉论，认为出现在理智之中的，必然首先导源于

感性知觉，他从认识的起源上反驳先验论以及纯属思辨性质的形而上学。主张感性与理性两条轨道相辅相成，共同推进人类认识。

狄德罗依据唯物主义观点，提出了"美在关系"说。认为"美"是一个存在物的名词，它标记着存在物一种共有的性质，这个共有的性质就是"关系"。这就是"美在关系"的含义。"美在关系"就意味着美在事物的客观性质，事物的性质是美的根源。狄德罗还认为"关系是悟性的一种作用"。根据这一点，他把"关系"基本上分为实在的关系、察知的关系和虚构的关系。

狄德罗主张艺术效法自然，反对仿古，反对墨守成规。认为大自然高于艺术，自然美高于艺术美。但是，狄德罗作为启蒙运动思想家，并不甘愿作自然的追随者，所以他又认为艺术真实既不应违背自然真实，又不等于自然真实，艺术真实必须符合艺术家的理想，符合他所虚构的关系。而在艺术美的现实和理想两个方面，他又更重视理想。狄德罗认为，审美鉴赏不单是审美感受力，也是审美创造力，美感是和一个人的想象、敏感和知识成正比例增长的。

培根的哲学思想有哪些？

弗兰西斯·培根（1561～1626年），英国哲学家、作家和科学家。他是近代哲学史上首先提出经验论原则的哲学家。他看重感觉经验和归纳逻辑在认识过程中的作用，创立了以经验为手段研究感性自然的新哲学——经验哲学，推动了近代科学的建立，为人类哲学史、科学史都作出了巨大贡献。因

此，罗素称培根是"给科学研究程序进行逻辑组织化的先驱"。

培根的哲学思想和他的社会思想密不可分。他出生于资产阶级上升时期，倡导发展生产，渴望探索自然，主张发展科学。他认为是经院哲学阻碍了当代科学的发展。因此他极力批判经院哲学和神学权威。他还进一步挖掘了人类认识产生谬误的根源，找到并形成了著名的"四假象说"。他说这些都是人心普遍发生的一种病理状态，并不是在某些时候下产生的迷惑与疑难。

什么是"四假象说"？

第一种叫作"种族的假象"，这是因人的天性而引起的认识错误。第二种叫作"洞穴的假象"，是个人因性格、爱好、教育、环境而产生的认识中片面性的错误。第三种叫作"市场的假象"，就是由于人们交往时语言概念的不确定产生的思维混乱。第四种叫作"剧场的假象"，是因盲目迷信权威和传统而造成的错误认识。培根说，经院哲学家就是利用四种假象来抹杀真理，制造谬误，从而给予经院哲学以沉重的打击。

创立了精神分析学派的哲学家是谁？

弗洛伊德（1856～1939年），奥地利精神病医生，精神分析学派的创始人。1856年5月6日生于摩拉维亚，1939年9月23日卒于英国。1873年进入维也纳大学，1881年获

★弗洛伊德

23

医学博士学位。

他认为被压抑的欲望绝大部分是属于性的，性的扰乱是精神病的根本原因。1897年，他对自己进行了艰苦的自我分析，提出了恋母情结，即仇父恋母的情绪倾向。弗洛伊德的"性"是广义的，他以为身体上的敏感部分都属于性觉区。著有《梦的解义》、《日常生活的心理病理学》、《精神分析引论》、《精神分析引论新编》等。

创立了现象学的哲学家是谁？

胡塞尔（1859～1938年），德国哲学家，现象学创始人，犹太族后裔。早年攻读数学、物理学，1881年获博士学位，1883年起追随布伦塔诺钻研哲学，先后在哈雷、哥丁根和弗赖堡大学任教。

胡塞尔哲学思想的发展分为三个时期，即前现象学时期（1700年以前）、现象学前期（1701～1913年）、现象学后期（1913年以后）。前两个时期主要是建立了从个人特殊经验向经验的本质结构还原的描述现象学。后期则力图使现象学还原深化为纯粹意识或纯自我，以便使知识的客观性或确定性建立在纯主观的基础上。胡塞尔在现象学中的先验唯心主义与彻底主观主义的立场、观点，在现象学学派内部不断受到批评。但他提出的一些分析方法，在20世纪初以来的西方哲学与人文科学中一直具有重要影响。著有《算术哲学》、《纯粹现象学和现象学哲学的观念》等。

卢梭的认识论体现在哪些方面？

卢梭的认识论受孔狄亚克的影响很大。v他认为，感觉是认识的唯一源泉，感觉比判断、推理可靠，因为它最接近外在于主体并对感官发生作用的自然物质。真理是客观的，认识越符合对象就越接近真理。在宗教观上，认为存在上帝，但人的意志是自由的，上帝存在与灵魂不朽是使人弃恶从善的道德基础。在社会观上，认为人类在自然状态下，人人享有自由、平等。由于卢梭一贯把道德与宗教联系在一起，他还主张国家可以制定"公民宗教"，激发公民的自由、爱国情操和牺牲精神。在教育观上，卢梭的教育理论同样以"归于自然"为依据。他痛斥当时的教育戕害人性，使人成为"文明"的牺牲品。《爱弥尔》论证教育的目的是培养自然人，抨击造就王公贵族和达官显宦的封建教育，对于当时以培养公民为教育理想的观点，也予以抨击。卢梭设想的爱弥尔就是自然人，是自然主义教育培养的新型人物，实质上是资本主义教育培养的模特。自然主义要求教育要适应受教育者的身心发育。卢梭认为教育既须适应受教育者身心成熟的阶段，还须适应众多受教育者的个性差异和两性差异，这一主张对心理科学的发展起了推动作用。

福柯是如何看待权力的？

一般认为权力是物质上的或军事上的威力，福柯认为这只是权力的一个元素。在福柯看来，权力与其说是一种固定不变的可以掌握的位置，不如说是一种贯通社会的"能量流"。福柯认为"能够表

★福柯

现出来有知识"是权力的来源之一，如此你就可以有权威地说出别人是什么样的和他们为什么是这样的。福柯不仅视权力为一种形式，并且视其为利用社会机构来表现一种真理，从而使得自己的思想能够影响社会的一种方式。

黑格尔的哲学思想是什么？

黑格尔（1770～1831年），德国哲学家，德国古典唯心主义的集大成者。他是杜宾根大学哲学博士，做过家庭教师、纽伦堡文科中学校长、海德堡大学和柏林大学教授。1830年任柏林大学校长。欧洲哲学史上最庞大的客观唯心主义体系就是他创立的。此外，他极大地发展了辩证法。

黑格尔的哲学主要有唯心主义的思维与存在同一论（也称"思有同一说"）、精神运动的辩证法及其发展过程的正、反、合三段式。在黑格尔看来，思维和存在统一于绝对精神，作为一个独立主体的绝对精神，是万事万物的本原与基础。辩证法方面，逻辑、自然、精神，是它的三个发展阶段。

黑格尔哲学是由哪三部分组成的？

黑格尔的哲学是对三个阶段的描述，因而相应地由逻辑学、自然哲学和精神哲学三个部分组成。逻辑学阐明了质量互变、对立统一、否定之否定等思维的规律，是"研究观念（理念）自在自为的科学"。他在概念的辩证法中猜测到了客观事物本身的辩证法。自然哲学是"研究观念他在或外在化的科学"，他用幻想代替事实，存在着一些错误理论，但也存在合理的思想。"研究观念由他在回复到自身的科学"是他对精神哲学的定义，有关社会政治、伦理、历史、美学等方面的观点和主张在这里被提出来，而找出贯穿在历史各方面的发展线索是他的意图。

尼采是如何看待上帝的？

弗里德里希·尼采（1844～1700年），德国著名哲学家，西方现代哲学的开创者。尼采的哲学概括起来是一破一立。

尼采对传统的基督教道德和现代理性进行猛烈的揭露和批判。在尼采看来，信仰上帝是欧洲人两千年的精神生活的核心，人是上帝的附属物，由上帝创造，人的价值乃至一切都寄托于上帝。这时尼采"一声断喝——上帝死了"，对上帝展开无情无畏的批判。他说上帝之所以该死是因为基督教伦理约束人的心灵、压抑人的本能，人要想获得自由，就要杀死上帝。

尼采是如何批判现代理性的？

尼采列举了具有理性的哲学家的四大罪状，第一是缺乏历史感，几千年来，所有的一切到了哲学家手里都变成了概念的木乃伊。理性除了把流动的历史僵固化，用一些永恒的概念去框定活生生的现实外，毫无用处。理性扼杀了事物的生灭变化过程，扼杀了生命。在他看来，世界充满了偶然性，是动荡不定的，用理性是无法捉摸的。他说实况是不存在的，一切都是流动的、抓不住的、躲闪的。第二罪状是"拒绝感官的证据"，将真正的世界和假象的世界颠倒。感性证据原本是真实的、可信的，由于哲学家的加工才塞进了谎言。第三罪状是混淆始末，他们不承认

生长过程、进化过程。第四罪状是运用语言中的"理性"强制人们犯错误。他们将"是"与"存在"混为一谈，颠倒黑白，欺骗无知的人们。他认为对理性的狂热追求是荒谬的。理性是人类追求自由和幸福的手段，可是理性背离了人的本能，却正是痛苦的根源。

叔本华的认识论思想是什么？

叔本华（1788～1860年），西方近代著名哲学家，唯意志论者。他的代表作是《作为意志和表象的世界》。叔本华讲过："我的哲学如同有着一百个城门的古埃及底比斯城一样，不论从哪个门都可以进入到里面，并且直接地走到市中心。"

叔本华认为：世界由有着本质的必然的不可分的两个半面合成，这是他的哲学的根本结论和前提。其中一个半面就是客体（表象），它以时间和空间为形式，杂多性就是由此产生的。他的这个认识论基础在他早期的论文《充足理由律的四重根》中就已经奠定，能够追溯到康德的《纯粹理性批判》以至柏拉图。在这篇论文中，按照自己的见解，他对后两人的认识论进行了演进。

叔本华的直观主义和悲观主义思想是什么？

叔本华还有直观主义和悲观意识。在他看来，万物的意志有从低级到高级的等级差异，到了人才产生理性认识。而动物仅仅是直观，直观和理性都是意志客体化到了一定程度的产物。理性是最高级别产物，但却从直观发展而来，由于它是直观的摹写和复制，所以认识世界用直观更加可靠些。他的悲观倾向十分明显。他以为，人的一生常常与痛苦为伴，人无论怎样都不能满足。由于生存状态的需要和性的需要，人总是处于一种欲壑难填的境地。人可以通过对客体的观审令自己暂时自失于客体中，不过这是短暂的，最终还会陷入无穷无尽的痛苦中。

存在主义哲学大师是谁？

让·保罗·萨特（1705～1980年），法国思想家、作家，存在主义哲学大师，他的代表作《存在与虚无》是存在主义的杰出作品。

萨特的哲学属于一种激进的自由意志主义，认为人类有绝对的自由，是和决定论对立的。"上帝已死"——尼采的这句名言是萨特哲学的基本前提。自从尼采"杀死了上帝"，人变成被抛弃的了，没有存在的理由，无法找到依托的东西，即萨特说的"人是被判定为自由"。与此相对，萨特提出"存在先于本质"。由于在人的身内身外，都找不到可以依托的东西，人失去了存在的理由。可是如果确实是存在先于本质，那么用天生的现有的人性来解释自己的行动就是不对的，从而否定了决定论。人是自由的，人就是自由。另一方面，如果上帝不存在，人就没有价值和戒律说明人的行为是正当的。没有价值领域，人孤寂独处，无可辩解。这就是萨特说"人是被判定为自由"时想要表达的意思。任何一个人都不是自愿存在于世的，可是一旦存在，他就是自由的，可以自由行动，赋予自己以意义，并对自己所做的一切负责。这就是他的存在主义哲学的内容。

第三章　政治与经济

为什么荷马时代被称为"黑暗时代"？

荷马时代的希腊不再存在奴隶制国家，人们生活在军事民主制阶段的氏族部落组织中。多利亚人入侵时，伯罗奔尼撒和中希腊的许多城市村庄遭到洗劫。商旅断绝，文化没落，此后两三百年间再也未见宫室城郭的修筑和金银珠宝的流通，文字的使用亦告绝迹。因此，荷马时代亦有"黑暗时代"之称。

荷马时代最大的积极因素是什么？

荷马时代相对于迈锡尼文明来说，使其倒退到原始社会，但它还有一个很重要的积极因素——铁的使用。

地中海地区最早使用铁的是小亚细亚的赫梯人，时间约在公元前16～前15世纪左右，但赫梯把冶铁术垄断起来，铁的外流极少，在古代东方文明诸国中没起什么作用。赫梯在公元前13世纪瓦解后，冶铁术才在小亚细亚流传开来，但是多在山区的落后部落使用。因此，迈锡尼文明末期犹未知铁器，而北希腊一带的多利亚人却因陆路可通小亚细亚山区而学会冶铁。多利亚人侵入希腊，遂使希腊地区进入铁器时代。

罗马 "王政时期"有什么特点？

传说罗马最初经历了一个"王政时期"。实际上那时的罗马人正处在父系氏族公社后期阶段。"王政时期"是罗马从原始公社制向阶级社会过渡的阶段。

罗马有三百个氏族，十个氏族组成一个胞族，称为库里亚，十个胞族组成一个部落，三个部落构成罗马人民整体。氏族长组成的元

★王政时期

老院处理公共事务，向库里亚会议提出重大问题，有权批准或否决库里亚会议的决议。库里亚会议是胞族召开的人民大会，每个库里亚有一票表决权。库里亚大会有权通过或否决一切法律，选举一切高级公职人员，包括"王"在内。王既是军事首长，又是最高祭司和审判长，但不是一个大权独揽的专制君主。

王政时期内，有七个王统治罗马，最后三个王是伊达拉里亚人。

平民和奴隶是如何出现的？

平民起源于外来和被征服地区的居民，具有自由人的身份，不属于罗马氏族公社，没有氏族权利，也不能分享公有地。一些原来接受贵族"保护"，后来由于贵族家族没落而取得经济独立的"被保护人"，也列入平民的行列。主要从事个体农业劳动，有些经营手工

业和小商业。他们有纳税和服兵役的义务。许多平民向贵族租地、借债，常常因为还不起债沦为奴隶。债主有权将欠债的人卖到外地去当奴隶，甚至将他处死。同时，罗马已经有了战俘奴隶，当时奴隶主要用于家内劳动。

图利乌斯是如何划分阶级等级的？

罗马第六个王塞尔维乌斯·图利乌斯进行了重大改革。他把全体居民，不分贵族平民，按财产多少分为五个等级，五等以下的称为"无产者"。每个等级按规定提供不同数目的军事百人团，"无产者"出一个百人团。在百人团的基础上，罗马设立了百人团会议，服兵役者都能参加，会议可以选举官吏。此外，原来按氏族组织的三个部落也被按地域划分的四个部落所代替。这样，一个新的、以地域划分和财产差别为基础的国家制度在罗马产生了。

第七个王塔克文相传是个暴君，大约在公元前509年，罗马爆发了反对伊拉达里亚人统治的斗争，驱逐了塔克文，建立了共和国。

日耳曼人是一个什么样的民族？

"日耳曼人"大概是克尔特人对其邻人的称呼，含义不详，古希腊、罗马人称之为野蛮人。约公元前325年，希腊作家皮提亚斯首次报道了住在琥珀海岸的日耳曼人的一支——条顿人的情况。约公元前49年恺撒著的《高卢战记》和公元98年塔西陀著的《日耳曼尼亚志》，详细记述了日耳曼人的社会和生活。日耳曼人居住在多瑙河、莱茵河、维斯瓦河和北海之间的地区，大多处于

军事民主制阶段，出现私有制和阶级的萌芽，军事首长及其扈从渴望向外扩张，夺取财富和土地。

什么是神圣罗马帝国？

神圣罗马帝国是指962年德国萨克森王朝国王奥托一世始建的封建帝国。

961年，罗马内部发生冲突，奥托带领大批人马侵入意大利。次年2月，教皇在罗马圣彼得大教堂为奥托加冕，称奥古斯都，奠定神圣罗马帝国的基础。1154年，德皇腓特烈一世攻陷罗马，帮助教皇镇压罗马共和国。教皇为腓特烈加冕，称"神圣罗马帝国"皇帝，正式在罗马帝国名称之前冠以"神圣"二字。

★神圣罗马帝国

帝国的疆土以德国和意大利的中、北部为主，有时包括瑞士、尼德兰、捷克和法国的勃艮第、普罗旺斯。

神圣罗马帝国为什么会灭亡？

1354年查理四世皇帝颁布"黄金诏书"，正式承认七大候选拥有选举皇帝的特权，使帝国的分裂割据合法化。从此再没有出现强大的王权和民族统一，使神圣罗马帝国徒有虚名。三十年战争时期（1618～1648年），德国是主战

场，破坏惨重，最后被肢解。1806年7月，莱茵地区在法国大革命的影响下成立"莱茵同盟"，宣布独立，同年8月6日，弗朗西斯二世皇帝被迫退位，神圣罗马帝国最终灭亡。

英吉利王国是如何建立的？

英吉利王国是封建社会时期的英国。

5世纪中叶，居住在易北河、威悉河和日德兰半岛的盎格鲁人、萨克森人和裘特人，渡海进入不列颠，赶走当地居民，建立七个小王国，即苏塞克斯、威塞克斯、埃塞克斯、麦西亚、诺森伯里亚、东盎格利亚和肯特，史称"七王国时代"。829年，威塞克斯王爱格伯特在反对丹麦人的斗争中统一七王国，建立统一的英吉利王国。

什么是圈地运动？

圈地运动是从15世纪末到19世纪末英国用暴力剥夺农民土地的运动，大致以17世纪英国资产阶级革命为界线，分为两个阶段，顶点在19世纪。

15世纪末，由于新航路的开辟和国际贸易的发展，英国和佛兰德尔的毛纺织业空前繁荣，引起羊毛价格上涨。养羊业变得有利可图，超过农业收益一倍以上，新贵族竭力发展养羊业。他们变耕地为牧场，用暴力把农民从土地上赶走，自己雇工经营或者租给农场主，这就是圈地运动。

圈地运动有什么样的历史意义？

圈地最先圈占森林、牧场、荒地、池沼等公有地，后来殃及农民的耕地，强行拆除或放火烧掉农民的小屋，逼得

农民家破人亡，以致有些地方仅剩下地主的房屋。政府多次限制圈地，到1533年，有的牧主养的羊竟达24000只，远远超过限额。16世纪30年代亨利八世推行的宗教改革，把圈地运动推向第一个高潮，他下令没收3000多座寺院的土地和财产，送给贪得无厌的宠臣或者廉价卖给投机的农场主和市民。英国资产阶级革命成功后，国会通过几百项"剥夺人民的法令"，即"公有地圈围法"，送给地主几十万亩公有地。19世纪初更有所谓"清扫领地"，即动员军队强行拆毁村庄，改成农牧场。

圈地运动是剥夺农民土地的过程，到19世纪前半叶英国的自耕农基本消失。大多数人流离失所，无以为生，政府污蔑他们自愿犯罪，颁布许多稀奇古怪的血腥立法予以惩罚。16世纪末英国已有一个富裕的农业资本家阶级，他们按资本主义方式经营，改进耕作方法，农业生产力大幅度提高。

圈地运动在历史上具有进步意义，但基础是用一种剥削代替另一种剥削。

波旁王朝对西方世界有什么样的影响？

波旁王朝是波旁家族在西欧若干国家和地区建立的王朝。波旁家族的先祖艾玛主教的封地在波旁堡。

1272年，波旁家族与法国卡佩王朝联姻，获得王族血统，取得伊比利亚半岛北部的纳瓦尔王国的王位。1572年，纳瓦尔国王亨利三世与法国瓦罗亚王朝公主玛格丽特结婚，于1589年瓦罗亚王朝绝嗣后继承法国王位，改称亨利四世，开始了波旁王朝在法国的统治。1701年，路易十四

之孙菲利普继承西班牙王位，称菲利普五世，开始了西班牙波旁王朝的统治。1735年和1748年，菲利普五世之子分别领有那不勒斯王国和帕尔马公国，开始了波旁家族在意大利的统治。在19世纪60年代意大利统一运动中，帕尔马公国和那不勒斯王国先后被撒丁王国兼并。

西班牙波旁王朝在1931年被资产阶级革命所推翻。

吉伦特派是什么性质的派别？

吉伦特派是法国大革命中代表工商业资产阶级的政治派别。

吉伦特派的主要成员最初属于雅各宾俱乐部，后在俱乐部内形成了一个独立的新派别，因该派领袖人物多来自西南部的吉伦特郡而得名。该派主要活动家有布里索、孔多塞、罗兰和罗兰夫人等，成员主要是与西部和南部的工商业资产阶级有较密切联系的知识分子和律师。

吉伦特派是如何发展起来的？

1792年8月10日起义之后，以吉伦特派成员为主组成临时政府。

在国民公会选举中与雅各宾派展开激烈竞争，因各郡的支持而在选举中占上风，拥有国民公会750个议席中的160多席，从而出面组阁，开始吉伦特派执掌政权时期。

吉伦特派主张废除君主制，建立共和国，但认为法国革命应当止步，恢复秩序。该派掌权期间与雅各宾派在议会内外激烈斗争。

1793年初法国局势恶化，前线吃紧，市场物资匮乏，物价飞涨，群众要求限制物价，打击投机商。吉伦特派则

坚持经济自由原则，不愿实行对经济的干涉和管制。

1793年4月前线发生吉伦特派将领杜穆里埃叛变事件，巴黎群众极为愤怒。

1793年5月31日至6月2日，雅各宾派领导巴黎群众起义，迫使议会下令逮捕22名吉伦特派首领，结束了吉伦特派统治。

雅各宾派是如何形成的？

雅各宾派是法国大革命期间的重要政治派别。

1789年制宪议会期间，组成布列塔尼俱乐部。1789年10月制宪议会随同国王由凡尔赛迁到巴黎，布列塔尼俱乐部更名为"宪法之友社"，因集会地点在一座古老的寺院——雅各宾修道院，又名"雅各宾俱乐部"。

俱乐部初期会费昂贵，参加者多是

★雅各宾派

经济上较为殷实的自由派贵族、工商业资产阶级等。后来会费有所降低，但一般群众仍无法负担。

1791年以后，在全国各地设立数以千计的支部，曾几经分化。1791年7月马斯校场事件后，大资产阶级立宪派分子退出。

该派不以实现共和制度为满足，

要求彻底摧毁封建制度，实行民主的政治、经济措施，甚至在一定程度上反对财产的不平等，要求限制财产权，并主张以严厉手段对付革命的敌人。

雅各宾派经历了什么样的发展历程？

第一共和国成立之初，国民公会内山岳派与吉伦特派矛盾不断激化，10月10日，吉伦特派领袖布里索被开除出俱乐部，吉伦特分子也先后退出。

1793年5月31日至6月2日策动和领导了巴黎人民起义，推翻吉伦特派统治，开始雅各宾派专政。专政期间，比较彻底地解决了农村土地问题，从根本上摧毁了封建制度；击退了国内外反革命势力进攻，巩固了大革命的成果。

专政后期内部发生分裂，罗伯斯庇尔先后镇压了忿激派、埃贝尔派、丹东派，该派本身也大大削弱。

1794年7月27日热月政变之后，雅各宾派的政治活动基本完结。其残余势力在督政府时期曾以先贤祠、跑马厅等俱乐部名义出现，1799年最终被解散。

什么是文艺复兴？

文艺复兴是指14～17世纪西欧多数国家发生的新兴资产阶级的新文化运动。

1550年，意大利画师瓦萨里在他的《意大利艺苑名人传》（又译《意大利绘画、建筑、雕刻名人传》）里，第一次使用"文艺复兴"一词，把当时西欧文化的繁荣说成是古希腊、罗马文化的复兴。尽管该词没有准确表达这次新文化运动的阶级性及其与古代文化的联系，但人们还是沿用了这个名称。

文艺复兴发生的历史前提是什么？

文艺复兴的历史前提是资本主义生产的出现。

早在14、15世纪，在意大利北部的城市里已经有了资本主义萌芽。意大利是古代文明的中心之一，后来又与文化发达的拜占庭和阿拉伯国家有密切联系。14世纪初，教廷从罗马迁到法国南部的阿维尼翁，成了法国王权的御用工具，威信扫地。所以，文艺复兴最早在意大利发生。15世纪末起，西欧各国资本主义迅速发展，文艺复兴也开始遍及西欧各国。14、15世纪意大利的文艺复兴称前期文艺复兴，16、17世纪的文艺复兴称后期文艺复兴。

文艺复兴发生的根本原因是什么？

在中世纪的西欧，天主教会垄断着文化思想。为麻痹劳动人民和巩固封建统治，教会竭力鼓吹来世主义、禁欲主义和蒙昧主义。它强行把人的精神和肉体分开，要求人在肉体上苦修苦行，换取所谓来世的欢乐。那个时代人的价值等于零，物质生活越低越好，精神生活更是禁区。资产阶级兴起以后，为了发展经济，需要文化科学知识，人文主义者们搜集和研究古希腊、罗马的作品，从中吸取养料，并继承和发扬中世纪民间文学、城市文学和唯名论的斗争传统，在文学、艺术、历史、政治思想、自然科学和哲学各个领域，向天主教神学和封建制度猛烈开火。

文艺复兴有什么样的进步意义？

文艺复兴运动在历史上具有巨大的进步意义。

然而，人文主义者鼓吹的人性、人权，实质上是资产阶级的权利。有的无限夸大爱情之类东西的作用，把它说成是最神圣的东西，否认阶级性的制约，或者划不清爱情与不正当男女关系的界线。有的从主张个人自由发展到鼓吹极端个人主义，反对任何约束和纪律。这些都是不正确的，只能散发有害的影响。人文主义者都是历史唯心主义者，崇拜英雄豪杰，轻视人民大众。他们塑造的典型人物往往是单枪匹马冲锋陷阵的英雄，没有群众斗争的场面。

为什么文艺复兴时期的画家被称为"绘画科学者"？

早期文艺复兴绘画兴起于意大利。对于有关新生活意义的观念来说，意大利是文艺复兴的理想土壤。这里产生了诸如马萨乔、勃鲁内列斯奇、多纳太罗、达·芬奇、米开朗基罗、拉斐尔等绘画巨匠及勃鲁内列斯奇的透视理论，这些人类智慧的杰出代表，为人类文明的进步作出了巨大的贡献。

以写实为宗旨的文艺复兴早期绘画，到了15世纪下半期，伴随着自然科学研究的风行，更进一步要求对客观事物作如实摹写。艺术家以科学的严谨性来表现自己的作品，他们对透视法、人体解剖学、绘画颜料及各种技法进行了广泛的探索。当时许多颇负盛名的画家工作室，同时也是自然科学研究场所，人们称这些画家为"绘画科学者"，是不无道理的。

文艺复兴盛期绘画最为典型的标志，是乌比诺的数学结构方法与佛罗伦萨大胆精美技法的结合，这种结合产生了公认的盛期文艺复兴绘画风格。

文艺复兴时期意大利绘画有什么特点？

文艺复兴时期，意大利的绘画以佛罗伦萨为中心。同时，在意大利中部，还有锡耶纳画派、安勃利亚画派和佩鲁贾画派，在意大利北部，也活跃着威尼斯画派、巴图亚画派和斐拉拉画派。波提切利、提香、乔尔乔内、丁托列托等，成为人类艺术史上著名的绘画大师。威尼斯画派在意大利文艺复兴中的地位是极其独特的。15世纪末至16世纪初的罗马和佛罗伦萨等城市，已处于磨难之际，而整个16世纪初的威尼斯，却保持着宗教的自由和社会的祥和。这里的人们天生具有欢乐明朗的气质，他们喜欢饮酒、狂欢、享乐，以奢侈浪费而闻名遐迩，威尼斯的妇女更以酷爱修饰和自由无拘束的性格为荣。这里的一切，为绘画提供了阳光灿烂的、充满欢乐自信的、色彩艳丽的环境。威尼斯的画家们认为，只有用欢乐、狂热、激情，才能更好地描绘出他们所置身的色彩明丽而又欢乐开朗的威尼斯世界。

什么是宪章运动？

宪章运动是19世纪三四十年代英国工人争取国会改革的运动，其纲领是《人民宪章》，所以称为宪章运动。

1832年，工业资产阶级凭借工人阶级的支持，使国会通过改革法案，跻身于统治集团，但工人并没有选举权。1836年，伦敦工人协会成立。次年，协会拟定致国会请愿书，1838年，以《人民宪章》的名义公布于世，提出6点要求：年满21岁的男子均有选举权；秘密投票；按居民人数平均分配选区，每区选派一名议员；每年改选一次国会；废除议员候选人的财产资格限制；议员领取薪俸。各地工人热烈响应，资产阶级激进派亦加入运动。

列宁曾说："这是世界上第一次广泛的、真正群众性的、政治性的无产阶级革命运动"，为英国和国际工人运动提供了丰富的经验，对英国社会政治制度的民主改造亦产生深远影响。它的6点要求，除每年选举议会外，后来都陆续得到实现。

宪章运动从发起到解散的过程是什么？

1839年2月，在伦敦召开宪章派第一次全国代表大会，决定向国会递交请愿书。7月，125万多人签名的请愿书遭国会否决，很多宪章派领导人被逮捕。1840年7月，全国宪章派协会在曼彻斯特成立，资产阶级激进派退出运动。1842年，宪章派掀起第二次高潮。请愿书上签名者达330多万人。5月，请愿书又遭国会否决。6月起，各地工人罢工，个别地方发生巷战。9月，军警进行镇压，1500多名宪章派积极分子被捕。哈尼、琼斯等宪章派左翼坚持斗争。1845年，在马克思、恩格斯帮助下，哈尼等同流亡伦敦的各国革命者创建"国际民主派兄弟协会"。1848年，在法国二月革命的影响下，宪章运动出现第三次高潮，有197万人在请愿书上签名。政府动员大批军警，禁止工人在伦敦游行，下令解散全国宪章派协会，逮捕500余人。此后，宪章运动日趋消亡。1853年，全国宪章派协会不再选举中央执行委员会。1858年，协会解散。

什么是启蒙运动？

启蒙运动是18世纪流行于法国和欧美其他国家的资产阶级思想文化运动。启蒙一词在法文中意为"以光明驱逐黑暗"，这是与中世纪的"黑暗时代"相对应的一个概念。伴随着资产阶级经济上的兴旺发达和政治上反封建斗争的蓬勃开展，启蒙运动在意识形态领域冲击着封建制度。

近代科学的迅速发展和近代哲学中崇尚理性的倾向是启蒙运动产生的理论背景。理性可以综合感观印象而成为普遍真理，感觉和理性不可偏废，这成为启蒙运动的哲学基础。首先强调理性是通向智慧万无一失的向导，人类的一切必须在理性法庭面前接受检验，按照理性的要求生活，人类的前途将充满希望。

其次，鲜明地反对教会权威和宗教盲从，主张用自然科学方法审视自然、人类与上帝之间的关系，反对形而上学的神学体系，反对迷信和奇迹。在政治思想领域，启蒙思想用自由、平等、民主和法制反对封建专制和封建特权。

对启蒙运动产生了重要影响的历史人物有哪些？

18世纪初牛顿创立的经典物理学对宇宙进行了成功的解释，纠正了中世纪许多权威理论的错误，促使人们崇尚理性，相信通过经验性推理。

17世纪法国哲学家笛卡尔的唯理论开启蒙运动之先河。他主张以"理性的尺度"去检验以往的一切知识，摒弃一

切违反理性的迷信和偏见。

英国哲学家洛克从经验主义立场修改了关于理性的学说，他的思想成为启蒙运动的哲学基础。另外，他的自然权利学说、分权学说、宗教宽容的主张等都深深地影响了启蒙运动。

伏尔泰（1694～1778年）是法国启蒙运动的泰斗。他激烈抨击天主教会的黑暗统治，认为天主教会是一切进步的障碍。伏尔泰提倡自然权利学说，主张自然赋予人类以自由平等的权利，包括人身、思想、出版、信仰自由和法律面前的平等。

孟德斯鸠（1689～1755年）最突出的贡献是提出三权分立的政治学说，主张利用权力之间的互相制约避免滥用权力。

卢梭（1712～1778年）从人权天赋自由平等的观点出发，认为人类的不平等是私有制和国家的产生所造成的，而封建制度使这种不平等发展到顶点，因而用暴力推翻暴政是完全合理的。他主张社会契约和人民主权，宣称一切权力属于人民，政府只是执行公意的机构，一旦政府破坏了与人民订立的契约，人民就有权推翻政府。卢梭主张建立民主共和国，实行直接民主，反对代议制度。

狄德罗（1713～1784年）为编辑《百科全书》联络了一批先进知识分子。他们宣传无神论和自然神论，主张宗教宽容，反对特权，形成著名的"百科全书派"。

什么是热月政变？

热月政变是法国大革命期间发生的颠覆雅各宾专政的政变。1794年春夏之季，法国经济、政治局势趋于缓和，恐怖政策开始引起普遍的反感。执政的雅各宾派首领罗伯斯庇尔等人继续实行高压政策，树敌日多，国民公会代表人人自危。

1794年6月罗伯斯庇尔促使国民议会通过牧月法令，简化审判程序，更多的人被送上断头台。热月8日（1794年7月26日）罗伯斯庇尔在国民公会发言指控他的敌手，议会并未像以前那样报以热烈的欢呼。热月9日，忠于罗伯斯庇尔的圣鞠斯特准备争取国民公会的支持，但他的发言被打断。会议通过了逮捕罗伯斯庇尔的决议，同时被捕的还有雅各宾派的中坚分子圣鞠斯特、古东等人，罗伯斯庇尔等人被送上断头台。至此，雅各宾专政结束，热月党人统治开始。

什么是反法同盟？

反法同盟是从1793年到1815年英国和欧洲其他国家先后组成的7次武装干涉法国的军事同盟。

法国资产阶级革命的不断深入引起了欧洲封建君主国的恐惧。为了扼杀革命，1792年初普鲁士和奥地利率先结成同盟，出兵干涉法国。英国则企图乘法国内部发生革命之机夺取法国的海外殖民地，同时也深恐法国更加激烈、更加彻底的革命会诱发英国人民也起来反对当局的统治。

反法同盟战争有两重性质：一方面是反对外国干涉，保卫资产阶级革命成果，主要体现在前几次打垮反法同盟的战争；另一方面，则有其争夺霸权的性质，反法同盟则带有被压迫民族解放战争的性质，最突出的是第五次反法同盟战争。

反法同盟的战争经过是什么？

1793年2月由英国策动，荷兰、普鲁士、奥地利、西班牙、撒丁、那不勒斯、俄国等组成第一次反法同盟，从各个方向进攻法国。

1793年6月以后雅各宾派掌握了政权，改组军队，整顿经济，开始扭转前线败局。

1794年6月法军在比利时的弗勒吕兹大败联军，第一次反法同盟开始瓦解。

1796年拿破仑在意大利重创奥军，使同盟完全解体。

1798年底英、俄、奥、土耳其等国组成第二次反法同盟。法国督政府无力抵抗进攻，拿破仑乘机发动政变，掌握了国家权力。

1800年拿破仑在马伦哥战役中打败奥军主力，迫使奥地利和英国分别签订和约，第二次反法同盟瓦解。

英国与法国在争夺土地和扩张方面的矛盾，英国纠集俄、奥等国于1805年组成第三次反法同盟。拿破仑在奥斯特里茨的辉煌胜利迫使奥地利再次与法国签约，第三次反法同盟瓦解。英国不甘心失败，于1806年9月策动普、俄、瑞典等国组成第四次反法同盟。战斗正式开始仅6天，法军就在耶拿和奥尔斯泰特两战役中全歼普鲁士军，随后长驱直入柏林，普鲁士投降。

1807年法军在埃劳和弗里德兰两战役中大败俄军，再加上法俄在瓜分东欧领土问题上达成协议，俄法签订和约后，俄国退出同盟。至此，拿破仑帝国取得了一系列军事上的胜利，进入鼎盛时期。

为了最终瓦解英国力量，拿破仑从1806年底开始对英国实行大陆封锁。为了在伊比利亚半岛严格执行封锁政策，法军于1807年和1808年先后入侵葡萄牙和西班牙，挑起了伊比利亚半岛战争。英国利用此机会于1809年组成第五次反法同盟。法军迅速击退奥地利军的进攻，占领了维也纳，又在瓦格拉姆战役中取得决定性胜利，打破了这次反法同盟。但是，战后利益分配不均导致法俄矛盾激化。1812年拿破仑以60余万大军入侵俄国，几乎全军覆没。乘此机会，欧洲各国于1813年迅速组成第六次反法同盟，10月莱比锡一役，法军大败。1814年3月联军进入巴黎，拿破仑退位并被流放到厄尔巴岛。1815年拿破仑逃出厄尔巴岛，召集旧部，重返巴黎。英、俄、普、奥又组成第七次反法同盟。1815年6月18日联军在滑铁卢战役中打败拿破仑，拿破仑再度退位并被流放到圣赫勒拿岛，反法同盟战争至此宣告结束。

什么是共产主义同盟？

共产主义者同盟是世界上第一个接受科学社会主义理论的国际无产阶级组织，也是第一个国际无产阶级政党，1847年6月由德国政治流亡者组织——正义者同盟改组而成。

正义者同盟的领导人沙佩尔、莫尔等在同盟遭受多次挫折后，感到原先的指导思想存在不足，转而寻求马克思、恩格斯的支持。1847年初沙佩尔等人正式邀请马克思、恩格斯加入同盟，帮助制定新的纲领。1847年6月2日至9日，同盟在伦敦秘密举行改组大会，根据马克思、恩格斯的建议，改名为共产主义者同盟，并以"全世界无产者，联合起

来"为口号。大会选举沙佩尔为主席，马克思、恩格斯都被选为中央委员。同年11月29日至12月8日，共产主义同盟在伦敦召开第二次代表大会，中心议题是讨论同盟的纲领，马克思第一次出席了大会。大会经过讨论，接受了马克思、恩格斯在纲领中阐述的科学社会主义基本原理。大会正式通过了恩格斯等人起草的《共产主义同盟章程》。《章程》的第一条明确规定："同盟的目的：推翻资产阶级政权，建立无产阶级统治，消灭旧的以阶级对抗为基础的资产阶级社会和建立没有阶级、没有私有制的新社会。"大会还决定委托马克思、恩格斯以宣言的形式起草同盟的纲领。1848年2月，同盟的纲领——《共产党宣言》正式发表。

共产主义同盟从成立到解散经历了什么样的变革？

欧洲1848年革命爆发后，同盟中央委员会把权力移交给以马克思为主席的布鲁塞尔区部委员会。3月又在巴黎成立新的中央委员会，并派遣数百名工人回德国参加革命。4月，马克思、恩格斯及其他中央委员也返回德国。马克思主编的《新莱茵报》成了指导盟员斗争的指导性刊物。由于革命形势的飞速发展，盟员间的联系中断，盟员各自以各种形式参加革命斗争，有的参加各种公开组织，有的在战场上直接参加战斗。1848年底，在伦敦的中央委员会派莫尔回德国整顿组织，试图恢复组织联系，没有成功。1849年秋，同盟大多数领导人回到伦敦。次年春组织得到恢复，并日趋活跃。1850年9月，同盟发生了分裂，维

利希、沙佩尔等少数派反对马克思、恩格斯提出的准备长期斗争的策略，另建新的中央委员会。同盟中央委员会根据马克思的建议，把同盟总部由伦敦迁往德国科伦，并委托科伦区部委员会选举出新的中央委员会，并准备解散伦敦区部，成立两派各自的伦敦区部，以挽救同盟的分裂。9月底科伦区部选出了新的中央委员会，并宣布解散伦敦区部，但维利希、沙佩尔等拒绝合作。

由于警察的迫害，到1851年5月同盟在德国的活动基本停止，同盟的11名重要成员被捕，其中的7人在第二年11月被判处徒刑，这就是"科伦共产党人审判案"。1852年11月17日，鉴于同盟各支部活动日益困难，根据马克思的建议同盟宣布解散。

什么是神圣同盟？

神圣同盟是1815年以俄国沙皇为首的欧洲君主组成的反动同盟。

根据沙皇亚历山大一世的倡议，1815年9月，俄、奥、普三国君主在巴黎共同发表神圣同盟宣言，声称，为维护基督教、和平与正义而互相支援。宣言没有规定有效期限和具体义务。年底，除英国、教皇和土耳其外，所有欧洲国家都加入该同盟。英国表示同意宣言原则。同年11月，英、俄、奥、普建立四国同盟，1818年，法国加入，变为五国同盟。五国同盟是维也纳体系和神圣同盟的实际支柱。五国同盟于1820年10月在奥属特洛波、1821年1月在莱巴赫举行会议，决定由奥出兵镇压意大利革命。1822年10月至12月，在意大利的维罗纳举行会议，决定由法出兵镇压西班牙革命。英国反对这两

项决定。1822年，希腊独立战争开始后，希腊问题造成五国之间更深刻的分歧。1830年法国七月革命后，五国同盟和神圣同盟实际已不复存在。

莫斯科公国是如何建立的？

莫斯科公国是14世纪至15世纪东北俄罗斯的封建国家，首都为莫斯科。

13世纪初在弗拉基米尔领地上兴起，并依靠得天独厚的地理位置——水陆的交叉点、各公国的中心、莫斯科周围的天然屏障——从众多分封小公国中脱颖而出。

蒙古人征服时期，争夺蒙古人册封的弗拉基米尔大公称号是俄罗斯各公国争雄的引线。伊凡一世在位时期（1325-1340年），同特维尔大公争夺大公称号，获胜。兼并了邻近诸公国，受权为钦察汗代征全俄罗斯贡赋并继续兼并各公国，开始与钦察汗发生冲突。1380年8月于顿河库里科沃一役击败钦察汗主力，提高了莫斯科公国的地位。伊凡三世时期（1462~1505年）先后兼并诺夫哥罗德、特维尔、里亚赞等大公国，统一大部分领土，奠定俄罗斯基本版图的基础。

1480年，在乌格拉战役中战胜钦察汗阿合马，阿合马被击毙，俄罗斯最终摆脱蒙古人统治。并开始向波罗的海方面扩张领土。其子瓦西里三世先后归并普斯科夫、梁赞等大公国，完成俄罗斯统一的中央集权国家形成过程。1547年伊凡四世加冕沙皇，莫斯科公国变成沙皇俄国。

国际工人协会是如何建立的？

国际工人协会即第一国际，世界无产阶级的第一个群众性国际组织，成立于1864年9月。

19世纪60年代初，欧美各国的工人运动走出低谷，掀起新的高潮。1863年7月22日，英国工人在伦敦举行声援波兰人民反抗俄国统治者的群众大会，法国工人派代表参加了大会，两国工人代表讨论了成立国际组织的问题。11月英国工人会议通过了致法国工人的《呼吁书》，号召召开各国工人参加的大会，成立国际组织，共同对付资产阶级。1864年9月28日，英国工人在伦敦圣马丁教堂为波兰事件举行工人大会，法国、德国、意大利和波兰等国的工人代表也应邀出席了大会。大会一致通过了法国工人的倡议，决定成立一个国际性的工人协会，并选出21人组成的临时委员会为协会的机关报。这次大会被认为是国际工人协会的成立大会。10月5日，临时委员会召开会议，选举出协会的领导人：主席、总书记、财务委员和各国通讯书记，并由这些人组成常务委员会。选举结果：奥哲尔为主席，克里默为总书记，马克思为德国通讯书记。10月11日临时委员会决定把协会定名为"国际工人协会"。11月1日中央委员会通过了马克思执笔起草的《成立宣言》和《临时章程》。1864年底成立了巴黎支部，并在瑞士成立了德国流亡者国际支部和法国流亡者国际支部。此外，在比利时、西班牙、意大利也成立了支部。德国"全德工人联合会"拒绝参加"国际"，加之各邦法律的限制，许多工人以个人身份参加了"国际"，1869年德国社会民主工党建立，宣布自己是第一国际的支部。

巴黎公社是如何诞生的？

巴黎公社革命是19世纪以来国际工人运动的重大成就，是法兰西第二帝国后期阶级矛盾和民族矛盾爆发的结果。

首先，巴黎公社革命是法国阶级矛盾和阶级斗争的必然结果。帝国末期，无产阶级的反抗斗争日益高涨，蒲鲁东的小资产阶级社会主义、布朗基的空想共产主义思想得到广泛传播，还有一些人受马克思主义影响，认识到夺取政权的重要性。广大农民、小资产阶级民主派和资产阶级共和派对帝国政府的不满情绪也日益增长。19世纪60年代后期，经济危机进一步激化了阶级矛盾。

其次，巴黎公社革命是在法国面临严重的民族危机的情况下爆发的。拿破仑三世在1870年7月的普法战争中遭受惨败，法军主力连同拿破仑三世都做了俘虏，这就加速了帝国的崩溃。在这种情况下，9月4日巴黎爆发革命，推翻了帝制，建立了共和制的资产阶级临时政府，即法兰西第三共和国。此后，普军继续进攻法国，并于9月19日包围了巴黎。临时政府虽然声明要抗战到底，可实际上却成了向普军乞讨和投降的"卖国政府"。1871年2月，梯也尔新政府同德国签订了《法兰克福和约》，法国向德国赔款、割地。在严重的民族危机面前，巴黎无产阶级建立了194个营的国民自卫军，既而成立了各区警备委员会及其中央机构，代替二十区中央委员会。

1871年3月18日，中央委员会领导巴黎无产阶级发动武装起义，很快占领了巴黎，梯也尔政府逃到凡尔赛。3月26日，巴黎人民选举产生了公社委员会。3月28日，在市政厅广场隆重举行了巴黎公社成立大会，历史上第一个无产阶级政权诞生了。

巴黎公社为什么会失败？

梯也尔政府逃到凡尔赛后，组织起反革命武装，并于4月2日对公社发动了进攻。第二天，公社兵分三路进攻凡尔赛，结果失败。5月20日，凡尔赛对巴黎发动了总攻。21日，攻陷圣克卢门和附近的堡垒，凡尔赛军进入巴黎。公社战士在公社委员会领导下同敌人进行了顽强的巷战，开始了历史上有名的"五月流血周"。5月23日，公社战略据点蒙马特尔高地失守。24日，市中心被占领。27日，守卫在拉雪兹神甫公墓的200名战士同5 000名凡尔赛军展开了殊死的搏斗，最后弹尽粮绝，全部壮烈牺牲。28日，凡尔赛匪帮占领了整个巴黎，存在72天的巴黎公社失败了。

巴黎公社虽然失败了，但它的伟大历史功绩是不可磨灭的。巴黎公社是无产阶级革命的第一次尝试，是历史上第一个无产阶级的国家政权，为后来的无产阶级革命提供了极其宝贵的历史经验和教训。

影响世界的萨拉热窝事件是如何发生的？

1914年5月，德、奥两国的参谋长举行了一次会谈，商讨对塞尔维亚的战争事宜。得到德国的大力支持后，奥匈帝国决定于6月28日在塞尔维亚边境的波斯尼亚首府萨拉热窝举行大规模的军事演习。因为这一天是土耳其征服塞尔维亚的纪念日。这次演习共出动了两个兵团的兵力，奥匈帝国的皇太子斐迪南协同妻子前往萨拉热窝巡视。

1914年6月28日早晨，奥地利皇太子斐迪南大公及其夫人索菲亚坐在敞篷汽车中，在保镖的簇拥下巡视。斐迪南丝毫没有预料到，攒动的人群中，波斯尼亚当地秘密民族主义团体"青年波斯尼亚"的7个爱国青年，正伺机实施刺杀他的计划。

斐迪南的车队行驶到阿佩尔码头时，埋伏在那里的第一个杀手因为身边有警察而无法下手，不远处的另一个暗杀者察布里诺维奇突然从人群中冲出来，向斐迪南夫妇乘坐的汽车掷出一枚炸弹，但炸弹被车篷弹到地上，在第三辆车到达时爆炸了。弹片只击伤了公爵夫人的女侍。斐迪南故作镇定地从车上走下来，然后表示无关痛痒，继续进行巡视。

斐迪南参加完市政厅举行的欢迎仪式后，打算去医院看望受伤的随从。但司机偏偏转错了方向，汽车在一个街道拐角处停了下来，守候在那里的杀手普林西波见有机可乘，于是就毫不犹豫地拔出了手枪。愤怒的子弹射向了斐迪南夫妇，两人当场死亡。杀手普林西波当场被捕，在与警察的挣扎中，他趁机服下早已准备好的毒药，最后在监狱中死去。

斐迪南夫妇遭到刺杀后，对塞尔维亚垂涎已久的奥匈帝国立即就此事大做文章，德国也趁火打劫。1914年7月28日，奥匈帝国对塞尔维亚正式宣战，德国、俄国、法国和英国也在不久后卷入了战争，第一次世界大战的战火就这样在欧洲大陆上燃烧起来了。

第一次世界大战的两大军事集团是如何形成的？

19世纪70年代以后，德国与法、英，俄国与奥匈矛盾加剧。1873年，德、奥、俄三国建立三皇同盟。俄土战争后，德国宰相俾斯麦于1878年主持召开柏林会议，使俄国在巴尔干的既得利益受到损害，引起俄国对德国的怨恨，三皇同盟破裂。1879年，德国与奥匈正式订立军事盟约。1882年5月20日，德、奥、意三国在维也纳签订同盟条约。三国同盟建立后，俄、德两国在贸易上的竞争加剧，俄、奥两国在巴尔干的矛盾日益尖锐。1891～1894年法、俄订立军事协定，法俄同盟建立。1702年英国同日本签订盟约，企图利用日本对付法、俄两国，以保护自己的远东利益。1704年英、法签订协定，承认各自的势力范围，英法协约关系建立。1707年《英俄协定》签订（见三国协约）。从此，以德、奥匈为主的

★第一次世界大战

同盟国和以英、法、俄为主的协约国两大军事集团正式形成。

一战时期两大军事集团的实力状况有什么差距？

两大军事集团形成后，各国加紧扩军备战步伐。1893～1913年，德国陆军和海军舰艇数量增加1倍多。奥匈帝国追随德国也加紧扩充军备，并制定对俄国和塞尔维亚作战的军事计划。英国为了保持其海上霸主地位加速建设海军。1706年，英国第一艘8万吨级巨型装甲舰

"无畏"号下水。英国也扩充陆军，建立了一支10万人的远征军部队，准备开赴欧洲作战。英国军费开支总数达8 600万英镑。1913年法国常备军扩充到80万人，1914年军费开支增加到15亿法郎，占法国全部国家预算的38%。1913年，沙皇俄国现役军人达130万人，同时加速修建通往德国的战略铁路和海军建设。两大军事集团的扩军备战使得战争危险日益增加。

第一次世界大战可以分为哪三个阶段？

第一次世界大战主要分三个阶段：第一阶段为西线战场；第二阶段为东线战场；第三阶段为东西线整个战事。

1918年苏维埃俄国退出战争后，德国将兵力集中于西线。1918年3至7月，德军发动5次大规模进攻，均未取得重要的进展。此时几十万美军抵达欧洲参战，德军已再无力组织进攻。从7月下旬至8月底，协约国联军对德军连续发动进攻，德军退守兴登堡防线，处于被动局面。

1918年9月26日协约国联军对德军发动总攻。德军无力抵抗，兴登堡防线全面崩溃。9月29日，德皇威廉二世召开御前会议，德军统帅兴登堡和总参谋长鲁登道夫承认已无力继续战争。德皇改组内阁，任命巴登亲王马克西米利安为总理，向协约国提出停战谈判要求。与此同时，从9月底至11月初，保加利亚、土耳其和奥匈帝国在协约国军队的攻击下先后投降。奥匈帝国境内被压迫民族要求摆脱哈布斯堡王朝的统治，实现民族独立。1918年10月11日，波兰国会宣布波兰属地脱离奥匈帝国，10月28日，捷克和斯洛伐克合并成立独立的共和国。11月2日匈牙利宣布成立民主共和国。10月28日，维也纳爆发工人总罢工和士兵游行示威，迫使奥皇退位。11月12日成立奥地利共和国。德国已处于完全孤立境地。11月初，德国十一月革命爆发，9日德皇威廉二世退位，社会民主党组成临时政府，宣布成立共和国。

第一次世界大战结束的标志是什么？

11月11日清晨，德国政府代表埃尔茨贝格尔同协约国联军总司令福煦在法国东北部贡比涅森林的雷道车站签署停战协定，德国投降。根据协定，德国必须在15天内从法国、比利时、卢森堡、阿尔萨斯、洛林及莱茵河左岸地区全部撤出其军队。同时须从土耳其、罗马尼亚、奥匈帝国及非洲撤出军队。还必须交出5000门大炮、25000挺机枪、3000门迫击炮、1700架飞机、5000台火车机车、15万节车皮和5000辆卡车。《贡比涅森林停战协定》的签订宣告了德、奥、土、保同盟国集团彻底战败，第一次世界大战结束。

共产国际是如何建立的？

共产国际即第三国际，全世界共产党和共产主义组织的国际联合组织。第一次世界大战爆发后，第二国际陷入破产，列宁为团结各国革命左派，建立共产国际，进行了一系列工作。

俄国十月革命的胜利，各国革命运动的发展和一些国家共产党的建立，进一步为第三国际的建立奠定了基础。1919年3月，在莫斯科召开共产国际第一次代表大会，列宁主持大会。大会通过了《共产国际的行动纲领》、《告全世界无产者》等文件，宣告共产国际的成立。大会成立了共产国际的领导机构——执行委员会和执行局。共产国际的任务是宣传马克思主义，团结各国工人阶级和广大劳动群众，为推翻帝国主义和资本主义统治，建立无产阶级专政，消灭剥削制度而斗争。总部设在莫斯科。凡参加共产国际的各国共产党都是它的支部，共57个。共产国际从成立到1923年，是它活动的初级阶段，共召开4次代表大会。1920年7、8月间召开了第二次代表大会。列宁在开幕式上作了《关于国际形势和共产国际基本任务的报告》，阐明反对机会主义的必要性和艰巨性。大会通过列宁拟定的参加共产国际的"二十一"标准及《土地问题提纲》、《民族和殖民地问题提纲》。

共产国际为什么会解散？

1921年的三大和1922年的四大先后发出"到群众中去"的号召，提出建立具有广泛统一战线基础的"工人政府"的口号。共产国际在活动的初级阶段，在列宁领导下，进行了反对机会主义的斗争，捍卫了马克思主义的纯洁性，促进了许多国家共产党的建立，帮助了各国年轻的共产党成长。但它对世界革命形势的估计一度脱离实际，认为世界革命的条件已全面成熟，近期任务是在世界各国"立即夺取政权"，"建立世界苏维埃共和国"。20世纪20年代中期到30年代初期是共产国际活动的中期阶段，先后于1924年和1928年召开了第五和第六次代表大会。在这一时期内，它

把社会民主党和法西斯党等同看待，甚至把社会民主党的左翼也视为主要打击对象。这种"左"倾错误妨碍了统一战线工作的开展，给反法西斯斗争带来了不利影响。1935年共产国际召开了最后一次代表大会——"七大"，制定了反法西斯的策略方针。随着国际共产主义运动的发展及各国内部情况和国际形势的复杂变化，共产国际原有组织形式已不能适应形势的需要，经各国共产党一致同意，于1943年6月宣告解散。

什么是第二次世界大战？

第二次世界大战是德、意、日法西斯国家挑起的人类历史上规模空前的世界战争。第一次世界大战后，帝国主义发展不平衡。1929～1933年的世界经济危机加剧了帝国主义争夺世界霸权的矛盾。德、意、日法西斯企图打破凡尔赛-华盛顿体系，重新瓜分世界。日本于1931年侵占中国东北，远东战争策源地形成。1937年日本又发动全面侵华战争。1933年希特勒上台，欧洲战争策源地形成。意大利于1935年侵入埃塞俄比亚，次年与德国勾结武装干涉西班牙。1938～1939年德国先后吞并奥地利和捷克斯洛伐克。在对外侵略扩张中，德、意、日结成轴心国集团。中国、埃塞俄比亚、西班牙等国进行反法西斯战争，抗击侵略，受到苏联等世界进步力量的支援。英、法、美采取绥靖政策，纵容侵略。

第二次世界大战的重要转折是什么？

1942年底至1943年初，大战各主要战场发生根本性转折。

苏军在1942年7月～1943年2月的斯大林格勒战役中获胜，全歼被围德军，从根本上扭转了苏德战场和第二次世界大战的局面。美军相继取得1942年6月中途岛战役和1942年8月～1943年2月瓜岛战役的胜利，迫使日军转入战略防御。

1942年11月，英军在阿拉曼战役中获胜，同时英美盟军在北非卡萨布兰卡等地登陆成功，至1943年5月解放了北非。从此盟军进入全面战略反攻。在欧洲战场上，1943年7月英、美军队攻占意大利南部的西西里岛，9月意大利投降。

苏军继1943年7月粉碎德军在库尔斯克的反扑后，连续向德军发起大规模的攻势。1944年6月，英、美军队在诺曼底登陆，开辟了第二战场，形成对德国的两面夹击。欧洲各被占领国的人民加强反法西斯斗争，爆发欧洲人民大起义。1945年初，苏军和英、美军队分别攻入德国本土，5月2日，苏军攻克柏林。5月8日，德国无条件投降。在亚洲和太平洋战场上，中国人民的抗日战争牵制了日军大量兵力，解放区和抗日武装力量日益壮大，八路军自1944年开始局部反攻。英、美军队也于1944年大大加强了在太平洋的作战力量，相继攻占马绍尔群岛、马利亚那群岛、菲律宾群岛和冲绳岛等地。1945年8月6日和9日，美国在日本广岛和长崎投下两颗原子弹。8月8日，苏联对日宣战，出兵进攻关东军。8月15日，日本宣布接受波茨坦公告投降。9月2日日本签署投降书，第二次世界大战结束。

北约组织是如何建立的？

北约组织全称北大西洋公约组织，是1949年4月美、英、法、荷、比、卢等12国在华盛顿成立的政治军事集团组织。

1952年2月，土耳其、希腊加入北约组织，1955年5月，西德加入，1982年5月，西班牙加入，有28个成员国至（2009年）。

冷战爆发后西欧深感没有美国的力量无法与苏联、东欧抗衡，想同美国建立大西洋安全体系。美国亦想利用西欧的"恐苏症"实现对西欧的全面控制，进一步"遏制"苏联、东欧。

1949年4月4日，美、英、法等12个国家的外长正式签署《北大西洋公约》。公约规定：缔约国实行集体武装防务；协商共同行动；缔约国中一国或数国受到武装攻击应视为对缔约国全体的攻击；缔约国应采取必要的行动，包括武力的使用，协助被攻击国以恢复并维持北大西洋区域的安全。

公约于1949年8月24日开始生效。

北约组织的组织机构有哪些？

公约签订后建立的组织机构，主要有"部长理事会"，由各成员国外交、国防、财政部长组成，是北约组织最高权力机构，总部设在布鲁塞尔；"常任代表理事会"，由成员国驻布鲁塞尔大使组成，部长理事会休会期间负责日常事务；"军事委员会"，由各成员国参谋长组成，协助部长理事会办理军事事务，是北约组织最高军事机构。军事委员会下属重要机构是"常设（军事）委员会"，总部设在五角大楼，有三个直属司令部，即驻欧洲盟军最高司令部、大西洋盟军司令部和海峡司令部。其中欧洲盟军最高司令部为最主要作战机构,最高司令历来由美国将军担任。

北约的建立,标志着美国推行遏制苏联、控制欧洲、称霸世界的全球战略的部署已初步完成。20世纪60年代中期以来,北约组织成为美国同苏联争夺世界霸权的工具。

华约组织是如何成立的?

华约组织全称华沙条约组织,是1955年苏、保、匈、罗、波、捷、阿、东德在华沙成立的政治军事集团组织。第二次世界大战后初期,苏联为对付美国的扩张威胁,与东欧各国加强政治军事合作,先后签订一系列友好合作条约。

1947年~1949年间,东欧各人民民主国家之间也签订类似双边协定。

1954年10月23日,美、英、法等西方九国签订《巴黎协定》,同意西德加入北约集团。

同年11月29日~12月2日,苏联和东欧共8国的代表在莫斯科举行保障欧洲和平与安全会议,会议宣布:爱好和平的国家不得不联合起来,对抗西方军事集团的侵略势力;一旦《巴黎协定》被批准,与会8个国家将建立联合武装部队司令部。翌年5月5日,《巴黎协定》正式被批准,西德正式参加北约组织,以美国为首的西方军事集团最终形成。

1955年5月11日~14日,苏联等8个国家在华沙举行保障欧洲和平与安全第二次会议,签订《华沙条约》。条约规定:当缔约国遇到武装进攻时,各缔约国应以必要的方式,包括使用武装部队,给予援助;缔约国就一切有关它们共同利益的重要国际问题彼此进行磋商;缔约国不参加与华约相反的任何联盟或同盟,不缔结与条约相反的任何协定。

1955年6月4日,条约正式生效,华约组织成立。

华约组织的组织机构有哪些?

华约组织总部设在莫斯科。

主要机构有:政治协商委员会,由缔约国党的第一书记、总理、国防部长、外交部长组成,是华约最高决策机构;联合武装部队司令部,是军事指挥机构,总司令历来由苏联国防部第一副部长担任。此外,还有国防部长委员会、外交部长委员会、联合武装部队军事委员会和参谋部等机构。

华约组织的建立使东西方在欧洲最终形成两个对立的军事集团。华约组织成立初期,在对抗北约组织、防御帝国主义侵略、维护世界和平等方面起了一些作用。随着国际形势的变化,它日益变成苏联控制东欧社会主义国家、同美国争夺霸权的工具。

1968年8月,苏联以华约组织名义出兵侵入捷克斯洛伐克。同年9月阿尔巴尼亚退出该组织。

联合国是如何成立的?

联合国是1945年成立的全球普遍性的国际政治组织。

1942年元旦,参加反法西斯战争的26个国家为协同作战,签署了《联合国家宣言》,联合国的名称由此而来。

1943年10月30日,美、苏、中、英四大国发表《莫斯科宣言》,共同达成在战后建立普遍性的国际安全组织的原则协议。

1944年11月四大国经过协商提出创

立联合国组织的建议案。

1945年4月，在美国圣弗朗西斯科（旧金山）召开的联合国家全体会议上，以四大国建议案为基础起草了《联合国宪章》。宪章于6月26日通过，10月24日生效时宣告联合国成立。联合国总部设在美国纽约，并在日内瓦设有欧洲办事处。

1993年12月，联合国共有184个成员国，另有观察员3个。会员国设有常驻代表团，观察员设有常驻观察员办事处。

联合国的章程主要内容是什么？

《联合国宪章》是联合国组织的总章程，共19章，111条。

宪章规定联合国的宗旨是：维护国际和平与安全；发展国际间以尊重各国人民平等权利及自决原则为基础的友好关系；进行国际合作，以解决国际间经济、社会、文化和人道主义性质的问题，并且促进对于全体人类的人权和基本自由的尊重，构成协调各国行动的中心，以达到上述目的。

宪章还规定了联合国及各成员国为实现宗旨所应遵循的原则：①所有会员国主权平等；②会员国忠实履行依宪章规定所承担的义务；③和平解决会员国间国际争端；④会员国不得以不符合宪章宗旨的任何方式进行武力威胁或使用武力；⑤会员国对联合国依照宪章采取的任何行动应给予一切协助，联合国对任何国家采取防止或强制行动时，各会员国对该国不得给予协助；⑥联合国在确保国际和平与安全的必要范围内，应确保非成员国遵循上述原则；⑦联合国不得干涉任何国家的国内事务，但不应妨碍联合国对威胁、破坏和平行为和侵略行为采取强制行动。

联合国在国际上有什么作用？

联合国作为全球普遍性的国际政治组织，其成员几乎包括世界所有国家。它超越社会制度、意识形态和文化传统等种种差别，容纳各种类型的国家，具有广泛而深厚的政治基础。在联合国中，发展中国家已超过100个，这对于联合国的性质、地位和作用的变化，都将产生深远的影响。实践证明，联合国是世界历史上最普遍、最有生命力的国际组织。

什么是古巴导弹危机？

古巴导弹危机是美、苏就苏联在古巴设置的导弹基地问题发生的尖锐冲突，也称为加勒比海危机。

1962年苏联以保卫古巴为名，采取冒险主义政策，秘密向古巴运送导弹，建立基地，以加强与美国进行争夺的战略地位，被美国发现。10月22日，美国总统肯尼迪发表演说，要求苏联在联合国观察员监视下，迅速拆除和撤走在古巴的进攻性武器，并下令武装封锁古巴，命令世界各地美军进入戒备状态。随后，美军在古巴领海周围设置警戒线，拦截检查前往古巴的船只，集结庞大的部队准备参战。苏联于27日、28日两次表示以美国保证不入侵古巴，并从土耳其撤走导弹为条件，接受美国要求。美坚持必须先撤走设置在古巴的进攻性武器，然后才能提供对古巴的保证，避而不谈土耳其的美国导弹。经过私下密谈，10月28日和11月21日，苏联先后同意从古巴撤走导弹和伊尔28式轰炸机。

美国遂解除封锁，危机基本平息。

柏林墙是怎么来的？

纳粹德国在第二次世界大战战败后被一分为二，苏联和波兰控制了德国的东半部，称为东德；英国、美国和法国控制了德国的西半部，称为西德。1961年，东德和西德在首都柏林立起了一堵高墙，大墙两侧分别是两种不同的政治制度和意识形态，生活方式也有所不同。

德国是如何走向分裂的？

"冷战"开始后，美国和苏联由战时的盟友转变为竞争对手，在纳粹德国的土地上，苏联占领区和西方占领区各自走上了不同的发展道路，德国的分裂也一步步变成了现实。

1947年至1949年，美国、英国和法国前后用了两年时间将西部的占领区合并，召开了西部占领区的立宪会议，1949年5月10日，西部占领区的立宪会议通过了一项决议，决定以波恩作为西德的首都，建立起联邦制国家，5月23日又通过了临时宪法，德意志联邦共和国就此成立了。

东部占领区也不甘落后，德国人民委员会于1949年10月7日宣布，德意志民主共和国正式成立。

两个德意志国家在原来德国的土地上双峰并峙，东部和西部形成了两套政治体制、两个政府、两套警察体系，就

★北约组织

连货币也是两种。

东、西两德是如何进行斗争的？

在美国、英国和法国管制下的西柏林得到马歇尔计划的巨额援款后，经济得到了快速恢复和发展，西德很快就被建成了西方世界的"橱窗"。于是，民主德国的公民便对高速发展的联邦德国趋之若鹜，仅1961年就有数十万人逃往西德。

鉴于这种情况，民主德国中央政治局于1961年5月召开紧急会议，并作出了一个秘密决定，为了防止更多的人员外逃，只好修建起一座高高的墙壁进行阻止。几个月后，一堵长达160千米的高墙建造起来了，东、西德就此隔离开来。

1961年8月24日，第一个企图越过高墙者被枪杀。虽然如此，仍然有很多人愿意冒险逃跑，在随后的日子里，大约五千多人试图逃跑，其中三千二百多人被抓获，一百多人在越墙时死于非命，二百多人受到不同程度的伤害。

柏林墙是如何被推倒的？

柏林墙的建立遭到了西方国家的强烈反对和谴责，并以违反人权为由，要求拆除柏林墙。直到1989年，新上任的民主德国领导人克伦茨才终于作出了开放柏林墙关卡的决定。11月9日开放关卡那天，所有的护栏和哨卡全部拆除，矗立了28年的柏林墙被推倒后，数十万人潮水般地涌向西德。

1990年10月3日零时，分裂长达45年之久的德国重新统一。

什么是震惊世界的"8·19事件"？

1991年8月19日清晨，苏联副总统亚

纳耶夫突然发布了一条命令，声称总统戈尔巴乔夫由于健康状况的原因而不再履行总统职务，根据苏联宪法规定，副总统亚纳耶夫即日起将履行总统职务。亚纳耶夫还宣布成立苏联"国家紧急状态委员会"，在苏联部分地区实施为期6个月的紧急状态。在此期间，国家全部权力移交给苏联国家紧急状态委员会行使。苏联国家紧急状态委员会由苏联代总统亚纳耶夫、苏联总理帕夫洛夫、苏联国防会议第一副主席巴克拉诺夫、苏联国防部长亚佐夫、联内务部长普戈、苏联国家安全委员会主席克留奇科夫等8人组成。接下来，苏联国家紧急状态委员会发表了《告苏联人民书》，争取民众支持。这就是震惊世界的"8·19事件"。

在黑海海滨克里米亚半岛休养的戈尔巴乔夫，则被软禁在别墅里，断绝了和莫斯科的所有联系。

苏联为什么会解体？

"8·19事件"发生后，莫斯科市实施紧急状态，街头出现了坦克和军队，市民们对此表现得非常平静，他们都接受了现实。但俄罗斯联邦总统叶利钦却和国家紧急委员会唱起了反调，他跳到议会大厦前的坦克上发表了一篇演说，指责国家紧急状态委员会应该恢复苏联的"铁幕"统治，并号召群众进行罢工。

在叶利钦的鼓动下，情况立即发生逆转，数万名示威群众于8月20日晚聚集在议会大厦前表示抗议。21日下午，苏联国防部命令军队撤回驻地，国家紧急状态委员会领导人放弃了行动。

21日晚8时，戈尔巴乔夫发表声明，强调他已完全控制了局势，恢复了与全国的联系，称将于近日内重新完全行使他的总统职权。

22日上午，俄罗斯联邦总统叶利钦宣布，苏联前国防部长亚佐夫，前国家安全委员会主席克留奇科夫，苏联国有企业和工业、建筑、运输和邮电设施联合会会长季贾科夫及前副总统亚纳耶夫已于22日凌晨被拘留；前内阁总理帕夫洛夫因病住院，已被就地监护；前内务部长普戈已自杀身亡。

8月22日的记者招待会上，戈尔巴乔夫声称国家已进入了变革的决定性阶段，但他错误地估计了形势，仅仅两天后，戈尔巴乔夫宣布辞去他的苏共总书记职务，并且承认自己已没有可能继续履行苏共中央总书记的职能。

苏联解体的命运已经不可逆转了。

"8·19事件"平息后，爱沙尼亚、拉脱维亚、乌克兰、立陶宛、格鲁吉亚都相继宣布独立。1991年12月25日圣诞节夜19时25分，戈尔巴乔夫在电视讲话中宣布辞职。苏维埃社会主义共和国联盟彻底成为了历史，美国和苏联的"冷战"也随之结束了。

大流士一世是如何取得王位的？

大流士一世（前558～前486年），波斯帝国的第三代君主（前522～前486年）。大流士出身于阿契美尼德王族的旁支，其父希斯塔斯帕是帕提亚的总督。大流士随冈比西斯二世出征埃及，被任命为万人不死军的总指挥。

公元前522年3月，琐罗亚斯德教僧侣高马达自称冈比西斯二世之弟巴尔迪亚（实则其人已被冈比西斯二世秘密处死）夺取政权，利用平民力量打击氏族贵族。冈比西斯二世在返波斯途中身亡。大流士赶回波斯，联合6家贵族杀死高马达，取得王位。

大流士一世是如何确立中央集权的专制统治的？

在被征服地区普遍置省，每省设总督、将军和司税收的大员各一人，各大员直属国王。另置钦使，即所谓国王耳目，巡行各地，使中央得以有效地控制地方。他制定法律，颁行帝国各地。定琐罗亚斯德教为国教，但对被征服地区人民的宗教和习俗则采取宽容政策。大流士还实施税制改革；统一度量衡和币制；修筑道路，形成驿路网；开辟从印度河到埃及的航路，开凿尼罗河支流到红海的运河，以发展贸易。

马其顿国王亚历山大有着怎样的传奇人生？

亚历山大（前356～前323年），马其顿王国国王，军事统帅，生于马其顿首都培拉。他相貌英俊，擅长狩猎。13岁师从亚里士多德，但醉心于兵法，跟随其父腓力二世学习战略战术。在随其父征服希腊时，年轻的亚历山大指挥马其顿军的左翼，全歼著名的底比斯神圣军团。公元前336年，腓力二世（马其顿）被刺后亚历山大继王位。他迅速控制了国内政局，平定了骚乱的北方，镇压了希腊城邦的起义。公元前334年率3万步兵、5000水兵，发动侵略亚洲和非洲的远征，历时10年。公元前323年6月，亚历山大因病死于巴比伦。人们把他的遗体装在金棺中运往埃及亚历山大城的一座宏伟的陵墓安葬。

亚历山大东侵的经过是什么？

在东侵过程中，充分利用波斯帝国内政腐败及国王大流士三世怯懦无能的有利形势，果敢进攻。公元前334年春，在格拉尼科斯河畔击败4倍于己的波斯大军，迅速占领了广大地域。据说在到达小亚细亚的戈尔迪乌姆的时候，有人向他奉献一个奇妙的绳结，按当地的神谕，谁能解开此结，谁就能统治亚洲。亚历山大立刻用他的宝剑将此结切开。公元前333年，亚历山大率军在伊苏斯战役中彻底击溃波斯军队。接着，亚历山大沿腓尼基海岸南下，占领了所有的海港，使庞大的波斯海军舰队失去所有的基地。海岛城市推罗坚持7个月，直到筑起一道跨海的长堤和摧毁它的石头城墙，亚历山大才把它攻陷。

公元前332年到达埃及，被拥立为法老（国王）。他在尼罗河三角洲附近建立一座新城市，在他死后，这一城市被命名为亚历山大城。公元前331年，亚历山大从埃及出发追击大流士，大流士落荒而逃。战役结束后，他被宣布为亚洲之王。公元前330年灭亡波斯帝国。公元前327～前325年远征印度，占领印度西北部。至此亚历山大远征的行程已有76万千米。因士兵厌战，被迫回师，于公元前324年回到巴比伦。通过征服，亚历山大建立起一个地跨欧亚非三洲的庞大帝国，领土大体包括巴尔干半岛、埃及、印度西北部、中亚和西亚。

亚历山大采用了什么体制治理国家？

他采用波斯中央集权的专制体制，任用波斯贵族，推行种族融合，鼓励将

士与东方女子结婚，他自己便娶一位酋长的女儿为妻。袭用波斯宫廷礼仪。在战略要地建立起一批以马其顿人和希腊人为主的要塞和城市。亚历山大的东侵，给当地人民造成了灾难，但也促进了希腊与亚非诸国的经济和文化交流。

亚历山大死后，所建帝国解体，在帝国故地，经长期混战，形成了以托勒密王国、塞琉西王国和马其顿王国为主体的一批希腊化国家。

被称为君士坦丁大帝的皇帝是谁？

280年，君士坦丁出生于今塞尔维亚的一个世家大族，他的父亲君士坦乌斯是西部帝国皇帝马克西米连的副手，君士坦丁因此成为帝国上层人物，他在东部帝国皇帝戴克里先军中服役，在战争中以勇敢和才干升任高级军官。305年，他的父亲成为西部帝国的皇帝，君士坦丁随父转战不列颠等地。306年，父亲病逝，他在军队拥立下继位为西部帝国的皇帝。由于部分将领不服，内战爆发。经过六年的战争，312年，君士坦丁在最后的米尔维亚桥战役中击败最后的对手，此战之后他统一了西部帝国。

君士坦丁大帝为什么要加入并且承认基督教？

基督教自创立以来就受到罗马当局的迫害。耶稣就是被罗马当局处死的，另外耶稣的十二门徒绝大多数也是被罗马当局处死的。可是这没有阻止基督教的发展，越来越多的人加入基督教，教徒的成分也发生了变化。在这过程中基督教的教义也发生了变化，变得趋向于顺从统治阶级。因此一些罗马皇帝也对基督教采取了宽容的政策。

君士坦丁早年并不信基督教，据说因为前面讲的米尔维亚桥战役的胜利是因为得到了基督的护佑，从此君士坦丁皈依了基督教。

313年，君士坦丁和东部皇帝李锡尼联合颁布的《米兰敕令》，给予了基督教合法地位，此后又赐予基督教很多特权。虽然君士坦丁没有将基督教定为国教，可是通过这些特权，使基督教确立了不可动摇的地位。337年君士坦丁临终前接受了洗礼，以一个基督徒的身份离开人世。

建立了诺曼王朝的国王是谁？

威廉一世（1028～1087年），英格兰诺曼王朝第一任国王，绰号"征服者威廉"。他是诺曼底公爵罗贝尔一世的私生子。

1035年，诺曼底公爵罗贝尔一世去世。由于他没有婚生子女，所以威廉作为唯一的私生子被立为诺曼底公爵。年幼即位的威廉多次受到暗杀阴谋的威胁，在母亲和法国国王亨利一世的保护下，得以幸免。英格兰国王忏悔者爱德华以前曾经流亡诺曼底，得到诺曼人的保护，所以和诺曼人结盟，还私下许诺在自己去世后，把英格兰王位传给威廉。可是爱德华死后，哈罗德二世继承了英格兰王位。威廉坚持主张自己是英格兰王位的继承人，因此在获得教皇亚历山大二世的圣十字旗帜后出兵占领英格兰。

1066年9月28日，他们的舰队在英格兰登陆。随后诺曼人的军队在黑斯廷斯战役中击败英格兰军队，并杀死了哈罗德二世，接着便占领了伦敦。12月25

日，威廉在威斯敏斯特教堂加冕成为英格兰国王，建立了诺曼王朝。

《末日审判书》是什么？

威廉一世即位之后，为了镇压英格兰的盎格鲁—撒克逊人的叛乱，把英国的五分之一土地作为自己的领地，将手下的骑士分封为男爵，分派到各地镇守，并修建了很多城堡。伦敦塔和温莎城堡都是在这一时期修建的。威廉一世将法语和法国的生活习惯引入了英格兰，这些词汇和习俗对英国产生了很大的影响。为了掌握全国的人口与土地分配情况，威廉一世在1085年和1086年派人统计了整个英格兰地区贵族和自耕农土地的实际情况及经济力量，编成土地账册，这就是《末日审判书》。根据《末日审判书》的调查结果，英格兰当时有150万人口，其中70%以上为农民。

苏莱曼一世取得了哪些功绩？

苏莱曼一世（1494～1566年），全名苏莱曼·本·赛利姆·本·巴耶济德，奥斯曼帝国第十任苏丹，1520年至1566年在位。他在位期间，奥斯曼土耳其帝国趋于极盛。

苏莱曼一世不仅战功显赫，而且在治国方面也有很多建树。他以"立法者"而著称于世，极为重视依法治国。他不仅建立了从中央到地方的完善的司法制度，还多次授意著名伊斯兰教学者编纂成文法。在他的授意下编订的著名法典有：《群河总汇》、《埃及法典》、《苏莱曼法典》。

苏莱曼有广泛的爱好，擅长诗歌和散文。他坚持每天写战争日记，评述有关人物与事件，写成了《战争日录》一书。史书评价苏莱曼一世为"有教养的开明君主"、"精明的战略家"、"科学和艺术的保护者"，对他的个人品德也给予诸多赞誉。

伊丽莎白一世是如何治理国家的？

伊丽莎白一世（1533～1603年），英国都铎王朝女王，亨利八世之女。1533年9月7日生于格林尼治宫，1603年3月24日卒于伦敦。

伊丽莎白在资产阶级和新贵族的支持下，推行一系列有利于国家富强和资本原始积累的政策。在政治上强化专制王权，重用塞西尔等大臣，逐渐把议会变成专制统治的工具。她于1559年利用议会通过法令重立英国国教，与罗马教廷决裂。并与争夺王位的苏格兰女王玛丽·斯图亚特进行长期斗争。1587年枢密院处死玛丽，从而打击了内外天主教势力的颠覆活动，进一步巩固王权。在经济上伊丽莎白一世实行重商主义政策，保护和发展本国毛纺织业和其他新兴工场手工业。她特别鼓励造船和航海业，鼓励建立各类海外贸易公司，扩大英国呢绒等商品的海外市场。继续鼓励圈地运动，颁布迫害失地农民的血腥立法、徒工法和济贫法等。她力图用国家政权控制或干预社会经济变革。在国外她采取使法国和西班牙两大强国互相牵制的政策，使英国一度较少卷入欧洲大陆纠纷，有利于增强国力。随着西班牙日益成为英国海外扩张的主要敌人，伊丽莎白一世纵容霍金斯、德雷克等英国海盗抢劫西班牙船只和殖民地，1585年又直接派兵援助尼德兰反抗西班牙的统治。1588年英国在英吉利海峡击败西班牙无敌舰队，开始

跨入海上强国的行列。

伊丽莎白一世统治的最后阶段国家出现了什么矛盾？

伊丽莎白一世统治最后十几年国内矛盾日益突出。长期战争使国家财政陷入新的危机，城乡人民反抗不断，爱尔兰局势恶化，特别是专制王权与资产阶级的联盟渐生裂痕。资产阶级要求继续深入宗教改革，掀起清教运动，伊丽莎白一世对清教徒严加迫害。因她随意把许多商品专卖权赏给宠臣的做法不利于工商业的进一步发展，遭到议会的猛烈抨击，她不得不在1601年向议会许诺停止出售有害的专卖权。她终身未婚无嗣，由苏格兰王詹姆斯·斯图亚特继位，都铎王朝为斯图亚特王朝取代。

查理曼大帝的伟大功绩是什么？

查理曼大帝（约742～814年），法兰克王国加洛林王朝国王，查理曼帝国皇帝（800～814年）。曾征服西欧大部分地区，是西欧中世纪初期最强大的统治者。

查理曼是加洛林王朝开创者丕平（矮子）的儿子，于768年继位，与其弟卡洛曼共治，771年其弟死后成为全法兰克国王。774年查理曼借罗马教皇求援之机，攻占意大利北部的伦巴德王国，自兼伦巴德国王，并进军罗马，控制意大利半岛大部分地区。772～804年，查理曼经过多次战争，征服了萨克森和其他中欧地区。778～801年与统治伊比利亚半岛的阿拉伯人多次交战，夺得埃布罗河以北的土地，他在半岛北部建立了西班牙边防区。788年合并巴伐利亚。796

年打败游牧部落阿瓦尔人，占领多瑙河下游。查理曼曾抵御诺曼人的入侵，控制弗里西亚和布列塔尼，并进攻易北河地区的斯拉夫人部落，迫其臣服。查理曼统治期间对外进行了50多次战争，使法兰克王国成为控制西欧大部分地区的大帝国，疆域西临大西洋，东至易北河及波希米亚，北达北海，南抵埃布罗河及意大利中部。查理曼于800年圣诞节被罗马教皇加冕为罗马人皇帝，史称查理曼大帝。法兰克王国遂称为查理曼帝国，以亚琛为统治中心。

查理曼帝国为什么会分裂？

查理曼帝国虽强盛一时，但境内各地区和各部族之间缺乏经济和文化上的联系，在连年征战中地方封建主的割据势力逐渐强大，而广大自由农民日益破产并向农奴地位转化，因而帝国统治基础遭到破坏。814年1月28日查理曼卒于亚琛。他死后不久，帝国即告分裂。

英国封建王朝的最后一任皇帝是谁？

在17世纪的英国，随着资本主义工商业的发展，代表资产阶级利益的国会总想限制国王的权力，但是查理一世不把国会放在眼里，双方的矛盾呈愈演愈烈之势。

随着矛盾的升级，英国国会于1640年10月突然发难，逮捕了国王查理一世的亲信斯特拉福伯爵和洛德大主教。得到消息后，国王查理一世感到无比震怒，第二天，查理一世亲自来到国会，要求国会领导人皮姆和汉普顿放人，对方却丝毫不肯作出让步。此时，成千上万的民众聚集在国会大厦外，挥舞着手中的刀枪和棍棒，支持国会的举动，国王和国会之间的关系彻底破裂了。

查理一世并没有对此事善罢甘休，他不仅派人监视国会议员，还派兵征讨了反对他的苏格兰人。但是国会在广大工人、水手、学徒和帮工的支持下，决定处死斯特拉福和洛德，万般无奈之下，查理一世不得不在死刑书上签下自己的名字。如此一来，国王和国会之间的矛盾进一步恶化了。

经过精心策划，查理一世于1642年亲自带领卫队闯进国会，准备逮捕皮姆和汉普顿等5名议员，但5名议员事先早已得到消息，离开了。查理一世准备离开国会，但武装起来的民众却阻挡住他的退路。查理一世只好悻悻然地从人群中溜走。

第二天，查理一世再一次率领卫队搜捕国会议员，卫队刚进入城区，被聚集在街道上的民众挡住了去路，伦敦市长拒绝交出5名议员，查理一世感到在伦敦势单力薄，应该马上采取行动。3天后，查理一世带着卫队和随从离开伦敦去了英格兰北部。同年8月，他率领军队讨伐国会，一路长驱直入，将军队开到离伦敦约80千米的牛津。国会内部一片混乱，新任的国会军统帅克伦威尔于1644年7月大败国王军，查理一世也在部队被击溃后逃出了战场，国王的军队从此一蹶不振。但他并没有从此逃脱噩运，第二年夏天，查理一世被国会军俘虏，关押在赫姆比城堡，虽然他成功脱逃，发动了第二次内战，但很快又被俘虏。

1649年1月27日，被民众认为是暴君、叛徒、杀人犯和人民公敌的查理一世被判处死刑，并于1月30日被送上了断头台，英国的封建王朝就此走向了尾声。

叶卡捷琳娜二世是如何取得皇位的？

叶卡捷琳娜二世（1729～1796年），俄国女皇（1762～1796年在位）。生于奥德河畔的什切青市，德意志公爵之女。奉俄国女皇叶丽萨维塔的旨意，于1744年前往俄国，1745年与后来的彼得三世成婚。在叶丽萨维塔宫中度过18个春秋，寄人篱下，且目睹宫廷中争权夺利的黑幕，养成虚伪狡诈和凶狠残暴的性格。1762年6月发动宫廷政变，废彼得三世自立。依靠贵族建立并巩固自己的统治，赐给6月政变中有功的贵族巨款和农奴。

叶卡捷琳娜二世在位期间进行了哪些改革？

在位34年里，叶卡捷琳娜二世赏赐贵族80万农奴及伏尔加河流域和黑海北岸的大片肥沃土地。没收教会和修道院土地，转为国有土地，再不断把这些土地和土地上的农民赏给贵族。为巩固贵族统治，进行一系列改革。

1763年颁布敕令，把枢密院划分为6个委员会，自己直接主持陆军、海军、外交委员会，设总检察官监督和处理枢密院政务，权力日益集中于沙皇。

1775年颁布《全俄帝国各省管理体制》的敕令，取消旧有三级（省州县）体制，代之以两级（省县）体制；全国按人口划分为50省，省下设县；取消少数民族地区自治权，强制俄罗斯化。

1785年颁布御赐贵族特权诏书，确

认贵族对土地和农奴的垄断权，及免丁税、免兵役等特权。

为照顾新兴资产阶级利益，鼓励发展工商业，同年又颁布御赐城市特权诏书，赋予城市一定程度的自治权。

英国在位最长的君主是谁？

维多利亚女王（1819～1701年），英国历史上在位时间最长的君主，她在位期间是英国最强盛的所谓"日不落帝国"时期。

她统治时期，特别是1851年后，是英国历史上著名的维多利亚时代。她在位的六十多年正是英国自由资本主义由方兴未艾到鼎盛，进而发展到垄断资本主义的转变时期。这一时期，英国经济、文化空前繁荣，君主立宪制获得充分发展，因此维多利亚女王成为英国和平与繁荣的象征。

维多利亚女王执政时期英国发生了什么样的改变？

维多利亚于1876年加上印度女皇头衔。1881年，首相迪斯雷利死后，她开始信任索尔兹伯里和张伯伦。1887年及1897年，英国举行了隆重的庆祝女王登基五十周年和六十周年大典，借着帝国各属地代表聚集伦敦之机，召开帝国殖民地会议，女王的声誉达到空前。在她统治期间，英国从一个普通的欧洲国家发展成了一个强大的帝国。

维多利亚在位时期是英国对外领土扩张最辉煌的时期。

维多利亚在位时期，英国虽是君主立宪制度，但女王对大臣们的影响力依然很大。在维多利亚时代，大英帝国极度膨胀，达到空前的繁盛，深深影响中国历史的鸦片战争也是在她刚即位不久发生的。

古罗马军事家苏拉有着怎样的传奇人生？

苏拉（前138～前78年），古代罗马政治家、军事家。出身破落贵族，早年为马略部将，曾随之参加征讨努米底亚国王朱古达的战争。公元前94年任市政官，第二年担任大法官，期满后出任奇里乞亚总督。同盟者战争中率军镇压意大利人起义，战功卓著。公元前88年当选为执政官。同年因与马略争夺对本都王国米特拉达梯六世的战争指挥权，率军进攻罗马，搜杀马略追随者，废除民主派法律，后率军东征。

苏拉出征期间，以马略和秦那为首的民主派在罗马重新得势。苏拉战胜米特拉达梯六世后于公元前83年率4万大军回师意大利，击败民主派的抵抗，于公元前82年占领罗马城。次年迫使公民大会选举他为无任期限制的独裁官，集立宪、立法、司法和军事大权于一身。他采取一系列措施加强贵族派的统治，如颁布公敌宣告，残杀民主派分子；将没收政敌的土地划分为12万块，分配给老兵；恢复元老院的特权地位，限制保民官的权利，削减公民大会的权利等。同时，因迫于形势，以立法形式确认了同盟者战争后意大利人普遍获得罗马公民权这一事实，增设了一些高级官职，改进对自治市的管理。公元前79年苏拉突然宣布辞职，隐居普泰奥利乡间。第二年病死。

传奇帝王恺撒取得了哪些成就？

恺撒（前100～前44年），古代罗马

政治家、军事家。出身贵族，民主派领袖马略的妻侄。公元前83年因违反苏拉的命令，拒绝与贵族秦纳的女儿离婚而离开意大利，先后到亚细亚省和西利西亚地区担任军职。公元前78年苏拉死后他回到罗马，开始参加政治生活。

在内战期间及其后，恺撒获得终身独裁官、执政官等官职，兼领大将军、大教长荣衔，集大权于一身，成为名副其实的军事独裁者。任内实行一系列改革，在许多领域开罗马帝国政策之先河。如改善行省管理制度，授予高卢行省和西班牙一些自治市罗马公民权，建立老兵殖民地，颁布自治市法，增加职官人数，整顿元老院等。此外还改订历法，颁行儒略历。其独裁统治引起共和派的严重不满。公元前44年3月15日，恺撒被布鲁图和喀西约·龙基纳为首的阴谋分子刺杀于元老院大厅。

恺撒善于治军，足智多谋，政治上不囿陈规。一生大部羁身军伍，但在文学方面亦多有著述，传世有《高卢战记》、《内战记》等。文笔简洁流畅，有拉丁文典范之称，颇有文学史料价值。"恺撒"后成为罗马和西方一些帝王习用的头衔。

古罗马帝国的第一个皇帝是谁？

奥古斯都（公元前63～公元14年），名盖乌斯·屋大维，"奥古斯都"是元老院赐予他的尊号。他是古罗马进入帝国时期的第一个皇帝，统治时间长达四十三年。

屋大维生于罗马一个尊贵但是并不出名的骑士阶级家庭。他的母亲是恺撒的侄女，恺撒收屋大维为养子，并立下遗嘱指定他为继承人。奥古斯都有着高超的政治手段。他用极其审慎的智慧统治着罗马。他拥有近乎绝对的权力，使罗马保持了四十年的国内和平与持续增长的繁荣，史称"罗马和平"。他建立了罗马第一支常备军（包括海军），将军团驻扎在边境，使其不能干预内政。另外，他又创立了禁卫军卫戍京畿并保卫皇帝的安全。

在内政上，奥古斯都从帝国各地聚敛大量财富提供给军队优厚的待遇，装饰首都大兴娱乐活动以取悦罗马市民，建造了新的元老院会所、阿波罗神庙和尤利乌斯神庙。他还在大角斗场附近建神龛。他说"一座砖城在我手里变成了大理石的城市"。最重要的是他修建了一个庞大的交通网，使得"条条大路通罗马"，促进了罗马帝国的通信、贸易及邮政的发展。他还建立了世界上第一支消防队，并在罗马建立了一支常规警力。

在他统治的时期罗马文学进入黄金时代，贺拉斯、李维、奥维德与维吉尔就是在这一时期脱颖而出的。奥古斯都是罗马帝国最伟大的皇帝之一，他的称号"奥古斯都"和"恺撒"一样后来成为皇帝的同义词。而且西方的8月也是以他的名字命名的。

克伦威尔的青年时期是怎么度过的？

克伦威尔（1599～1658年），17世纪英国资产阶级革命时期的政治家、军事家。生于英格兰东部亨廷顿郡的一个信奉清教的乡绅家庭。17岁时被送进剑桥大学锡德尼·苏萨克斯学院学习，由信奉清教的沃尔德博士照管。翌年，因父病故，回家照理农庄。20岁时曾在伦敦法学院学习

法律。因家族的历史威望和本人热烈坚定的清教信仰，克伦威尔于1828年当选为国会的议员。他参与调查散布天主教影响的主教，支持议会抗拒国王。1840年，再度当选为议员。1641年提出《连根带枝法案》，主张废除主教制度，参与《大抗议书》的起草。

克伦威尔的战绩有哪些？

1642年内战开始后，以骑兵上尉军衔组织60名志愿骑兵参战。翌年，在英格兰东部招募了一支主要由笃信清教的自耕农组成的千人骑兵队。1644年7月，在马斯顿荒原之战中歼灭王军4000多人，扭转了国会军初期连遭失败的局面。1645年，克伦威尔被国会任命为副总司令，改组军队，以"铁骑"为核心建立2万多人的"新模范军"。7月，在纳西比战役中摧毁王军主力。从此以破竹之势连克王军，取得第一次内战的胜利。1648年，第二次内战中，率兵平息了威尔士的王党叛乱。他主张废除国王，支持独立派军官清洗国会中坚持与国王妥协的长老派议员。1649年，克伦威尔组织审判和处决了国王查理一世。共和国建立后，他镇压了军队中的平等派，并率军侵入爱尔兰，镇压当地人民起义。他利用宗教信仰的不同，残酷屠杀信奉天主教的爱尔兰人。爱尔兰1/3的人口被剿灭，2/3的土地被侵占，克伦威尔和高级军官都成了爱尔兰的大地主。

克伦威尔是如何走向死亡的？

1650～1651年，克伦威尔挥师北上苏格兰，消灭了拥戴查理二世复辟的苏格兰军队。1653年，利用军队对"残阙国会"的腐败不满，将国会解散。随后，就任英格兰、苏格兰、爱尔兰的护国主，建立了军事独裁统治，共和国名存实亡。全国被划分为11个军区，由高级军官任总督。对外，克伦威尔于1652年发动英荷战争，击败荷兰，使英国控制了海外贸易。1654年，迫使葡萄牙签订条约，使英国商人获得在葡和葡属殖民地经商的特权。1655年，抢占西属牙买加。1658年，攻占西属敦刻尔克，使英国在欧洲大陆获得一个立足点。1658年克伦威尔在日益严重的政治危机中病逝。

为了进行改革彼得大帝进行了哪些努力？

彼得大帝（1672～1725年），把落后的俄国改造成富强文明的现代化国家。

1689年的沙皇俄国是一个落后的国家，比中国当时的清朝还要落后，更不要说西欧了。在俄国盛行着农奴制，人民愚昧无知，文艺与科技暗淡无光。

1697年至1698年间，彼得到西欧作了一次长途旅行，这次旅行为他随后的改革定下了基调。由于他使用了假名，所以看到了许多原本无法看到的事物。在这期间，他当过荷兰东印度公司的船长，为英国造船厂做过工，在普鲁士学过射击，参加过英国议会的会议，几乎把西方社会的方方面面接触个遍，学到了很多东西，开阔了眼界。回国之后，他就开始对俄国进行大刀阔斧的改革。

彼得大帝之俄国的策略是什么？

在军事上，他引进外国先进武器，学习西方战略，还建立了一支海军。

在经济上，他大力鼓励工商业的

发展，下令企业主可以买进整村的农奴到工厂做工，允许外国人在俄国开办工厂。为了引进西方工艺和技术，他将许多西方技术人员带到俄国，还派遣许多年轻的俄国人出国学习。

在政治上，他强化中央集权统治，加强工作效率。一是剥夺贵族领主杜马会议的职权，以参政院代之，在参政院下设11个委员会（相当于"部"）负责具体工作；二是罢黜大教长，以宗教院代之，从此教会成为国家政权的一部分；三是划分行政区域，把全国分为50个省；四是颁布了"职能表"，全部文武官员分成14个等级，官员不论门第出身，须从最低一级做起，靠功绩晋升。

在社会问题上，彼得移风易俗，推行西方化。他下令，不得蓄胡子（后来做了修改），要求宫廷人员穿西装，提倡吸烟和喝咖啡等。

对外，彼得积极扩张，经过苦战于1707年打败军事强国瑞典，吞并了今天爱沙尼亚、拉脱维亚和芬兰附近的一片重要领土。虽然这片领土并不很大但却很重要，给俄国提供了波罗的海上的一个出口，这是"瞭望欧洲的窗口"。彼得就在这里建立了一座新城市——圣彼得堡。1721年他又把首都迁到了这里。

通过彼得的努力，落后的俄国进入了现代国家行列。

谁发明了世界上第一个避雷针？

富兰克林（1706～1790年），美国独立革命主要领袖之一、政治家和外交家、世界著名的科学家。生于马萨诸塞的波士顿。

富兰克林第一个发现金属尖端放电现象，进行了科学史上有名的费城电风筝试验，发明、安装了世界上第一个避雷针；发明了新式的"富兰克林火炉"；研制了第一个具有伸缩性的导尿管；试验了物体传热灵敏度。他对经济学也有贡献，马克思认为他"第一次有意识地、明白而浅显地把交换价值归结于劳动时间的分析"，"表述了现代政治经济学的基本规律"。

1730年，富兰克林创办《宾夕法尼亚报》（今《星期六晚邮报》）。系北美第一家图书馆——费城图书馆的创建者，美洲哲学会的主要创始人之一。曾任宾夕法尼亚殖民地议会秘书（1736～1751年）、宾夕法尼亚邮政局长（1737～1753年）。1758～1762年、1765～1775年为宾夕法尼亚、马萨诸塞等殖民地驻英国伦敦代表。1751年，协助创办宾夕法尼亚大学。1754年，出席新罕布什尔等6个殖民地在阿尔巴尼召开的代表会议，提出了阿尔巴尼联盟计划。1775年，出席费城第二届大陆会议，为《独立宣言》5人起草委员会成员之一，大陆会议外交委员会主要领导人之一。参与起草《宾夕法尼亚州宪法》。1776年，他赴法争取国际援助，显示出卓越的外交才能，获得极大成功，为独立战争胜利作出了独特的贡献。1783年，参与对英和谈以及美英"巴黎和约"的签订。1785年返美，旋即连任宾夕法尼亚州州长3年。1787年，参加费城制宪会议，对美国宪法的制定及其批准，亦作出特殊贡献。曾4次担任英国皇家学会理事。1790年4月17日，因

患肌膜炎，在费城逝世。

富兰克林被认为是18世纪美国名列华盛顿之后最著名的人物。法国经济学家杜尔哥称颂说，"他从天上夺下了雷电，从暴君手里夺下权杖。"德国哲学家康德则赞誉他是"第二个普罗米修斯"。著有《穷理查历书》、《自传》等。

美国的第一任总统是谁？

乔治·华盛顿（1732～1799年），1775年至1783年美国独立战争时领导人，1789年成为美利坚合众国第一任总统，在接连两次选举中都获得了全体选举团无异议支持，一直担任总统直到1797年。

1732年，华盛顿生于弗吉尼亚的一个富有的种植园主家庭，1753年到1758年他服役期间，参加过同印第安人之间的战争，因而获得了军事经验和威望。

当时，英国同北美殖民地的矛盾激化。1774年，十三个殖民地代表召开第一届大陆会议时，华盛顿作为弗吉尼亚的代表参加会。到了1775年6月的第二届大陆会议召开时，他因军事经验丰富、才能卓越被推选为大陆军总司令。在华盛顿的领导下，装备差、缺乏训练的大陆军同强大的英军展开了艰苦卓绝的战斗。应当说华盛顿的军事才能并不是拔尖的，可是他有着坚强的意志，带领着大陆军屡败屡战，不屈不挠。1777年，大陆军取得萨拉托加大捷，从此战争向着有利于大陆军的趋势发展。1781年，大陆军再次取得约克敦战役的胜利，导致英国内阁倒台。1782年，英国新内阁与大陆会议代表达成停战协议。第二年，双方在巴黎签订合约，英国宣布承认北美殖民地独立。这期间华盛顿自战争结束就将军权交还大陆会议，回家务农。1789年，华盛顿当选美国第一届总统，四年之后再次当选。在第二任期满后，华盛顿发表《告别辞》，坚决地拒绝了继续担任总统的请求。此后美国总统连任不超过两届遂成为惯例。

华盛顿是美国独立战争和建国史中最重要的角色，通常被称为美国"国父"，学者们则将他和亚伯拉罕·林肯并列为美国历史上最伟大的总统。

法兰西第一帝国的皇帝是谁？

拿破仑（1769～1821年），法兰西第一帝国皇帝，杰出的政治家、军事家。出生于科西嘉岛一个小贵族家庭。1778年离开故乡进入奥顿中学学习，次年转入培养贵族子弟的布里埃纳军事学校。1784年进入巴黎军官学校，学习炮兵专业。1785年毕业后被授予少尉军衔。

青年时代，拿破仑信奉卢梭的社会契约和人民主权思想。大革命爆发后，拿破仑于1792年来到巴黎，目睹8月10日推翻君主制的起义，曾一度接近雅各宾派。1793年在攻克土伦的战役中战功卓著，被授予准将军衔。热月政变后因被控与罗伯斯庇尔勾结而被囚禁，不久获释。

1795年10月5日（葡月13日）临危受命，迅速、果断地平定了王党分子的叛乱，声名大振，授少将军衔，担任巴黎卫戍司令。次年，被督政府任命为意大利军团总司令，在对奥作战中取得一系列军事胜利，迫使奥地利于1797年10月签订了《康波福米奥协定》，粉碎了第一次反法同盟。1798～1799年远征埃及。因第二次反法同盟组成后法国战况不利，国内政局不稳，拿破仑丢下在埃及的军队突然回国，于1799年11月9日（雾月18日）发动政变，推翻督政府统治，就任第一执政。

拿破仑坚决制止波旁王朝的复辟企图，迅速平定了一些迁延已久的叛乱，如旺代叛乱，建立强有力的国家政权，使自大革命以来动荡不安的局面安定下来。为进一步确保革命成果，亲自参与制定了《法国民法典》。拿破仑还采取措施保护和促进资本主义工商业的发展。执政府和第一帝国时期法国经济迅速发展，纺织、钢铁产量成倍增长，工业机械化程度大大提高。

1804年拿破仑放弃共和制度，建立法兰西帝国，自任皇帝，恢复等级制度和贵族称号，实行分封制，在一定程度上与旧贵族和旧官僚妥协，剥夺了大革命期间人民取得的重要权利，比如普选权。

拿破仑执政期间对外战争频繁。第二次至第五次反法同盟战争中拿破仑率领法国军队取得了辉煌的胜利，他的军事思想和军事才能得到充分体现和发挥，多次打败数量上占优势的欧洲各国联军。至1809年，直接或间接控制了除英国、俄国以外的整个欧洲。1812年亲率60余万大军入侵俄国，惨遭失败。欧洲各国趁机组成第六次反法同盟，1813年10月16日至19日与法军大战于莱比锡，法军战败。1814年初反法同盟军队攻入法国境内，4月，拿破仑退位，被流放到厄尔巴岛。1815年3月从厄尔巴岛逃出，在法国人民和军队的拥戴下重返巴黎，驱逐了复辟的波旁王朝。6月，在滑铁卢被第七次反法同盟打败，再次被迫退位，流放到圣赫勒拿岛。后卒于该岛。

被称为"诚实的亚伯"的美国总统是谁？

林肯（1809～1865年），美国资产阶级革命家和政治家、美利坚合众国第十六任总统（1861～1865年）。生于肯塔基州哈丁县一个普通的拓荒者家庭。家境清寒，几乎未受过正规教育，其博学多识是靠顽强自学"一点一点捡来的"。早年干过帮工、店员、土地测量员、邮递员、律师。他谦逊正直，平易近人，被人们称为"诚实的亚伯"。

1832年竞选伊利诺伊州议员，未成功，这是他生平第一次参与政治；1834～1840年，四度当选该州议会议员；1847～1849年为美国众议院议员，曾提出逐步有补偿地解放哥伦比亚特区奴隶的议案。其基本主张是限制奴隶制扩张，稳健地解决因它而引致的各种问题。1856年，被提名为共和党副总统候选人，但落选。1860年11月，当选为美国总统。林肯就职前后，实行奴隶制的南卡罗莱纳等州悍然分裂联邦，并首先挑起内战。

在国家危难之时，林肯力挽狂澜，克服内政、外交上的艰难险阻，先后在1862年颁布《宅地法》、《解放宣言》等重要法令，1863年11月在葛底斯堡演说中提出了"民有、民治、民享的政府"的思想，终于领导美国人民赢得平息叛乱的完全胜利，并促使美国宪法第13条修正案于1865年1月在国会以2/3的多数通过，以国家根本大法的形式彻底根除了黑人奴隶制度。奴隶出身的黑人政治家弗·道格拉斯说，"在我与林肯先生的历次会见中，给我印象最深的是，他没有丝毫蔑视有色人种的偏见。"当

美国人民沉浸于胜利之际，1865年4月14日，林肯遇刺，翌日晨去世。

被称为"铁血宰相"的德国政治家是谁？

俾斯麦（1815～1898年），德国政治家。1815年4月1日出生于勃兰登堡阿尔特雷恩豪森庄园的容克世家，受过良好的教育。1847年为普鲁士联邦议会议员。当时思想保守，反对德国统一，竭力主张维持以奥地利为中心的德意志联邦。1851年出任普鲁士驻法兰克福联邦代表会公使，1859年出任驻俄公使，1861年任驻法大使。这一时期俾斯麦思想发生变化，主张在普鲁士领导下以武力统一德国。

1862年9月出任普鲁士宰相兼外交大臣，几天后，在普鲁士议会的预算委员会会议上即席发表了被后人认为是深思熟虑的谈话："当代重大问题不是演说和多数派的决议所能解决的，——这正是1848年和1849年所犯的大错误——而只能用铁和血来解决"，并声称这已是普鲁士依仗自己的军事实力取得好处的时候了。

由此，俾斯麦被人称为"铁血宰相"，其所推行的政策也被称为"铁血政策"。"铁血政策"又被后人当作战争政策与穷兵黩武的代名词。此后他不顾议会中多数派的反对与"违宪"的指责，大力发展军事力量，并不断煽动德意志民族主义情绪。1864年联合奥地利发动了对丹麦王朝的战争，兼并了属丹麦国王领地的石勒苏益格和荷尔斯泰因两个小公国，因此被封伯爵。1866年在法国的默许下发动了对奥地利的战争，即普奥战争，战争持续

了7个星期，在关键的7月3日萨尔瓦战役中俾斯麦与普鲁士国王亲临战场观战，普军获胜后，说服国王停止追击奥军，以免刺激其他大国。8月签订布拉格和约，迫使奥地利退出德意志邦联。不久建立了以普鲁士为首的北德意志联邦，由莱茵河以北的22个德意志国家及3个自由市参加。1870年，为了统一法国庇护的南德意志四国，决意发动对法国的战争。7月13日普鲁士国王从休养地埃姆斯温泉发来急电，俾斯麦加上了侮辱法国皇帝的字眼，并在报上公开发表，使其成了引逗"高卢公牛"的"红布"，法国于7月19日向普鲁士宣战，早有准备的普军很快击败了法军，并进军巴黎城下，迫使法国新政权赔偿巨款，割让阿尔萨斯和洛林。

1871年1月18日，统一的德意志帝国成立，俾斯麦被任命为帝国宰相兼普鲁士联邦宰相，并晋封为侯爵。19世纪70年代初期，又掀起"文化斗争"，反对代表天主教会与西南德意志分离势力的中央党，借机剥夺了教会的相对独立权。但不久即与中央党妥协，转而进攻工人运动，1878年10月使议会通过"镇压社会民主党企图危害治安的法令"（即"非常法"），社会民主党被迫转入地下。在外交上，推行"大陆政策"，力图保证德国在欧洲大陆的霸权，其主要做法是：孤立法国；阻止法俄接近；阻止俄国向中欧、南欧发展，形成英、法、俄、奥、意在欧洲的互相制约。1873年促成俄、奥、德三皇协定；1879年使德国与奥匈缔结秘密军事同盟。1882年意大利加入，形成三国的秘密军事同盟。19世纪80年代还促进德国向亚、非、拉开拓殖民地。1888年，

年轻的威廉二世继位当皇帝，威廉主张实行称霸世界的"世界政策"，与俾斯麦的"大陆政策"发生冲突。1870年3月俾斯麦被迫辞职，被封为布劳恩公爵。1898年在自己的庄园去世。

什么样的生活塑造了总统威尔逊？

威尔逊（1856～1924年），美国资产阶级政治家和历史学家、美利坚合众国第28任总统（1913～1921年）。生于弗吉尼亚州的斯汤敦县，自幼接受严格的学校教育，先后就学于北卡罗莱纳州戴维森学院、普林斯顿大学、弗吉尼亚大学、约翰斯·霍普金斯大学，共受了13年高等教育。1885年获哲学博士学位。先后执教于宾夕法尼亚州布林·玛尔女子学院、康涅狄格州韦斯莱扬大学、普林斯顿大学。1902年10月至1910年9月，任普林斯顿大学校长，倡导导师制等教育改革。1910年11月威尔逊当选新泽西州州长，推行教育、选举、市政等一系列改革，有"进步派政治家"之称。

威尔逊担任总统之后又哪些贡献？

1912年11月威尔选竞选美国总统成功，并蝉联两届。任总统期间，他对内推行"新自由"改革，涉及降低关税率、确立联邦储备体系、制定反托拉斯立法以及颁布工人罢工合法、铁路工人8小时工作制、禁止使用童工等法案。对外政策上，因适逢第一次世界大战，欧洲狼烟四起，威尔逊先是宣布美国"要在思想上和行动上都要做到中立"，继而不失时机地、有步骤地将孤立主义传统根深蒂固的美国拖入战争。1917年1月22日，他曾提出"没有胜利的和平"

的议和原则。4月2日，要求国会对德宣战；6日，签署宣战书。1918年1月8日，威尔逊提出"世界和平纲领"，即"十四点"。其主要内容是公开外交、公海自由、建立国际联盟等。1918年12月至1919年6月，亲率美国代表团参加巴黎和会。因国联计划招致反对，威尔逊从1919年9月4日起，不顾体弱多病，开始在全国巡回演说，以谋求支持，25日病倒；10月2日，返回白宫后，因精疲力竭，抑郁之至，患中风而半身不遂。1920年12月获得1919年度诺贝尔和平奖。1924年2月3日，因患心脏病在华盛顿去世。著有《国会政体》、《美国人民史》等。

苏联共产党和苏维埃国家的缔造者是谁？

列宁（1870～1924年），全世界无产阶级的革命导师，苏联共产党和苏维埃国家的缔造者，首届人民委员会主席。原姓乌里扬诺夫，1870年4月22日生于辛比尔斯克（现在的乌里扬诺夫斯克）。

1887年进入喀山大学法律系学习，因参加学生运动而被捕遭流放。翌年，回到喀山，开始研究马克思的《资本论》。1889年秋迁居萨马拉（今古比雪夫），组织了当地的第一个马克思主义小组。1893年秋移居彼得堡。

1894年写了《什么是"人民之友"以及他们如何攻击社会民主主义者》，提出了工农联盟思想和建立工人政党的任务。1895年创立彼得堡工人阶级解放斗争协会，同年12月被捕入狱。1897～1900年被流放。其间，写成《俄

国资本主义的发展》一书，从思想理论上完成了粉碎民粹主义的任务。1900年，他在国外创办《火星报》，为建党作了思想和组织准备。1903年，出席俄国社会民主工党第二次代表大会，形成了以他为首的布尔什维克。1905年回国领导革命，1907年再次流亡国外。1901～1907年期间，写了《怎么办》、《进一步，退两步》、《社会民主党在民主革命中的两种策略》等著作，批判了机会主义，奠定了建党的理论基础和无产阶级政党的组织原则，提出了无产阶级政党在民主革命中的策略路线。1908年，写了《唯物主义和经验批判主义》，发展了马克思主义哲学。

1912年，主持领导了在布拉格举行的党的第六次代表会议，布尔什维克正式成为一个独立的政党。经过对帝国主义的深入分析和研究，在1915年和1916年写了《论欧洲联邦口号》和《帝国主义是资本主义的最高阶段》，全面阐述了帝国主义的理论，提出了社会主义能够在一国或数国首先胜利的结论。1917年二月革命后回国，发表《四月提纲》，提出了从资产阶级民主革命过渡到社会主义革命的路线、方针和策略。7月，由于资产阶级临时政府的迫害转入地下。8～9月间写了《国家与革命》，系统地阐述了马克思主义的国家学说。10月，列宁从芬兰秘密回到彼得格勒，领导全党实际转向武装起义。11月6至7日，亲自领导彼得格勒武装起义，取得了十月社会主义革命的伟大胜利。11月8日，当选为第一届苏维埃政府——人民委员会的主席。1918～1920年，在极其艰难的条件下，领导苏维埃各族人民粉碎了帝国主义的武装干涉和国内反革命叛乱。1918年写成《无产阶级革命和叛徒考茨基》，批判了考茨基的机会主义观点，阐述了马克思主义关于无产阶级革命和无产阶级专政的学说。1919年，主持召开了共产国际成立大会。1920年，列宁写了《共产主义运动中的"左派"幼稚病》，论述了马克思主义关于策略问题的一系列重要原则，指明了无产阶级革命走向胜利的途径。

1922年底，列宁健康状况恶化。在病重期间，口授了《给代表大会的信》、《关于民族或"自治化"问题》、《日记摘录》、《论合作社》、《论我国革命》、《我们怎样改组工农检察院》、《宁肯少些，但要好些》等文章和书信。

列宁把毕生的精力贡献给了世界无产阶级劳动人民的解放事业，于1924年1月21日逝世。

发表了揭开冷战序幕的演说的英国首相是谁？

丘吉尔（1874～1965年），英国著名资产阶级政治家、首相、保守党领袖。出身贵族世家，少年入贵族子弟学校哈罗公学。好历史与文学，尤其喜欢军事。1893年考入桑德斯军事学院。毕业后，1895～1900年先后参加镇压印度、苏丹人民的战争和英布战争。1900年以保守党议员身份进入下院。自1906年起，多次入阁，任商务、内政、财政大臣。仇视共产主义和俄国十月革命，积极策划武装干涉苏俄。20世纪30年代希特勒上台后，视德国为最危险的敌人，主张以英、法为核心与苏联结盟，联合欧洲一切力量，共同对敌，为对德强硬派代表人物。在绥靖主义泛滥之时不惧孤立，抨击张伯伦政府的外交政策，反对《慕尼黑协定》。1939年第二次世界大战全面爆发，入阁任海军大臣。1940年5月德国进攻西欧后，受命于国家危难之际，接替张伯伦任首相兼国防大臣，宣布"不惜一切代价去争取胜利"。拒绝希特勒的诱降，领导英国人民保卫英伦三岛，取得不列颠空战的胜利。积极开展外交活动，争取同盟者。1941年苏德战争爆发后，丘吉尔当即决定援助苏联。同年8月与美国总统罗斯福签署"大西洋宪章"，推动国际反法西斯联盟的建立。作为同盟国的主要领导人之一，为反法西斯战争的最后胜利作出了积极贡献。

1945年7月在大选中失败，辞去首相的职务。1946年访问美国，在富尔敦发表题为"和平砥柱"的演说，鼓吹英美联合，对抗苏联和共产主义运动，揭开冷战的序幕。1951年丘吉尔再度出任首相，但未能阻止英国的衰落和殖民体系的瓦解，1955年辞职。1965年1月24日逝世。主要著作为《第二次世界大战回忆录》、《英语民族史》等。

领导过十月革命的苏联中央总书记是谁？

斯大林（1879～1953年），国际共产主义运动的著名活动家，苏联共（布）中央总书记和苏联部长会议主席。原姓朱加施维里。1879年12月21日生于格鲁吉亚的哥里城。

1894年在梯弗里斯（今第比利斯）东正教中学读书时开始参加革命活动。1898年加入俄国社会民主工党的梯弗里

斯组织。1899年因参加革命被学校开除，此后成为职业革命家。1901年当选为俄国社会民主工党梯弗里斯委员会委员。1903年被选进俄国社会民主工党高加索联盟委员会。党的第二次代表大会后成为布尔什维克。1904年12月，领导了巴库石油工人大罢工。1912年1月，在党的第六次代表会议选出的中央委员会会议上，被缺席增补为中央委员，并被选入中央委员会俄国局。

从1901～1917年，先后被捕七次，流放六次，从流放地逃出5次。1917年二月革命后从流放地回到彼得格勒，参加党中央委员会俄国局。在党的第七次全国代表会议以及此后的历次代表大会上均当选为中央委员。10月，参加中央政治局和党的起义机构——军事革命总部，是十月武装起义的重要领导人之一。十月革命胜利后，在全俄苏维埃第二次代表大会上当选为全俄中央执行委员会委员，参加第一届人民委员会，任民族事务人民委员。1919年起兼任国家监察人民委员（1920年起为工农检察人民委员）。国内战争时期任共和国革命军事委员会委员。1922年4月起任党中央总书记。

1924年1月列宁逝世后，斯大林领导苏联人民实现了社会主义工业化和农业集体化，到20世纪30年代后期，苏联成为一个初步繁荣昌盛的社会主义工业国。1941年5月～1953年3月，斯大林先后担任人民委员会主席和部长会议主席。在卫国战争时期，任国防委员会主席、国防人民委员、武装力量最高统帅，领导苏联人民和武装力量取得了伟大卫国战争的胜利。1945年6月，获苏联

最高军衔——大元帅称号。战后，领导苏联人民迅速恢复和发展了国民经济。但个人崇拜继续盛行，党和国家的政治生活仍不正常。1952年10月，任苏共中央主席团委员和中央委员会书记。1953年3月5日病逝。

二战爆发时的美国总统是谁？

富兰克林·罗斯福（1882～1945年），美国第32任总统，杰出的资产阶级政治家。1933～1945年连续4届任总统。1882年1月30日生于纽约州海德公园的富豪之家。1910年以民主党候选人身份当选纽约州参议员，1912年连任。1913～1920年任助理海军部长。1921年8月患脊髓灰质炎症（小儿麻痹症），下肢瘫痪，仍继续从事政治活动，努力促进民主党内城乡两派的团结。

1928～1932年任纽约州长。1932年竞选总统，提出"新政"计划，以压倒多数选票获胜。上任时正值资本主义世界经济大危机，美国经济状况空前恶化。"新政"得以顺利实施，结果使美国逐渐摆脱经济危机，维护了资产阶级民主制度，并导致国家垄断资本主义的大规模发展。在对外政策方面，1933年11月16日与苏联建立外交关系，结束了孤立和封锁苏联的政策。在法西斯侵略威胁日益严重之时，努力改变国内盛行的孤立主义情绪，提醒人们认清法西斯侵略战争的危害。第二次世界大战爆发后，吁请国会召开特别会议，修改中立法，允许交战国在"现款自运"条件下从美国购买武器，以支援反法西斯国家。法国战败后，积极进行防御准备，决定采用参战以外的一切方式援助英

国。1941年3月促使国会通过《租借法案》，向反法西斯国家提供物资和援助。苏德战争爆发后，把法案适用范围扩大到苏联。1941年8月，与英首相丘吉尔发表《大西洋宪章》，为世界反法西斯联盟和日后联合国的建立奠定了基础。

1941年12月7日，日本偷袭珍珠港后，美国正式对法西斯国家宣战。罗斯福在国内动员全部工业为反法西斯战争服务，对外注重战略全局，致力于尽早打败法西斯势力和与盟国磋商未来国际和平构想。1943年1月提出轴心国必须无条件投降的原则。1943年和1945年两次与苏、英首脑会晤，为早日结束战争和战后和平制定了基本原则和指导方针。

1945年4月12日，在任内患脑溢血病逝。著有《向前看》、《我们的道路》等。作为政治领袖，罗斯福与华盛顿、林肯齐名，深受美国人民的赞扬。逝世时中国解放区下半旗致哀，《新华日报》发表了题为《民主巨星的陨落》的社论。

什么是"奴隶主民主经济"？

雅典奴隶主民主政治是公元前6～前4世纪，存在于雅典的一种仅限于公民集体成员的民主政体。马克思主义史学界称之为"奴隶主民主政治"。

"人民主权"（民主）作为一种政体，它可能最早出现于雅典，是雅典平民与贵族长期斗争的产物。因而"民主"一词最早是在雅典使用的。希罗多德的《历史》提到这个词。雅典民主制思想的根源可追溯到原始氏族民主的观念。

"奴隶主民主经济"对其他邦民主制的确立有重大影响，对雅典政治、

经济、文化发展有极大促进作用。古希腊众多杰出的哲学家、戏剧家、历史学家、美术家、修辞家等等或是雅典人，或长期在雅典生活，这无疑是公民民主生活的结果。在文艺复兴和启蒙时代，雅典民主思想曾被资产阶级思想家发掘出来，成为反封建的锐利武器。

奴隶主民主经济经历了什么样的发展历程？

公元前594年，梭伦在平民推动下实行改革，解放负债平民，提高了公民大会在政治决策中的地位，公民普遍有权参与的民众法庭以及400人议事会，为民主制奠定扎实的基础。

公元前509年的克里斯提尼改革，以地域原则划分政区，抽签选举产生的500人议事会进一步削弱贵族势力，民主制得以确立。

公元前461年，厄菲阿尔特民主改革彻底废除贵族会议政治特权，完善民主制。

伯利克里时代以及公元前4世纪的大部分时期，民主制已相当成熟，包括如下主要内容：最高立法、执法与行政权力机构是公民大会。公民均在大会上有投票权、辩论权、提出动议权。附属公民大会的常设机构是500人议事会，职能是在公民大会休会期间主持国政，为大会准备提案，监督各级公职人员。此外，还有隶属公民大会和500人议事会的众多具体行政、军事机构。为保证公民下层积极参加公共生活，国家对许多公职，甚至观看文艺演出都发放津贴。这是建立在社会上一部分人（公民）对另一部人（奴隶和外邦移居者）以及附属国压迫、剥削基础上的有限民主制。

在古代各地专制横行的条件下是较先进的政体，具有深刻的现实意义和深远的历史意义。

古罗马的"元老院"是什么性质的机构？

元老院是古代罗马政府机构中历史最悠久的组成单位。

公元前6世纪，元老院议员（约有300名）由罗马国王委任，并随时向国王提供咨询。到公元前5世纪末，庶民首次担任长官职务后，开始进入元老院。公元前4～前3世纪在连绵不断的战争时期，元老院对外交政策施加影响的力量增大了。在共和国最后两个世纪（公元前2～前1世纪），通过一系列未成文的规定，元老院在外交政策、立法、财政、宗教等方面起着至关重要的作用。有权给长官们分派任务，延长他们的任职期，指定设立元老院委员会以协助长官管理被征服的土地，以及根据人民的战争与和平的正式特权指导外交关系。

"元老院"为什么会被取消？

在共和国最后几十年里，由于军事领袖崛起，元老院本身唯利是图、改革受阻以及重要成员排外，元老院的威望和权力下降。后来恺撒把元老院议员的人数增加到900名。公元前27年罗马第一位皇帝屋大维恢复元老院的威望，并把它视为统治帝国的正式的合作者。长官、主法官和法官的选举由公民议会负责转到元老院。然而，皇帝对选举起很大的作用，并随意委任元老院议员。元老院恢复它作为统治者咨询机构的本来面貌。580年，罗马元老院终归取消。

什么是"封建庄园制"？

封建庄园制是中古西欧封建主剥削农奴的基本组织，在其他国家和地区，也曾在一定时期不同程度地存在过这种组织。

庄园的土地有耕地、田园、森林和荒地。耕地大致分成春耕地、秋耕地和休耕地三片，轮流耕作，即强制轮作制，总有三分之二的土地在耕种。休耕地、收割后的耕地和荒地是公共牧场，大家使用。耕地，包括领主自营地和农奴的份地，都分割成条田，犬牙交错地分布在每片土地上。农奴除耕种自己的份地外，还要带着工具无偿地为领主耕种自营地，每周3～5天，农忙时增加，且须先完成领主自营地上的生产和收获。分地上的产品归农奴自己，自营地上收获归领主，所以必要劳动和剩余劳动一清二楚。

农奴还得向封建主献纳贡物，如鸡蛋、家禽和酒；交纳各种捐税，如人头税、诉讼捐、什一税、结婚税和继承税（通常是一头好牲畜）；还要做各种杂役和临时性徭役，如砍柴、运输、盖房、修桥、筑路等。

农奴使用磨坊和烤面包坊也得交税，甚至变成固定税收，不用也要交税。封建主还有审判和惩罚农奴的权力。农奴虽然受到沉重的剥削，但毕竟有自己的独立经济，比奴隶有更多的劳动积极性，有利于生产力的发展。

什么是"贵族制"？

贵族制是奴隶制与封建制国家中少数贵族上层代表集体统治的政体组织形式，可分成两种：一种为奴隶制国家实行的贵族共和制；另一种为封建制国家实行的贵族君主制。

贵族共和制是全国的最高长官是执政官。执政官是公民大会在贵族中选举出来的，有二人，任期是一年；其余高级官员大部分同样是选举产生的。选举事务以及国家的立法、行政大权均为元老院所掌握，而元老院是由奴隶主阶级中占少数的显赫贵族代表组成的，元老院主宰着国家的内政外交。

贵族君主制为封建君主制之前的一种政权形态，一般出现在中央王权比较软弱、地方诸侯势力比较强大的历史条件下，国王或大公是国家元首，为最高封建主，其下依次是公爵、侯爵、伯爵、子爵、男爵和骑士。各级封建主上下级之间的关系是领主与附庸，其权利与义务由契约确定。每级封建主只管辖直接依附者，对其行使契约中规定的权利。在名义上，国家是统一的，在形式上全体封建主均臣属于国王，而实际上封建主们各凭武力割据一方，享有自主权，国王不能干预，国王继承王位在形式上也需得到贵族会议与公民会议的共同认可。其实，贵族君主制是由国王与贵族会议共同掌权的制度。

什么是"君主制"？

君主制，相当于共和制而言，是国家元首为君主（皇帝、大汗、国王、大公、苏丹或沙皇等）的政体形式。在君主制下，君主大多是世袭的，且是终身的。

君主制是最古老的、历史上最普遍的政体形式。它不仅为奴隶制国家与封建制国家所采用，成为主要政权组织形式，亦为少数资本主义国家所采用。

君主制有很多具体形式，并不整齐

划一，从来也不是一成不变的。按君主权力的大小，君主制有无限君主制与有限君主制之分。君主专制就是无限君主制的典型，有限君主制又有等级君主制与君主立宪制之分。

什么是联邦制？

联邦制是有多个权力中心的复合式国家结构形式。

联邦制建立在两个原则基础之上：第一，拥有一部严格修改程序的宪法，在联邦政府和各组成单位（州、省、邦）之间划分国家权力。一般的联邦政府负责国防、外交、统一大市场等有关整体的、需要集中管理的事务，而涉及各组成单位内部的、可以各自管理的一般性事务，均由各组成单位政府自主完成。第二，各组成单位享有自治权或自组织权。其议会议员、政府首长均由当地人民经选举产生。另外，各组成单位还有自己的宪法。

联邦制还有两个比较重要的原则：联邦议会一般有两院，一院议员按人口比例选举产生，另一院议员是各组成单位选举或任命产生。如果联邦与各组成单位的权力发生冲突，经独立的司法机构——联邦最高法院或宪法法院按宪法进行裁决。联邦制国家的各组成单位政府，不像单一制国家的地方政府，它们在国家中的地位是很高的，具有独立性。各组成单位不是联邦的"四肢"，而是股东，联邦的权力来源于每个组成单位。联邦是一种特殊的共同体或主权国家。

什么是"内阁制"？

内阁制是由议会产生并对其负责的内阁掌握国家行政权力的政体形式。

相对于总统制。因为内阁制的政府是内阁对议会负责的，所以又称为责任内阁制、议会内阁制。

内阁是从议会中产生的，内阁首相一般是在议会中拥有多数席位的政党或政党联盟的领袖。首相挑选政见基本相同的议员，经国家元首批准，组织内阁。国家元首仅是国家的象征，毫无实际行政权力，内阁作为国家元首的代表对议会全权负责。元首颁布的法律、法令和发布的文告，都必须有首相或有关阁员副署。内阁处于议会的监督之下，要定期向议会报告工作。若内阁得不到议会信任，必须集体辞职。

严格地讲，"内阁制"应称之为"国会制"或"议会内阁制"。议会内阁制的议会（国会）是权力核心，行政机关受议会的节制，行政权与立法权合而为一，政府（内阁）向议会负责。与总统制的制衡理念不同，议会内阁制的基本原则是"责任政府"，不仅个别的内阁成员需对议会负责，内阁全体也需对议会负责。若议会对某个内阁成员或整体内阁不信任，此内阁成员或整体内阁就需要辞职以示负责。

文官制度是如何产生的？

文官制度是19世纪中叶英国政府为消除腐败、提高效率而进行的一项行政制度改革。

改革以前，国王、首相或贵族议员掌有直接任命政府官吏的权力，卖官鬻爵、任人唯亲非常普遍。贵族子弟庸碌无能而高居要职，政府官员饱食终日甚至请人代职。官员晋升不凭才干和业绩，而靠年资和内援支持。结果，政府

部门冗员充斥，效率低下，业务混乱。

18世纪80年代，议会曾进行初步改革，规定录用官员首先须经各部门负责人的推荐，但情况没有得到根本改善。

19世纪50年代初，资产阶级自由派主张加以改革。在财政大臣格莱斯顿的授意下，屈维廉和诺斯科特于1853年底拟出"关于建立英国常任文官制度的报告"，针对当时文官制度的弊病，提出全面改革的方案。该报告在1854年的议会讨论中遭到反对，被迫撤回。因在克里木战争期间政府机构的弊病导致英军的严重伤亡和后勤供应的迟缓，激怒了公众舆论。

1855年，首相帕麦斯顿绕过议会，颁布了文官制度改革的第一个正式法令。但改革很不彻底。1890年，首相格莱斯顿颁布了第二个法令，规定一切文官任用须经公开竞争考试，但外交部和内政部例外。

政府对投考文官的年龄、文官待遇、分级等做了许多改革、补充和修订，文官制度日臻完善。这是一次资产阶级自由主义改革。通过改革，取消了个人恩赐官职的特权，减少了政府的腐败，提高了行政工作效率，同时促进了其他部门的改革。

什么是"共和制"？

共和制是相对于君主制的政权组织形式。在共和制下，国家最高权力掌握在经选举产生、任期有限的国家机关和公职人员手中。

共和制就是国家权力机关与国家元首都经过选举产生且有法定任期的一种政权组织形式。共和政体不同于君主政体，并且是处于君主政体的相对面。

资本主义社会的民主共和制按立法机关同行政机关的关系，又有议会制共和制和总统制共和制之分。

议会制共和制的特点是：议会享有立法、组织及监督政府或内阁等权力；政府或内阁由议会中有多数席位的政党或政党的联盟来组织，政府对议会负责，一旦议会通过了对政府的不信任案，政府就要解散或呈请国家元首解散议会，重新选举；总统是国家元首，它只是个虚位，无实权。

工联主义从出现到衰落的经过是什么？

工联主义是工人运动中的改良主义思潮，在英国工人联合会（简称工联）中出现得最早、发展得最充分，因此得名。

工联主义者主张工人组成工会，为改善工人的经济状况和法律地位进行斗争，但反对进行推翻资本主义制度的政治斗争和暴力革命。工会埋头于内部福利活动和维护本行业和会员的利益。在整个宪章运动时期，工会组织基本上持消极态度。宪章运动失败后，工人阶级的政治团体衰落，工会成为工人阶级最重要的组织。他们实行严格的关门主义，维护少数技术工人在行业中的特权地位，强调工会的福利活动，鼓吹劳资合作，主张通过谈判和协商来改善工人待遇，仅参加争取选举权和劳动立法的政治斗争。他们通过伦敦工联理事会和全国职工大会控制了全国工会运动的领导权，使工联主义支配了工人运动。自19世纪80年代末起，非熟练工人和普通工人纷纷建立工会，掀起罢工浪潮。工人政治团体相继成立，各种社会主义学说也开始流传。

1900年以工会为基础的劳工代表委员会建立，1906年改称工党。工党为工人贵族所控制。工党的建立标志着社会改良主义取代了工联主义在英国工人运动中的统治地位，从此工联主义逐渐成为社会改良主义的附庸。

什么是三级会议？

三级会议是法国的等级代表会议。13世纪末，法王腓力四世与教皇卜尼法斯八世的关系紧张。1302年，腓力四世为争取法国各阶层的支持首次召开三个等级的会议，与会者有教士、贵族、市民三个社会等级。

每当国家面临困境或国王需要援助尤其是征收新税时，通常都举行三级会议，制定新法令。

什么是总统制？

总统制是与议会内阁制相对的一种政权组织形式。

实行总统制的国家，总统和国会由选民分别选举，总统既是国家元首，又是政府首脑。同议会内阁制相比，总统制的特点在于总统兼任行政首脑，行政机构向总统而非国会负责；总统并非由国会，而是定期通过公民直接或间接选举产生；总统只对人民负责，而不对国会负责。一些国家虽然也有总统，然而总统仅是国家元首，而非政府首脑，掌行政权的是由议会产生的内阁，内阁只对议会负责，此类不属总统制。

什么是民主制？

民主制是在特定的阶级范围内，以平等和少数服从多数的原则来共同治理国家的政治制度。

在民主制中，人民享有超过立法者和政府的最高权力。虽然世界各民主政体存在细微差别，但民主政府有着和其他形式政府不同的特定原则与运作方式。行使权力的民主政府是由全体公民直接或间接选举出来的。民主制包含了保护人类自由的一系列原则和行为方式，是自由的体制化表现。民主实行多数决定的原则，同时尊重个人与少数人的权利。民主国家不让中央政府享有至高无上的权力，将权力分散到地区和地方，并且主张地方政府应最大限度地对人民公开和对人民的要求作出积极反应。

俄国农奴制是如何发展起来的？

农奴制是农民的封建依附关系，农民被束缚在土地上并服从封建主的行政和司法权力。俄国农奴制延续时间长，压迫特别残酷。

确立阶段：伊凡三世时期于1497年颁布法典，规定农民只能在每年指定的日期，即秋后尤里耶夫节（俄历11月26日）前后各一星期可以转换农奴主。农奴制在法律上被初步确立，并开始在全国范围内形成。伊凡四世时期于1581年颁布"禁年令"，即禁止农民在尤里耶夫节前后两星期离开主人，使农民进一步农奴化，并宣布1581年为禁年。以后又有连续实行禁年的记载，如1581～1586年、1590～1592年、1594年。16世纪八九十年代全国进行人口登记，并规定在全国范围内禁止农民易主。人口登记簿成为农民契约的法律依据，农奴制关系通过人口登记进一步固

定下来。对逃亡农民的处理也不断作出决定，最初把地主搜寻逃亡农民的期限定为5年。1649年沙皇法典规定，对逃亡农民的追回不受时限，同时追回妻子、儿女及财产。至此，农奴制最终被确立下来。

发展阶段：18世纪农奴制达到极盛时期。彼得一世时期进行人口调查，开始征收"人丁税"，加强地主对农民的控制。叶卡捷琳娜二世时期于1765年发布敕令，地主取得放逐农民去做苦工的权力，1767年剥夺农民的任何申诉权。申诉被定为诬告罪，判处终身流放。地主贵族特权不断扩大，可以任意干预农民的家庭生活（如男婚女嫁），可以任意迁徙、流放农民。

衰落至最后废除阶段：农民处境悲惨，农民起义不断发生。18世纪后半叶爆发了俄国历史上最大的农民起义——普加乔夫起义。同时俄国资本主义关系的产生和发展日益排挤落后的农奴制关系，农奴制出现严重危机，并越来越成为社会生产力发展的障碍。

什么是中央集权制？

中央集权是与地方分权相对而言的，在中央集权体制下，地方政府在政治、经济、军事等方面没有独立性，一切受控于中央，只能严格服从中央政府的命令。

中央集权的典型是长期存在于我国古代的封建专制主义中央集权制度。专制主义和中央集权是不同的两个概念。封建专制主义是就决策方式而言的，其特征是皇帝集国家最高权力于一身，从决策到军、政、财大权都由皇帝个人专

断独裁，都具有独断性和随意性。然而中央集权则是就中央与地方权力关系而言的，其特点是地方政府在政治、经济、军事等方面要服从中央政府的命令，一切听命于中央。

专制主义反映的是君臣关系，而中央集权反映的是中央和地方的关系。君主专制必然要求中央集权，反过来，中央集权却不一定要实行君主专制。在封建社会盛行的君主专制的中央集权制度，随着社会的发展，已经被淘汰，而中央集权将继续存在。当今世界上包括法国在内的很多国家都实行中央集权的行政管理体制。

什么是一党制？

一党制指的是国家政权长期被一个政党独占的政党体制。一党制又有"绝对一党制"与"相对一党制"之分，前者是只有一个政党，不允许其他政党合法存在，后者是除了执政党外还有其他政党，但不得与执政党分享和争夺政权。

根据历史社会条件，各国的一党制不能混为一谈。一党制的形成原因、阶级背景与历史作用不尽相同。

苏联因共产党领导夺取革命的胜利，成为执政党，实行无产阶级专政。

一些社会主义国家，例如前波兰、匈牙利虽然执政党只有一个，但法律规定了其他政党存在的合法性以及参政、议政的权利。

非洲和拉丁美洲的一些国家由一个政党领导获得独立，成为执政党，由于国内并没有其他政党，或者虽然有别的政党，但考虑到国家的独立和民族的统一而实行一党制。

法西斯是如何实行一党制的？

两次世界大战期间，法西斯国家均实行法西斯独裁的一党制。法西斯政党垄断了国家政权，取消其他政党存在的合法性，禁止其进行政治活动。

1926年，意大利以墨索里尼为首的法西斯政府取缔了除国家法西斯党之外的所有政党和工会组织。1928年又通过颁布法令在实际上取消了议会制度，宣布法西斯党的大法西斯委员会是党和国家的最高机关，这就是法西斯独裁的一党制。

希特勒在德意志第三帝国也效法墨索里尼建立了纳粹党的一党制。

第二次世界大战期间，日本大政翼赞会军国主义政权和西班牙长枪党的佛朗哥政权实行的都是法西斯专政的一党制。战后，随着法西斯主义国家被摧毁，法西斯一党制也一起消亡。

什么是两党制？

两党制，指的是在一个资本主义国家中，存在两个势均力敌的政党，它们通过竞选争得议会多数席位，或者取得总统选举的胜利轮流上台执政的政党制度，而不是只存在两个执政党。

两党制分为两种类型：一是议会内阁制的两党制，以英国为代表，它的特点是由在议会下议院中获得多数席位的政党组织政府，执政党不仅掌握行政权力，还掌握立法权力；另一种是总统制的两党制，以美国为代表，它的特点是由在总统选举中获胜的政党组织政府，执政党虽然掌握行政权，却不一定掌握立法权，因为总统选举和国会选举是分别进行的，国会的多数席位被在总统竞选中失败的另一党占据也是有可能的。

什么是多党制？

多党制指的是在一个国家中，由不确定的两个或两个以上的政党联合执政的政治制度。多党制国家中也有这种情况：一个政党控制多数议席而单独组阁，但这只是一种特殊情况。多党制始于法国。

多党制兴起于欧洲大陆国家的原因在于：这些国家社会结构有其复杂性，存在多元的利益、思想以及宗教，从而存在不同的政治主张，这样就出现了多党纷争的局面。同时，在选举制度上，这些国家大多采取比例代表制和少数代表制，所以一些小党也能取得选票，获得一定数量的议席，从而在议会选举中很难形成取得绝对多数议席的大党，这种选举制度对于巩固多党政治的局面是有利的。

第二次世界大战之后，世界上很多国家都建立了多党制。虽然在法律上和制度上这些国家允许任何政党可以单独或联合参加竞选，也可以在获得议会多数席位的情况下单独或联合执政，然而一个政党单独获得议会多数席位而执政的概率是极小的。党派联盟则是多党制下的政党参与竞争和执政的常见形式。由于各政党所代表的利益与政治主张不同，由党派联盟组成的政府也不稳定，往往导致政权更迭频繁。

什么是《汉谟拉比法典》？

《汉谟拉比法典》是古巴比伦王国国王汉谟拉比当政时制定的成文法典，旨在维护财产私有制，全面调整自由民之间的关系，巩固现存秩序。

法典制定的确切时间不清，大概

在公元前1791年或公元前1770年开始拟订，完成于巴比伦尼亚统一之后。汉谟拉比在位的第35年或40年用楔形文字刻写在一根高25公尺的黑色玄武岩石柱上，昭示天下、后人。石柱现存于法国卢浮博物馆。法典包括序言、正文、结尾三部分。序言充满神化、美化汉谟拉比的言辞。正文包括282条法律，涉及现代意义上的诉讼法、民法、刑法、婚姻法等内容，意在调解自由民之间的财产占有、继承、转让、租赁、借贷、雇佣等多种经济关系和社会、婚姻关系。

什么是《十二铜表法》？

《十二铜表法》是古代罗马共和时代制定的最早的成文法典。因传说刻在12块铜表上而得名。

它的颁布与平民反对贵族的斗争有关。平民要求编纂成文法典，以限制掌握司法权的贵族官员随意解释习惯法的专横行为。

《十二铜表法》内容庞杂，包括民法、刑法和诉讼程序，基本上是习惯法的汇编。

明文规定维护私有制度和奴隶主贵族的权益，保护私有财产，严惩破坏私有权者。债务法规定债权人可以拘禁不能按期还债的债务人，甚至将其变卖为奴或处死。家庭法给予家长对其家庭成员的绝对权力，可把子女出卖为奴。

该法典禁止贵族与平民通婚。继承法既实行遗嘱自由，又规定财产在氏族内继承；惩罚方法既采用罚金，又保存同态复仇。

《十二铜表法》对贵族滥用权力作了一些限制，按律量刑，贵族不能再任意解释法律，是后世罗马法的渊源，对于中世纪和近代欧洲法学也有重要影响。

为什么英国宪法被称为"柔性宪法"？

英国的宪法是由历史上不同时期和年代的成文法、习惯法和条例等具有宪法性的文件所构成的，英国国会可按普通立法程序制定、修改"宪法"，有顺应社会变化的灵活性，所以有"柔性宪法"或"不成文宪法"之称，这是英国宪法独具的特点。

英国宪法之所以称为柔性宪法，是由英国资产阶级革命的特点所决定的。英国革命后产生了资产阶级与封建主阶级分享政权的局面，使得最初的宪法必须反映两个阶级的利益。后来资产阶级向封建主阶级步步进逼，力图在宪法中更多地反映自己的利益，因而要求修改宪法的手续比较简便。这就是英国宪法称为柔性宪法的历史原因。

英国历史上出现过哪些宪法？

英国历史上具有宪法性的文献有很多，最早的是1215年的《自由大宪章》。17世纪英国资产阶级革命初期颁布的宪法性法律主要有1679年的《人身保护法》、1689年的《权利法》和1701年的《王位继承法》等，这些法律确定了英国的君主立宪制度。1911年的《国会法》使平民院和贵族院的权力关系有了明确的法律依据。1918、1928年的《国民参政法》规定了男女平等的选举资格。1931年的《威斯敏斯特条例》，即"不列颠帝国宪法"，规定了联合王国成员国内部关系的根本原则。这些都是英国的宪法性文献。

《独立宣言》为什么会被发布？

北美13州英国殖民地人民不堪忍受英国的殖民主义统治。1774年9月5日在费城召开了第一届大陆会议，通过了《权利宣言》，要求殖民地人民有生存、自由和财产的权利，并通过了与英国断绝贸易的决议案。1775年4月18日波士顿掀起反英武装革命，各州人民纷纷要求独立。同年5月10日召开了第2届大陆会议，在广大人民要求独立的呼声推动下，7月2日第2届大陆会议通过了宣告独立的决议，7月4日会议通过并发布《独立宣言》。

《独立宣言》有什么重要意义？

《独立宣言》是由托马斯·杰斐逊起草的。它在历史上首次以政治纲领的形式，提出了资产阶级关于"天赋人权"和"人民权利"的主张。《宣言》庄严宣告："人人生而平等"，每个人"都有生命自由权和追求幸福权"。《宣言》列举了英国于立法、司法、行政、军事和贸易等方面在北美殖民地的罪状，提出殖民地独立是"合法"的，是"尊重人类公意"的正义行动，并向

★独立宣言

全世界庄严宣告，北美13个殖民地与英国断绝一切隶属关系，成立"美利坚合众国"。《独立宣言》是世界历史上一篇著名的革命文献，是后来法国大革命中发表的《人权宣言》的蓝本，马克思称它是"第一个人权宣言"。

什么是人权宣言？

人权宣言是18世纪法国资产阶级革命中有关人权的纲领性文件，全称《人权与公民权宣言》。1789年7月9日，第三等级代表穆尼埃在制宪议会上提议，为防止国王利用专制权力解散议会和逮捕议会代表，应在新制定的宪法前面加上一个关于人的权利的宣言。议会经过对各种草案逐字逐句的讨论，最后确定17项条款，于8月26日正式通过《人权宣言》。《人权宣言》后来经过修改作为序文写入1791年宪法。

近代第一部资产阶级成文宪法是什么？

美国宪法即1787年宪法，也称为联邦宪法。它是世界近代史上第一部资产阶级成文宪法。1787年5月至9月，"以修改《邦联条例》为唯一的和明确的目的"以"使全国体制足以应付政府的紧急事务和保全联邦"为名义，除罗德艾兰之外的当时美国12个州的55名代表汇聚费城，由乔治·华盛顿任会议主席，经多方讨论、协商和妥协，制定出一部新宪法，即1787年宪法。其主要起草者是詹姆斯·麦迪逊。

《法国民法典》的内容是什么？

《法国民法典》是资产阶级国家最

早的一部民法典，是1789年法国资产阶级大革命的产物，于1804年公布施行。经过多次修订，现仍在法国施行。它最初定名为《法国民法典》，1807年改称为《拿破仑法典》，1816年又改称为《民法典》，1852年再度改称为《拿破仑法典》，但从1870年以后，在习惯上一直沿用《法国民法典》的名称。

《法国民法典》于1804年3月21日通过。法典除总则外，分为三编，《法国民法典》第一版封面共2281条。第一编是人法，包含关于个人和亲属法的规定，实际上是关于民事权利主体的规定。第二编是物法，包含关于各种财产和所有权及其他物权的规定，实际上是关于在静态中的民事权利客体的规定。第三编称为"取得所有权的各种方法"编，内容颇为庞杂：首先规定了继承、赠与、遗嘱和夫妻财产制；其次规定了债法，附以质权和抵押权法；最后还规定了取得时效和消灭时效。实际上，该编是关于民事权利客体从一个权利主体转移于另一个权利主体的各种可能性的规定。

《德国民法典》是如何出现并发展的？

《德国民法典》是德意志帝国在1896年制定的民法典。

1900年1月1日施行，以后为德意志共和国、德意志联邦共和国继续使用。

这是继《法国民法典》之后，资本主义国家第二部重要的民法典。它继承罗马法的传统，结合日耳曼法的一些习惯，并根据19世纪资本主义经济发展的新情况而制定，因而在内容上超出了自由资本主义时期法律原则的范围，在一定程度上适应了垄断资本主义时期的需要。但它在某些地方仍保留了德国容克地主经济的特点。

在立法技术上，它与《法国民法典》有所不同，用语明确简练。全文共2385条，分为五编：总则、债务关系、物权、亲属、继承。另附施行法218条，多系适用法律的规则。这部法典的部分条文经过多次修改，纳粹统治时期修改较多。

第二次世界大战后，对亲属和继承两编修改较大。其他三编，也为一些单行法所修改或补充，但法典基本内容未变。这部法典对一些国家法律影响很大。

瑞士、奥地利、日本、泰国和中华民国时期的中国民法典，都在不同程度上参照了这一民法典，因而西方法学界认为，《德国民法典》在大陆法系中是与法国法系并立的德国法系的代表性法典。

什么是大陆法系？

大陆法系是欧洲大陆大部分国家从19世纪初以罗马法为基础建立起来的以1804年《法国民法典》和1896年《德国民法典》为代表的法律制度，以及其他国家或地区仿效这种制度而建立的法律制度。又称民法法系、罗马—日耳曼法系、成文法系。在西方法学著作中多称民法法系，中国法学著作中惯称大陆法系。它是西方国家中与英美法系并列的渊源久远和影响较大的法系。

什么是英美法系？

英美法系是英国从11世纪起主要以源于日耳曼习惯法的普通法为基础，逐渐形成的一种独特的法律制度以及仿效英国的其他一些国家和地区的法律制度，西方国家中与大陆法系并列的一种历史悠久和影响较大的法系。又称普通法系、英国法系、判例法系。

国际法经历了什么样的演变过程？

国际法是在国际交往中调整国家间相互关系的原则和规范的总称。国际法这个名词的由来有它的演变过程。1625年荷兰法学家格劳秀斯在其著作《战争与和平》中，用拉丁文定名为"万民法"。1650年英国法学家苏支以拉丁文改称为"万国法"。1780年英国哲学家边沁正式采用"国际法"一词。

现代国际法的渊源主要是公认的国际条约和国际惯例。此外，各国政府发表关于国际事务的文件、国际仲裁法庭和国际法院的判决、国内立法与法院判决、国际组织决议以及权威公法学家的学说，也被有些学者列为国际法的渊源。

国际法的基本原则是什么？

国际法的基本原则，是指在国际法的原则和规范中起指导作用的那些原则。当代，中华人民共和国所倡导的"和平共处五项原则"已发展成为现代国际法的基本原则，并在联合国通过的一系列决议和文件中得到了确认。此外，还有人提出"维护和促进国际和平及安全的原则"，"促进国家间经济、社会、文化各方面合作的原则"，也是国际法的基本原则。其实，这些原则都是"和平共处五项原则"的具体运用。

希波战争是如何进行的？

希波战争（前500～前449年），希腊城邦与波斯帝国之间的战争。直接源于小亚细亚希腊城邦反波斯统治的暴动。

公元前6世纪下半叶，波斯将小亚细亚西海岸希腊城邦并入帝国版图，安插政治代理人和征收贡赋，引起希腊人强烈不满。

公元前512年，大流士一世侵入欧洲，败归。

小亚细亚希腊人乘势而起，于公元前500年起义。雅典和埃列特里亚两邦应邀军援。雅典出兵一方面因同小亚细亚希腊城邦起义者同族，另一方面因波斯收留雅典民主制的敌人希庇亚斯，干涉其内政。埃列特里亚则出于对起义首领米利都过去帮助的回报，希波战争因而爆发。

公元前494年，波斯国王大流士一世残酷镇压了小亚细亚希腊人起义后，借口雅典等邦的介入，遂向希腊本土进军。公元前492年，波斯第一次入侵因海军被风暴吞没而夭折。

公元前490年，波斯第二次入侵。希腊许多城邦表示臣服，斯巴达动摇不定，雅典坚决抗战，会同友邦普拉提亚，在马拉松会战中大败波斯军队，鼓舞起希腊人的勇气。

公元前480年，继位的波斯国王薛西斯亲率陆海军约几十万人，战舰千艘发动第三次入侵。31个希腊城邦以斯巴达为首联合起来，步兵11万，战舰400艘。首战温泉关，斯巴达国王李奥尼达与300战士壮烈牺牲，通向中希腊门户打开，波军攻占雅典。不久，双方海军在萨拉米斯海湾决战，以雅典海军为主的联军舰队胜。

整个战局被扭转，失去制海权的薛西斯返回亚洲，留驻陆军于次年同希腊

联军决战于中希腊普拉提亚,惨败。

联军由防御转为进攻,在米卡尔海角消灭波斯海军残余。保守的斯巴达退出战争,雅典取得战争领导权,建立提洛同盟,与波斯争夺爱琴海霸权,互有胜负。

希波战争造成了什么样的影响?

公元前449年,希腊和波斯双方缔结和约,波斯放弃对小亚细亚希腊城邦的统治,承认雅典在爱琴海的霸权。希腊人胜利的主要原因在于希腊人进行的是反侵略的正义战争,士兵殊死作战,将领善于指挥,而波斯军多系受裹胁的被征服者,士气低落。在古代战争主要靠近距离肉搏条件下,士气和将领临战的指挥艺术对胜负往往起着决定作用。战争促进了希腊奴隶制经济的发展,巩固了雅典等邦的奴隶主民主制度,改变了希腊邦际关系的格局。战后雅典加剧了与老霸主斯巴达的争夺,从而为后来伯罗奔尼撒战争铺平了道路。

为什么伯罗奔尼撒战争会爆发?

引起战争的根本原因在于两霸对希腊控制权的争夺,"雅典势力的增长引起斯巴达的恐惧"。

战争导火索是雅典同斯巴达盟友科林斯等邦的冲突,科林斯吁请伯罗奔尼撒同盟向雅典宣战。

公元前431年,斯巴达通牒雅典遭拒,战争旋即展开,分三阶段:前10年为第一阶段,双方相持,互有胜负。公元前421年,因两方均需喘息而签订50年和约。公元前415~前413年为第二阶段,战争急剧转折。雅典远征西西里,

5万多军队和200余艘战舰覆没,处境被动。公元前413~前404年为第三阶段。提洛同盟成员纷纷起义,雅典国内政治斗争尖锐化,一度发生寡头政变。

公元前405年,得到波斯资助的伯罗奔尼撒舰队全歼雅典舰队,彻底粉碎雅典的海上霸权。

公元前404年4月,雅典城在四面被围、粮草断绝的情况下投降。被迫拆毁城墙,仅留12艘舰只,加入伯罗奔尼撒同盟。对于双方来说,这场战争都是非正义的。斯巴达的胜利使其暂时成为全希腊的霸主。但各邦的矛盾不仅没有解决,且更加激化。

什么是布匿战争?

布匿战争是公元前264~前146年古代罗马与迦太基之间的3次战争。罗马人称迦太基人为布匿,因此得名。第一、二次布匿战争是作战双方为争夺西部地中海霸权而进行的扩张战争,第三次布匿战争则是罗马以强凌弱的侵略战争。

第一次布匿战争的过程是什么?

第一次布匿战争发生在公元前264~前241年。公元前3世纪时,迦太基是地中海西部强大的奴隶制国家。

罗马于公元前3世纪上半叶统一意大利后,与迦太基对峙。两国争夺西西里岛导致第一次布匿战争。

导火线是墨西拿事件:在皮洛斯战争期间,叙拉古雇佣军中的一批意大利人强占了西西里岛东北端的墨西拿。公元前265年,这些意大利人因与叙拉古僭主发生冲突而处于不利形势,分别求助于迦太基和罗马。迦太基抢先控制了墨

西拿。

公元前264年罗马军队开进西西里，揭开战幕。罗马先后占领墨西拿和阿格里琴托，迫使叙拉古与之结盟，但迦太基在海上却占优势。在公元前260年的米列海战中，罗马舰队获胜。公元前256年罗马海军又在埃克诺穆斯海角大胜。同年罗马远征军在非洲登陆，但以失败告终。

此后主要战场移到西西里，罗马在陆战中略占上风。公元前241年，罗马海军以新建的200艘战船组成的舰队于埃加迪群岛附近大败迦太基舰队。迦太基被迫求和，割地赔款，将西西里及其附近利帕里群岛让给罗马。公元前238年罗马又出兵强占了撒丁和科西嘉。

第二次布匿战争的过程是什么？

第二次布匿战争发生在公元前218～前201年。公元前237年，迦太基将领哈米尔卡·巴卡率军进入西班牙。至公元前221年其子汉尼拔掌军权时，埃布罗河以南地区已为迦太基人控制。

公元前218年，汉尼拔率领庞大雇佣军，从西班牙东南沿海的新迦太基出发，经高卢南部，翻越险峭难行的阿尔卑斯山，出奇兵突袭意大利，在特列比亚河畔击败罗马军队。次年春，罗马人在特拉西梅诺湖畔遭汉尼拔伏击，几乎全军覆没。随后汉尼拔率军南下。公元前216年，罗马两执政官率军与迦太基军会战于坎尼。汉尼拔采用两翼包抄战术，重创罗马军队。此后，南部意大利许多城市归顺汉尼拔。

公元前211年，罗马严惩倒向汉尼拔的同盟者，攻陷叙拉古和卡普亚。公元前209年，占领新迦太基。公元前207年

又在意大利北部歼灭了来自西班牙的援军。罗马名将大西庇阿肃清迦太基在西班牙的势力后，于公元前204年率军远征北非。次年汉尼拔奉召回国，双方于公元前202年在扎马决战，汉尼拔失败。公元前201年订立和约，迦太基被迫放弃北非以外的一切属地，交出舰队（仅保留10艘巡逻舰）和战，在50年内赔款1万塔兰特，规定非经罗马允许不能与其他国家交战。迦太基丧失了军事和外交的自主权。

第三次布匿战争的过程是什么？

第三次布匿战争发生在公元前149～前146年。迦太基战败后，在政治上一蹶不振，到公元前2世纪时又迅速复兴，招致罗马的嫉恨，决心消灭迦太基。公元前150年努米底亚国王马西尼萨进犯迦太基，后者被迫自卫。罗马借口迦太基破坏和约，于公元前149年向迦太基宣战，第三次布匿战争开始。

罗马军队在北非登陆后，迦太基曲意求和，答应交出人质和武器。但罗马提出极为苛刻的条件：强令拆毁迦太基城，居民迁至距海至少15千米的内地等。迦太基人奋起抵抗。罗马军队围攻迦太基城两年未果。

公元前146年春，迦太基发生饥荒，疾病流行，罗马军才得破城而入。迦太基陷落后，城市被夷为平地，25万居民经过战争幸存的约5万人，均沦为奴隶。

罗马在迦太基设置了阿非利加行省，取得了西地中海的霸权。

什么是百年战争？

百年战争是英法两国于1337～1453

年间断断续续进行的百余年战争。12世纪中，英国金雀花王朝在法国占有广阔领地，12～13世纪，法国国王逐渐夺回部分被英王占领的土地。14世纪初，英国仍占据法国南部阿基坦地区，成为法国政治统一的最大障碍。双方还争夺富庶的佛兰德地区。佛兰德毛纺业主要依赖英国的原料，英国则从羊毛贸易中获取巨利。1328年，法国占领佛兰德，英王爱德华三世（1327～1377年在位）下令禁止羊毛出口。佛兰德因失去原料来源，转而支持英国。战争的导火线主要是王位继承问题。1328年，查理四世去世，法国卡佩王朝绝嗣，支裔瓦卢瓦家族的腓力六世继位，英王爱德华三世以法王查理四世外甥的资格，与腓力六世争夺王位，触发战争。

百年战争的过程是什么？

1337年11月英王爱德华三世率军进攻法国，战争开始。

1340年，英法两国发生海战，法军战败。英国控制了英吉利海峡。1346年8月，双方在克雷西会战，英军大捷，乘胜进入诺曼底。1347年攻占法国的加莱。1356年9月，普瓦提埃之战，法军大败，法王约翰二世（1350～1364年在位）及众臣被俘，英借此向法国索取巨额赎金。1360年法国王子查理被迫签订屈辱的《布勒丁尼和约》，把加莱及法国西南部大片领土割让给英国。

1364年，王子查理继位，称查理五世（1364～1380年在位），为了夺回失地，改编军队，整顿税制，紧张备战。1369年起连续发动攻势，几乎收复全部失地，1396年双方缔结二十年停战协定。

1415年8月，英王亨利五世（1413～1422年在位）趁查理六世（1380～1422年在位）即位后法国统治阶级发生内讧之机，领兵进攻法国，10月占领法国北部。1420年，双方签订《特鲁瓦条约》，条约规定法国王太子的王位继承权转归英王亨利五世，亨利五世与查理六世之女结婚。这项条约实际上将法国分为由亨利五世、勃艮第公爵和法国王太子查理分别统辖的三个部分。1422年法王查理六世与英王亨利五

★百年战争

世先后去世，英方宣布由未满周岁的亨利六世（1422～1461年，1470～1471年在位）兼领法国国王。1428年10月，英军围攻通往法国南方的要塞——奥尔良城，形势危急。法国人民组成抗英游击队，袭击敌人。1429年，法国女民族英雄贞德率军击退英军，解奥尔良城之围。此后，法国人民抗英运动继续高涨，英军节节败退。1429年7月，法国王子查理在兰斯加冕，称查理七世。1435年勃艮第公爵臣服于法王。1453年10月，驻波尔多英军投降，除加莱外，法国领土全部收复。至此，百年战争以法国的胜利而结束。

什么是拿破仑战争？

拿破仑战争是1793～1815年拿破仑一世指挥法国军队对抗反法联盟的一系列战争。战场主要在欧洲大陆。

拿破仑战争前期主要是反封建的民族战争，具有进步性；后期转变为主要是掠夺奴役其他民族的侵略战争。拿破仑的军事艺术主要是集中优势兵力，以进攻为主要手段，以歼灭敌人兵力为主要目标。他的作战方法灵活，随机应变，常采取快速机动和出敌不意的行动，取得以少胜多、以劣胜优的战绩。拿破仑的军事思想在军事史上占有重要地位。

第一次反法联盟是如何被粉碎的？

法国大革命开始后，欧洲各君主国企图对法国武装干涉。1793年3月，英国、俄国、奥地利、普鲁士、西班牙、荷兰、撒丁、那不勒斯等国组成第一次反法联盟。9月，拿破仑·波拿巴在土伦要塞任炮兵指挥，战胜王党和反法联军，被破格提升为准将。1794年6月在比利时弗勒吕斯大败联军，迫使一些国家退出反法联盟，只有英、奥继续对法作战。1796年3月，拿破仑奉命远征在奥地利统治下的意大利北部，在利沃利等战役中大败奥军，1797年10月迫使奥地利签订《坎波福尔米奥和约》，粉碎第一次反法联盟。

第二次反法联盟是如何解体的？

法国督政府于1798年初任命拿破仑为远征军司令进行东征，以阻碍英国和东印度之间的贸易。同年7月初，法军在埃及登陆。拿破仑的远征以及法国在荷兰、瑞士势力的扩大，促使反法国家于1799年建立第二次反法联盟，主要参加者有英国、奥地利、俄国及奥斯曼帝国。1799年11月9至10日（雾月18至19日）拿破仑发动政变，成立执政府，拿破仑任第一执政，后为终身执政。拿破仑执政后，开始进攻英国在欧洲的盟国，以孤立英国。1800年占领了意大利。1801年2月9日法奥签订和约。1802年3月26日法英签订《亚眠和约》，第二次反法联盟解体。

第三次反法联盟从建立到解体的经过是什么？

1803年5月法英重开战端，拿破仑占领汉诺威。1804年拿破仑称帝。同年英国首相皮特组织第三次反法联盟，参加者主要有英国、俄国、奥地利。1805年8月27日法国开始进攻西进的奥俄联军。11月13日法军进入维也纳，旋即渡过多瑙河。12月2日，拿破仑一世亲自指挥法

军在奥斯特利茨与俄奥联军决战。俄奥联军约5万人阵亡，2万人被俘，炮兵几乎被全歼。而法军损失不到9000人。12月26日双方签订《普莱斯堡和约》。第三次反法联盟解体。但是，同年10月21日，法国和西班牙联合舰队在特拉法尔加海战中被英国舰队摧毁。

第四次反法联盟从建立到解体的经过是什么？

为了巩固在德意志中西部的统治，拿破仑一世于1806年7月建立莱茵同盟。1806年9月英国、俄国、普鲁士、萨克森等建立第四次反法联盟。1806年10月8日法普开战，在耶拿和奥尔施泰特进行两次战斗，普鲁士投入17万余人，全军覆没。10月27日拿破仑一世进入柏林，11月21日在柏林颁布大陆封锁令，对英国进行经济战。大陆封锁妨碍俄国农业原料销往英国，导致俄国对法宣战，但俄军节节失利。1807年6月19日，法军直驱涅曼河，俄军建议休战。至1807年7月7～9日，法国同俄、普先后签订《提尔西特和约》。第四次反法联盟瓦解。

第五次反法联盟从建立到解体的经过是什么？

为执行对英国的大陆封锁令，1807年11月29日法军进入葡萄牙里斯本。1808年3月23日又攻占了马德里。5月10日，拿破仑一世任命其兄约瑟夫为西班牙国王。1809年1月，英国、奥地利结成第五次反法联盟。1809年4月奥军在巴伐利亚阿本斯贝格同法军激战，奥军损失3万多人。5月拿破仑一世进入维也纳。7月6日奥军在瓦格腊姆惨败，奥地利皇帝请求停战，10月14日签订《维也纳和约》。第五次反法联盟自行解体。

第六、七次反法联盟是如何坎坷取得胜利的？

1812年，拿破仑一世率51万大军远征俄国，在6月24日渡过涅曼河。9月15日，法军进入莫斯科。10月19日，拿破仑军队因饥寒所逼，撤离莫斯科。俄军反攻，法军节节败退。到12月损失兵力近45万人。12月6日，拿破仑一世回国。1813年春，俄国、英国、普鲁士、西班牙、葡萄牙和瑞典等国组成第六次反法联盟。奥地利于8月加入。联军总人数85万，拿破仑军队约55万人。8月27日在德累斯顿发生大战，拿破仑一世获胜。10月双方在莱比锡会战，拿破仑军队中的萨克森军队全部倒戈，法军惨败。1814年1月，联军跨过莱茵河。3月30日守卫巴黎的马尔蒙元帅投降，盟军进入巴黎。4月6日，拿破仑一世被迫退位，20日，被放逐到厄尔巴岛。1815年2月26日，拿破仑一世离开厄尔巴岛，3月20日晚进入巴黎，开始百日统治。为了对付反法联盟军，拿破仑一世开始招募军队进攻联军。这时英国、俄国、奥地利、普鲁士组织第七次反法联盟。6月18日，拿破仑一世在滑铁卢大败，22日，拿破仑第二次退位，被流放到圣赫勒拿岛。

美国南北战争为什么会发生？

南北战争是1861年4月～1865年4月，美国南方与北方之间进行的战争，又称美国内战。北方领导战争的是资产阶级。在南方，坚持战争的只是种植场奴隶主，他们进行战争的目的是把奴隶制度扩大到全国，而北方资产阶级的目的在于打败南方，以便恢复全国的统一。

美国是如何走向统一的？

1863年，北方在军事上出现转机。同年7月1日葛底斯堡大捷，歼灭南军8万人，成为内战的转折点。战场上的主动权转到北方军队手中。1864年，北方最高统帅采用新的战略方针：在东、西两线同时展开强大攻势。在东线以消耗敌人的力量为主要目标；在西线用强大兵力深入敌方腹地，切断"南部同盟"的东北部与西南部的联系。

1864年9月，谢尔曼将军麾下的北军一举攻下亚特兰大，两个月后开始著名的"向海洋进军"，在进军中彻底摧毁了敌人的各种军事设施，使南方经济陷于瘫痪。在东线，格兰特将军统率北军把敌军驱逼到叛乱"首都"里士满附近。1865年初，奴隶纷纷逃亡，种植场经济濒于瓦解。北方海军实行的海上封锁，几乎断绝了南方与欧洲的贸易。同时，在南方内部也出现反对派，许多小农加入联邦派从事反战活动。南方逃兵与日俱增，粮食及日用品匮乏。1865年4

★美国南北战争

月9日，R.E.李的部队陷入北方军队的重围之中，被迫向格兰特请降。美国内战终止，美国恢复统一。

什么是普奥战争？

普奥战争是1866年普鲁士统一德国的决定性战争。

奥地利和普鲁士长期以来争夺德意志的统治权。普鲁士宰相俾斯麦决定用战争解决问题，为此作了周密准备。1866年初，以含糊的许诺争取法国中立。

4月，与意大利缔结秘密军事同盟。普军经过改革，装备了先进的后膛枪和线膛后装炮，擢升了年轻能干的军官，制定了速战速决的战略计划。

6月7日，普军侵入奥地利管辖的霍尔施坦公国，战争爆发。萨克森、巴伐利亚、汉诺威、黑森等邦支持奥地利。北德意志各邦、汉堡等自由市支持普鲁士。20日，意大利参战。普军用发达的铁路线快速调动，用电报统一指挥。7月3日，在萨多瓦（今捷克境内）会战中，重创奥军主力。俾斯麦否定军队将领关于攻占维也纳的主张，于7月26日与奥缔结停战协定。战争历时七个星期，亦称七星期战争。8月23日，普奥签订《布拉格和约》，规定德意志邦联议会解散。9月，普吞并汉诺威、黑森—加塞尔、什列斯维希—霍尔施坦等地。翌年，成立以普为首的北德意志联邦，基本实现排除奥地利的德意志统一。

什么是普法战争？

普法战争是普鲁士为完成德意志统一和争夺欧陆霸权与法国进行的一次战争。普法战争结束了法兰西第二帝国及法国的

欧陆霸权。德意志实现了在普鲁士统治下的统一，建立了德意志帝国。德国对法国领土的占领和掠夺改变了战争初期的客观进步性质，使法德结为世仇。

英布战争的经过是什么？

英布战争是1899～1902年英国和布尔人争夺对南非的殖民统治权的战争，又称布尔战争或南非战争。

19世纪末，南非有两个布尔人（荷兰人后裔）共和国——德兰士瓦和奥兰治，两个英国殖民地——开普敦和纳塔尔。1867和1884年在奥兰治和德兰士瓦境内先后发现金刚石矿和金矿后，英国和布尔人争夺加剧。1877年，英国武装吞并德兰士瓦。1880年12月至1881年3月，布尔人与英军进行战斗，是为第一次英布战争。

8月，英国被迫承认德兰士瓦恢复独立。1895年，英国殖民当局策划组织"詹姆森袭击"，遭到失败。1899年，英国借口布尔人共和国不给非荷

★英布战争

兰人以选举权，陈兵德兰士瓦边境。10月11日，布尔军队在英军拒绝撤离后，攻入纳塔尔，揭开战幕。战争伊始，布尔军队依靠人数和熟悉地形的优势，取得辉煌战果。1900年，英军更换将领，并从英国、印度、加拿大、澳洲等地调来援军，兵力十倍于布尔军队。2月，英军从防守转为进攻，3月，占领奥兰治首都布隆方丹，5月，占领德兰士瓦首都

比勒陀利亚。布尔军队化整为零，展开游击战。英军则实行焦土政策，焚毁农庄，将200万人赶入集中营，在铁路沿线建造8000个碉堡，还不时扫荡游击区。1902年5月31日，布尔人游击队代表会议决定投降，当夜英布签订《韦雷尼京》条约，布尔人承认英国的统治权，英军则允许布尔人成立自治政府，同时赔偿300万英镑。1910年，英国将南非4个殖民地合并成南非联邦。

英布战争是帝国主义形成的主要历史标志之一。

美西战争为什么会爆发？

美西战争是1898年4至7月美国与西班牙之间进行的一场战争。这是世界近代史上第一次重新瓜分殖民地的帝国主义战争。

主要起因是美国侵占古巴的企图。1898年4月，美趁古巴掀起反抗西班牙统治的独立战争胜利在望之机，借口美舰"缅因"号在哈瓦那港爆炸事件，对西班牙宣战。双方交战3个月，主要是在古巴和菲律宾进行，互有胜负，但美军在海战中大获全胜。8月12日，双方同意停止军

★美国南北战争

事敌对行动。12月10日，美国和西班牙在巴黎正式签订和约。通过这场战争，美国占领了古巴、波多黎各、关岛、菲律宾。

它是美国由自由资本主义向垄断资本主义转变的标志，亦是世界资本主义向垄断过渡的主要历史标志之一。

凡尔登战役的过程是什么？

凡尔登战役是第一次世界大战期间德法在凡尔登地区进行的大会战，由1916年2月21日至12月18日的一系列战斗组成。

1916年，德军作战重心转回到西线。总参谋长法金汉主张，通过一次大规模战役，使法军力量全部投入，消耗殆尽。德军统帅部选择凡尔登为"碾碎法军的磨盘"。

2月21日，德军由威廉皇太子指挥，集中近700门大炮，辅之以飞机，向凡尔登马斯河左岸的法军阵地发起猛攻。法军被迫退至马斯河右岸。

自2月27日起，法国用3700辆汽车运送援兵和武器，组织了有效的防御。双方不断增加兵力，反复冲杀，形成拉锯战。德军仅推进7公里。

6月初，德军20个师第二次大举进攻，一直打到法军最后一道防线，但始终未能突破。

8月，法军发起反击。10月24日，转入反攻。到12月18日，收复了原防守阵地。德军战略计划破产。

该战役是第一次世界大战中规模最大、时间最长的战役，双方损失惨重，法军伤亡40多万人，德军伤亡近35万人。

敦刻尔克撤退的过程是什么？

敦刻尔克撤退是第二次世界大战中英、法军队在敦刻尔克进行的重要军事撤退行动。

1940年5月10日，德军分三路进攻西欧，占领荷、比、卢三国，主力越过阿登山区侵入法国，直扑英吉利海峡。

英法联军军事战略保守，指挥不当，作战失利，遭到分割，近40万军队溃退至法国西海岸的敦刻尔克地区，面临全军覆没的危险。

德军先头坦克部队受命暂缓前进，使英法联军得以巩固防御工事，掩护实施从海上撤退至英国的"发动机计划"。

自5月26日至6月4日，英国动用800余艘各种类型船只，冒着德机的轰炸，将20万英军和13万法比军队由英吉利海峡撤至英国。

什么是不列颠空战？

不列颠空战是第二次世界大战中因德军准备侵入英国，对英国进行大规模空袭而进行的空战。

德军占领西欧大陆后，诱英妥协失败，希特勒于1940年7月下令实施全面入侵英国的"海狮计划"。为夺取制空权，把占有优势的英国海军赶出英吉利海峡，给入侵扫清道路，并迫使英国屈服，自7月10日开始德国空军对英国本土进行了大规模的连续空袭。德军最初主要目标是英军的军舰、海军基地、机场和雷达站。9月7日起转而主要轰炸伦敦等重要城市，企图摧毁英国军民的抵抗意志。德军动用了2000架左右飞机，飞行6万多架次，投掷了6万吨炸弹，给英国造成重大损失。首都伦敦破坏严重，形势严峻。

英国军民在丘吉尔政府领导下团结一致，奋力抵抗。仅拥有1000余架飞机的皇家空军充分利用本土上空作战的优势，使用刚刚发明的雷达早期预警，以915架飞机的代价使德国损失飞机1733架，飞行员6000名，并对德国进行了有效还击。德军无法实现战役目的，同时希特勒的注意力也转向东方，准备进攻苏联，因而"海狮计划"的实施无限期推迟。10月初，德国空军转入夜袭，不列颠空战接近尾声。

此次空战是第二次世界大战中规模最大、时间最长的空战。英国取得自卫战的胜利，希特勒的军事冒险受到严重的挫败，有力地鼓舞了世界各国人民反法西斯斗争的信心。

苏德战争为什么会爆发？

苏德战争是苏联人民与纳粹德国及其仆从国家进行的战争，又称苏联卫国战争。

★苏德战争

法西斯德国侵苏蓄谋已久，在占领北欧和西欧大陆后，于1940年底制定了代号为"巴巴罗萨"的对苏作战计划。1941年6月22日凌晨，德国撕毁《苏德互不侵犯条约》，纠集芬兰、匈牙利和罗马尼亚等国，出动550万兵力、近5000架飞机和4000多辆坦克，分兵三路突然向苏联发起全线进攻，企图在三个月内征服苏联。苏德战争爆发。

苏德战争期间双方是如何进行作战的？

苏联人民在以斯大林为首的党和政府的领导下奋起反击，开始了卫国战争。在战争初期，苏联处于防御阶段，因对德国的突然袭击准备不足，作战严重失利，损失惨重。至7月中旬，苏军28个师被击溃，70个师人员、武器损失过半。德军进攻凶猛，进展顺利，深入苏联腹地300～600公里，占领了立陶宛、拉脱维亚、乌克兰、白俄罗斯等广大地域。9月，德军在南路占领基辅，在北路包围列宁格勒，在中路进攻莫斯科。苏军在1941年9月～1942年1月的莫斯科会战中展开积极防御，获胜，粉碎德军"闪击战"计划。德军虽仍处于战略优势，但已无力发动全线进攻，遂调集兵力于南线。1942年7月～1943年2月，双方展开斯大林格勒战役。此役苏军歼敌150万，开始转入战略反攻阶段，从根本上扭转了苏德战争和第二次世界大战的战局。此时，苏联战时军事工业已得到迅速恢复和发展，武装力量大大增强。1943年7月希特勒企图制造一个"德国的斯大林格勒"以挽回败局，投入70万兵力，进攻库尔斯克，结果又遭惨败，损兵50余万。此后，苏军完全掌握了战场的主动权，展开全面反攻，解放斯摩棱斯克、顿巴斯、基辅等地，至1943年年底收复被占领土2/3。

1944年，苏军连续进行对德军的十次打击，将德军全部逐出国土并进入东南欧作战，与当地人民的武装斗争配合，推翻了各国的法西斯政权，肃清其境内的德国军队。1945年初，苏军全线展开强大攻势，攻占东普鲁士和西里西

亚，逼近德国首都柏林。4月16日苏军发起最后冲击，于5月2日攻克柏林。5月8日德国投降，苏德战争结束。

什么是莫斯科会战？

莫斯科会战是第二次世界大战期间入侵的德军与苏军在莫斯科近郊进行的会战。

苏德战争爆发后，德军取得暂时胜利，北南两线分别攻占基辅和包围列宁格勒后，遂集中其苏德战场上总兵力的50%于中路，进攻莫斯科，企图一举占领该城，消灭苏军主力，结束对苏战争。

会战自1941年9月30日开始。

在10月攻势中，德军进行了3次大包围。大批红军被俘，形势十分危急，苏联政府部分机构和外交使团迁往外地。德国曾令各报在10月12日留下头版位置，以刊载"特别重要的消息"，意即攻陷莫斯科。莫斯科军民在斯大林的亲自指挥下采取攻势防御，浴血奋战，使德军进攻能力于10月底减弱。

11月15日，德军发起第二次大规模进攻，一度占领距莫斯科仅24公里的伊斯特腊。由于苏军的顽强阻击，德军南北两翼包围、中央突破的企图未能实现。苏军在防御期间，集中后备力量，自12月6日起转入反攻，至1942年初前进了100～250公里，解除了对莫斯科的包围。尽管希特勒为挽回败局亲自任陆军总司令，仍未能阻止德军的溃退。

1942年1月8日至4月20日，苏军在莫斯科方面全线反攻，进一步扩大了战果，把敌军击退150～400公里。苏军在敌强我弱的形势下保卫了首都，消耗德军大批有生力量，削弱德军的军事优势，收复部分失地。

此战役是德国法西斯在第二次世界大战中所遭到的第一次军事大失败，标志着德国"闪击战"和"德军不可战胜"神话的破灭，极大地鼓舞了苏联和世界人民取得反法西斯斗争胜利的信心。

太平洋战争全面爆发的标志是什么？

珍珠港事件是第二次世界大战期间，日本未经宣战偷袭美国海军基地珍珠港的事件。

珍珠港位于夏威夷群岛中心的瓦胡岛南端，是美国在太平洋上最大和最重要的海军基地，太平洋舰队停泊于此。

1940年，日本为摆脱侵华战争的困境，掠夺东南亚的资源，打击英美势力，独占东亚，确定南进方针，引起美日矛盾加剧。

日本一面与美国进行谈判，一面完成对美战争的准备，由联合舰队司令山本五十六制定了偷袭珍珠港的作战计划，企图一举歼灭美国太平洋舰队，解除南进的海空威胁。

1941年12月当地时间7日晨（星期日，东京时间8日），南云忠一中将率领

★珍珠港事件

日本特遣舰队秘密开抵珍珠港以北230英里处，于7时55分发动突袭。

第一批183架飞机攻击历时30分钟，随后第二批171架飞机扩大战果，攻击历时约50分钟。

战斗进行期间，日本使节在华盛顿向美国政府递交了宣战的备忘录。

美军麻痹大意，毫无戒备，反击无力，以致出现应战美机被己方炮火击落的情况，损失惨重，被击毁击沉大型舰只19艘，飞机300架左右，死伤3600余人，除不在港内的航空母舰等舰只外，太平洋舰队几乎全军覆没。

日本只损失20余架飞机和少量小型潜艇。在偷袭珍珠港的同时，日军向东南亚和中南太平洋地区发动进攻。8日，美、英、中等国对日宣战，德、意对美宣战，太平洋战争全面爆发。

彻底攻破"大西洋壁垒"的登陆作战是什么？

诺曼底登陆战是第二次世界大战中，美英盟军反攻西欧大陆在法国诺曼底进行的登陆战役。

1943年第二次世界大战发生根本转折。英美在8月召开的魁北克会议上决定于1944年5月实施从法国打进欧洲大陆的"霸王"作战计划，开辟长期拖延未开辟的欧洲第二战场。

苏、美、英三国首脑在德黑兰会议对此最后加以确认。盟军计划由英国本土出发，横渡英吉利海峡，以法国西北部诺曼底为主攻方向。为此，盟军集结了86个师288万人，6 000余艘各类舰艇，37万架飞机，并大布疑兵之计，制造在加莱登陆的假象。

★诺曼底登陆战

德军防守力量不足，判断失误，防御重点放在加莱附近。1944年6月6日凌晨，气候恶劣。盟军3个空降师在登陆地域着陆，大批飞机和军舰轰击德军海岸防御工事，随后由船只运输的进攻部队登陆，突破希特勒吹嘘的"大西洋壁垒"，当晚即牢固地建立了5个滩头阵地。

德军试图反击未能奏效。6月12日，5个滩头阵地连成一条阵线。盟军在海面上建成两个人造港，后继部队和各种装备源源不断运来。至7月24日，盟军阵地已扩展到正面宽100公里、纵深30～50公里的范围，登陆部队超过100万人，歼灭德军10余万人，登陆任务胜利完成。此后，盟军大举进攻，解放了法国，攻入德国本土，与苏军配合，彻底打败法西斯德国。

苏联军队是如何攻克柏林的？

攻克柏林是第二次世界大战末期，苏军攻占法西斯德国首都柏林的战役。1945年春，反法西斯盟国军队从东西两线攻入德国本土。希特勒企图死守柏林，调集了100万防卫兵力，建成城市以东的3道防线和环城的3层防御圈，市区划为9个防御区，分兵固守。参与柏林战役的苏军共约250万人，占有显著优势。

4月16日，苏军在炮火掩护下发起进攻，很快突破外围防线和防御圈，完成对柏林市区的包围并与西线美军在易北河会师。

26日合围苏军采用多路向心突击的战术，开始强攻。在坦克和重炮的支援下，战役进展顺利，各防御点接连被攻克。

27日苏军突入到市区中心，29日将德军分割成孤立的三部分，30日苏军占领德国最高权力机构的象征——国会大厦。同日，希特勒在总理府地下室自杀身亡。

5月2日，防守柏林的德军停止抵抗，战役结束。5月8日，德军无条件投降。

洛克菲勒是如何垄断美国石油工业的？

约翰·D·洛克菲勒（1839～1937年），美国企业家、垄断资本家，美孚石油公司（标准石油）创始人。

洛克菲勒出生在纽约州里奇福德镇，自幼就有经商天赋。他曾将通过各种手段赚的50美元积蓄借给邻居，从而赚了一笔利息。可是由于父亲的原因他于1855年高中没毕业就辍学了，之后进入一家公司当了一个复式簿记员。1858年，他以12 800美元的积蓄加上从父亲那里借的1 000美元伙同克拉克成立了克拉克-洛克菲勒公司，经营农产品。由于经营得法，该公司在南北战争期间获利很多。1863年，洛克菲勒创办炼油厂。1865年他又创办了第二家炼油厂，成了克里夫兰最大的炼油企业。1866年，洛克菲勒成立纽约洛克菲勒公司，负责

石油出口。1870年，洛克菲勒将所创办的公司合并，成立了标准石油公司。此后，洛克菲勒通过巧取豪夺，在不到两年的时间吞并了20多家炼油厂，控制了所在州70%的炼油业、全部主要输油管和宾夕法尼亚州铁路的全部油车。接着他又将势力扩张到其他州。结果，经过八年的迅猛发展，他的美孚石油公司（标准石油）控制了美国95%的石油工业，成为美国历史上第一个托拉斯。

经济学的鼻祖学者是谁？

亚当·斯密（1723～1790年）是经济学的鼻祖。1723年，亚当·斯密出生于苏格兰法夫郡的寇克卡迪。

1723年至1740年间，亚当·斯密在格拉斯哥大学学完了拉丁语、希腊语、数学和伦理学等课程；1740年至1746年间，在牛津大学求学，在此期间他并未获得良好的教育，唯一收获是阅读了许多格拉斯哥大学缺乏的书籍。1750年后，亚当·斯密任教于格拉斯哥大学，不仅担任过逻辑学和道德哲学教授，还兼任学校行政事务，一直到1764年离开为止。

1759年，亚当·斯密出版了《道德情操论》，得到学术界极高评价。1768年亚当·斯密开始写《国民财富的性质和原因的研究》（即《国富论》），到1773年时写完，又经过三年润色，于1776年3月出版。

1778年至1790年间，亚当·斯密定居爱丁堡，1787年当选格拉斯哥大学荣誉校长，担任苏格兰的海关和盐税专员。亚当·斯密在去世之前把自己的手稿全部销毁，他于1790年7月17日辞世，享年67岁。

从亚当·斯密开始，经济学开始成为显学，亚当·斯密是人类思想史上的巨人。

《国富论》的中心思想是什么？

《国富论》认为看似杂乱无章的自由市场实际上存在着一个自行调整机制，使得社会倾向于生产最迫切需要的货品种类并决定其数量。比如，如果某种需要的商品的供应短缺，它的价格自然上升，价格上升商人的利润就上升，更多的生产商也开始生产这种产品。而生产增加就缓解了供应短缺，随着供给的增加，商品的价格又回落。在这一过程中，人们都是自发地根据现实的情况和自己的利益采取行动，并没有人在有目的地进行调节，但又好像是有一只"看不见的手"主宰着这一切。这就是《国富论》的中心思想。亚当·斯密主张自由竞争和自由贸易。他说自由竞争受到阻碍，这只"无形的手"就不能很好地发挥作用，因此，他坚决反对政府对自由竞争的干预。

这本书一出版就引起大众广泛的讨论，它的影响还超出了国界，使得欧洲大陆和美洲也为之疯狂。亚当·斯密凭借此书赢得了"现代经济学之父"和"自由企业的守护神"等评价和称赞。

被称为"战后繁荣之父"的经济学家是谁？

经济学中有两个人不可不提，一个是亚当·斯密，另一个就是凯恩斯（1883～1946年）。凯恩斯也是英国人，1883年6月5日出生在英格兰的剑桥，是著名的伊顿公学和剑桥大学的毕业生。1905年凯恩斯毕业，获得剑桥文学硕士学位。凯恩斯毕业后师从马歇尔和庇古主修经济学，并为参加英国文官考试作准备。

1906年至1908年，凯恩斯任职于英国财政部印度事务部，1908年担任剑桥大学皇家学院的经济学讲师，1909年，创立政治经济学俱乐部，并因为发表《指数编制方法》而获"亚当·斯密奖"。1911年至1944年，他担任《经济学杂志》主编，1913年至1914年，担任皇家印度通货与财政委员会委员，兼任皇家经济学会秘书，1919年担任财政部巴黎和会代表，1929年至1933年，主持英国财政经济顾问委员会事务，1936年，凯恩斯发表了他成就最高的作品《就业、利息和货币通论》，简称《通论》。在这本书中，他提出资本主义不可能通过市场机制的自动调节达到充分就业，要通过加强国家对经济的干预，加大公共支出，降低利率，刺激投资与消费等政策，来达到充分就业。这对于传统的自亚当·斯密以来的倡导自由竞争的经济学是一个颠覆，也是一次思想革命，被称为"凯恩斯革命"。

1942年，凯恩斯被封为勋爵，1944年参加布雷顿森林联合国货币金融会议，并出任国际货币基金组织和国际复兴开发银行的董事。1946年死于心脏病，享年63岁。

凯恩斯的一生对经济学作出了极大的贡献，一度获得资本主义的"救星""战后繁荣之父"等美誉。

《资本论》的作者是谁？

《资本论》是马克思的辉煌巨著。

《资本论》是在资本主义生产方式在欧洲得到迅速发展，资本主义自身的矛盾明显地暴露出来的背景下诞生的。当时，无产阶级与资产阶级的斗争日益尖锐与复杂化，而日益激化的无产阶级斗争呼唤强大的理论武器的诞生。为此，马克思大量阅读和收集有关的文献资料，经过二十年苦心研究和探索，汇总与完成了这部著作。

什么是剑桥学派？

剑桥学派是19世纪末20世纪初，英国经济学家马歇尔及其学生庇古、罗伯逊夫人等建立的一个重要经济学派，因他们长期在英国剑桥大学任教而得名。

剑桥学派的特点是在方法论上以"只有渐进没有突变"的连续原理来分析经济现象，他们以为在经济现象之间、经济概念之间都有连续关系，没有严格的区分；借力学中的均衡概念和数学中的"增量"概念，来研究商品和生产要素的供求均衡和价格的形成。在分析的时候，首先假定其他条件不变，然后分析变量如何实现局部均衡法；在静态均衡分析的框框中加入了时间因素，然后分析在长短不同的时期内，供求状况的不同变化达到的不同均衡状态；以主观心理动机来解释人类的经济行为，认为人类的心理动机决定着生产要素的需求和供给。

剑桥学派核心理论是什么？

剑桥学派的核心理论是均衡价格论。他们用需求曲线和供给曲线来说明商品均衡价格是如何形成的。其中需求曲线是由边际效用递减规律决定的，体现在不同需求量下商品相应的价格，而

供给曲线是由边际生产费用递增规律决定的，体现在不同供给量下商品相应价格所构成的供给曲线，需求曲线和供给曲线共同决定商品的价格，从而以均衡价格论取代价值论。剑桥学派又在均衡价格论的基础上，提出自己的分配论，他们说国民收入是由各种生产要素共同创造的，各种生产要素在国民收入中所占份额的大小，决定于它们的均衡价格。劳动、资本、土地的边际生产力决定了对它们的需求量。而供给量方面，劳动决定于它们自身的"负效用"，资本决定了资本家对未来享受的"期待"等。这样，在需求和供给均衡的状态下形成了工资、利息、利润、地租。另外，剑桥学派极力鼓吹自由竞争，宣扬自由放任，说资本主义制度可以通过市场力量的自动调节达到充分就业的均衡。对于实际存在的失业，他们说主要是工资率缺乏伸缩性的结果。

芝加哥学派是什么样的经济学派？

芝加哥学派是西方经济学主要流派之一，因其成员大多在美国芝加哥大学任教而得名。该学派的代表人物主要有瓦伊纳、奈特、哈耶克、施蒂格勒、弗里德曼等人。该学派信奉新自由主义经济哲学、强调市场机制的调节作用。

该学派坚定地支持新古典经济学价值理论的经济分析，在他们的政策建议中经常出现以"自由市场"为基础的自由主义思想，在分析方法上他们倾向于更具有结果导向的部分均衡分析的方法论。

国际货币基金组织为什么会成立？

国际货币基金组织成立于1945年12

月27日，和世界银行并称世界两大金融机构，它的职责是监察货币汇率和各国贸易情况，提供技术和资金协助，保障全球金融制度运作正常，其总部设在华盛顿。

国际货币基金组织的宗旨是什么？

国际货币基金组织的宗旨是通过一个常设机构来促进国际货币合作，给国际货币问题的磋商和协作提供方法；以推动国际贸易的扩大和平衡发展为手段，来促进和保持成员国的就业、生产资源的发展、实际收入的高水平；保持国际汇率稳定，在成员国之间维持有秩序的汇价安排，阻止竞争性的汇价贬值的发生；帮助成员国建立经常性交易的多边支付制度，倡导各国解除妨碍世界贸易的外汇管制；在有适当担保的条件下，向成员国临时提供资金，以纠正国际收支的失调，从而避免各国采取危害本国或国际繁荣的措施；按照以上目的，尽可能减少成员国国际收支不平衡

★国际货币基金组织

的时间，降低不平衡的程度等。

国际货币基金组织的资金来源是什么？

各成员国认缴的份额是该组织资金的来源。成员国享有提款权，就是按所缴份额的一定比例借用外汇。1969年发明了"特别提款权"的货币（记账）单位，它是国际流通手段的一个补充，目的是缓解某些成员国的国际收入逆差。成员国有义务提供经济资料，并在外汇政策和管理方面接受该组织的监督。

第一次世界经济危机造成了什么样的重大影响？

1857年经济危机是资本主义有史以来第一次具有世界性特点的普遍生产过剩危机。这次危机发源于美国。当时美国铁路建设投资十分火爆，英国是它的最大投资者，因此美国铁路投机的破产对英国也造成了很大的震动。

1847年经济危机结束之后，从1850年开始的周期性高涨促使了世界贸易急剧地扩大，19世纪50年代世界贸易每年平均的增长额比前二十年提高了两倍。机器大工业的发展、运输业的革命、新兴国家和新兴部门的加入，再加上加利福尼亚和澳大利亚金矿的发现，这些都促进了世界市场的迅速扩大。

1848年至1858年，美国铁路里程约达33000公里，这个数字比其他国家所建铁路的总和还多。比如英国在40年代的建设热潮中，所铺设的铁路仅8000公里。美国铁路事业的兴盛，按理应该带动其冶金业的大发展，然而，实际情况却相反。而且，在这一时期，美国生铁产量一直停滞

不前，棉纺织业的增长速度也很慢。与此同时，铁轨、生铁、机车、棉布和其他英国制成品的进口却大量增加，英国产品充斥着美国市场，这阻碍了美国冶金业和棉纺织业等当时重要工业部门的发展。

终于危机爆发了，美国的银行、金融公司和工业企业大批倒闭。仅1857年一年，就倒闭了5000家企业。粮食生产过多卖不出去，粮食价格和粮食出口下降，加上英国工业品的冲击，更加深了美国经济危机。反过来，英国的经济发展也受到美国危机连累。英国为美国提供资金的银行、铁路、商业公司纷纷破产，使得英国的投资者资产贬值以至破产。

世界银行的主要职责是什么？

世界银行，由布雷顿森林会议决定成立，其实它正式的名称是世界银行集团。

"世界银行"用来指以国际复兴开发银行为首的一系列机构的集体，它的主要机构是国际复兴开发银行、世界金融公司、国际开发协会、多边投资担保机构、国际投资争端解决中心，分别成立于1945年、1956年、1960年、1988年和1966年。

主要工作是向发展中国家提供低息贷款、无息信贷和赠款。世界银行作为一个国际组织，最初的使命是帮助在第二次世界大战中被破坏的国家进行重建。如今它的任务是资助国家克服穷困，它们在减轻贫困和提高生活水平方面发挥独特的作用。

世界银行与联合国之间是什么样的关系？

通常说世界银行是联合国的一部分，但它的管理结构与联合国有很大不同：每个世界银行集团的机构的拥有权属于其成员国政府，各成员国的表决权按其所占股份的比例不同而不同。每个成员国的表决权分两个部分：一部分是所有成员国都相同的，另一部分按每个成员国缴纳的会费而不同。2004年11月1日时美国拥有14%的表决权，日本是7.9%，德国是5%，英国和法国都是3%。世界银行规定任何重要的决议必须由85%以上的表决权决定，这就意味着美国一国可以否决任何改革。

中央银行的职能是什么？

中央银行指的是一个国家最高的货币金融管理机构，它在各国金融体系中占据主导地位。

中央银行一般有宏观调控、保障金融安全与稳定、金融服务等职能。

首先，它是"发币的银行"，负有调节货币供应量、稳定币值的重要职责。

其次，它是"银行的银行"，负责集中保管商业银行的准备金，是商业银行的贷款者，因此它是"最后贷款者"。

最后，它是"国家的银行"，一般情况下，国家货币政策均由它来制定和执行，它是政府干预经济的重要部门。

一般国家的中央银行都为国家提供金融服务，代理国库，代理发行政府债券，为政府筹集资金。它还代表政府参加国际金融组织和各项国际金融活动。

中央银行与普通银行的业务有什么区别？

中央银行与普通商业银行以及其他金融机构的根本区别在于：它所从事的

业务不是以营利为目的，而是为实现国家宏观经济目标服务，这就是中央银行所处的地位和性质。

一般情况下，中央银行都以以下内容为重要业务：货币发行、集中存款准备金、贷款、再贴现、证券、黄金占款和外汇占款、为商业银行和其他金融机构办理资金的划拨清算和资金转移的业务等。

第四章 绘画与雕塑

《鸢尾花》有什么样的价值？

《鸢尾花》是梵·高到圣雷米之后最早完成的作品之一。画中色彩丰富，线条细致而多变，左边的白花与最右方的浅蓝花相呼应。画家细心安排花朵位置，引导观者视线。整个画面充满律动及和谐之感。

1988年11月11日，《鸢尾花》以5300万美元的天价卖出，震惊了世界也引起了一些争论，有人在报上呼吁："文化和商业要保持道义上的距离"。

★鸢尾花

1889年5月，梵·高完成了作品《鸢尾花》，鸢尾花很平凡，同向日葵一样。梵·高画它，是在期许生命的粲然。

用心向花叙述衷肠，把血给予了花的根，把眼睛给了花的瓣，把自己也期许了花。如同诗人林莆笔下的"梅妻"。《鸢尾花》，是梵·高灵魂的天堂鸟。

1892年，梵·高的朋友唐基以300法郎的价格，将这幅画卖给了评论家奥克塔夫·米尔博。他是梵·高作品最早的赏识者之一，这幅画像和许多其他的梵·高的画一样，在他死后不断地买卖，1988年在拍卖会上，有人叫出了5300万美元的天价。

以表现农民而著称的法国现实主义画家是谁？

让·弗朗索瓦·米勒（1814～1875年），19世纪法国最杰出的以表现农民题材而著称的现实主义画家。他在巴比松的第一幅代表作品是《播种者》。以后相继创作了《拾穗者》和《晚祷》等名作。

米勒出生在诺曼底省的一个农民家庭，青年时代种过田。23岁时到巴黎师从于画家德拉罗什，画室里的同学都瞧不起他，说他是"土气的山里人"。老师也看不惯他，常斥责他："你似乎全知道，但又全不知道。"这位乡下来的年轻人实在厌恶巴黎，说这个城市简直就是杂乱荒芜的大沙漠，只有卢浮宫才是艺术的"绿洲"。当他走进卢浮宫的大厅时惊喜地说："我好像不知不觉地来到一个艺术王国，这里的一切使我的幻想变成了现实。"米勒在巴黎贫困潦倒，亡妻的打击和穷困压得他透不过气来。为了生存，他用素描去换鞋子穿，用油画去换床睡觉，还曾为接生婆画招牌去换点钱，为了迎合资产者的感官刺激，他还画过庸俗低级的裸女。有一次

他听到人们议论他说："这就是那个除了画下流裸体、别的什么也不会画的米勒。"这使他伤透了心。从此他下决心不再迎合任何人了，坚决走自己的艺术道路。

1849年巴黎流行黑热病，他携家迁居到巴黎郊区枫丹白露附近的巴比松村，这时他已35岁。在巴比松村他结识了科罗、卢梭、特罗容等画家，在这个穷困闭塞的乡村，他一住就是27年之久。米勒对大自然和农村生活有一种特殊的深厚感情，他早起晚归，上午在田间劳动，下午就在不大通光的小屋子里作画，他的生活异常困苦，但这并没有减弱他对艺术的酷爱和追求，他常常由于没钱买颜料就自己制造木炭条画素描。他爱生活、爱劳动、爱农民，他曾说过："无论如何农民这个题材对于我是最合适的。"

世界失踪、被盗的名画有哪些?

西方超级艺术大师的杰作，有不少的已先后失踪。虽然近年来又陆续发现，但仍有数量众多的西洋名画失踪而有待发掘。

比利时画家扬·凡·爱克的《女性的天体》。此画作于15世纪，自17世纪20年代起失落。

法国画家塞尚的《瓦兹河流域奥维尔景色》。此画在第二次世界大战中为纳粹德国所掠，从此未再出现。

俄国画家康定斯基的《奥尔特·斯塔特》。此画是作者不明下落的103幅油画之一。

荷兰画家哈尔斯的肖像画《笛卡尔》。此画大约作于1628年。1691年出版的一书中记载了布卢马尔特曾请哈尔斯替笛卡尔画过肖像。1650年荷兰画家萨德霍夫刻了一幅雕版画，此件尚存，但原作已失踪。

意大利画家乔尔乔内的《巴黎的发现》。此画已失踪，但布达佩斯存有该画的残片。

意大利画家曼特尼亚的《基督降临地狱》。此画是作者生前心爱作品之一，在他的日记、书信中均曾提及。

意大利画家拉斐尔的《披纱的圣母》。这是作者用铅笔和粉笔画在黄纸上的宗教画，1944年纳粹从意大利北部撤退时，从佛罗伦萨乌菲齐美术馆中盗走。

美国画家波洛克的无题作。第二次世界大战前，作者为纽约布鲁克林图书馆的一项设计创作了多幅小型油画。1960年该馆将它送交联邦物资局保管。1979年编写波洛克的作品目录时，发现原作失落，仅存照片。

西班牙画家委拉斯开兹的肖像画《伊莎贝尔王后》。作者于1631年至1632年为王后画了个全身像，现存于西班牙。作者在画这幅全身像以前，作为准备，先画了一幅半身像。这幅半身像被波拿巴从宫中取出后，在运送途中失落。

佛兰德斯画家鲁本斯的《朱迪思和荷罗菲尼》。此画于1608年作于意大利，作者带回安特卫普后失落。

意大利画家米开朗基罗的《赫丘利神》塑像。这是法国弗兰西斯一世请米开朗基罗创作的半身塑像，完成后用船运到法国。18世纪初失落。

1911年达·芬奇绘的《蒙娜丽莎》从法国卢浮宫被窃，至今仍被人们认为是20世纪最大的名画失窃案。1913年

11月，在卢浮宫工作的意大利木匠文森索·彼卢吉亚声称自己偷了这幅画，目的是为了报复拿破仑当年入侵意大利时掠夺过意大利的艺术珍藏。其实他是受一个美洲商人的雇佣去偷这幅画的。这个商人将这幅画制作了6幅高级复制品卖给了美国的艺术收藏家。现在《蒙娜丽莎》仍然在卢浮宫展出，作为国宝而严加保护。

1934年，比利时西北部根特市圣巴望教堂的祭坛画《羔羊的崇拜》被窃。小偷把画锯成两半，将有《施洗约翰》的半幅画存放在火车站，并把寄存单寄给主教。很久以后，他在临终忏悔时说出了这件事，但未及说出另半幅画即《公正的审判》的下落就咽了气。第二次世界大战时《施洗约翰》这幅祭坛画被送到法国南方隐藏以免遭战祸，可仍被德国人偷走。最后，一位美国人在奥地利一个废弃的盐矿里找到了它。

1961年，伦敦国家画廊丢失了西班牙画家戈雅画的《威灵顿公爵肖像》，直到1965年5月，61岁的英国失业司机坎普顿·彭顿归还了这幅画。他解释说，他是因愤恨政府不给领退休金的老年人颁发免费收看电视的执照而这样做的。

1974年，伦敦肯胡特花园里荷兰风俗画家弗米尔的《吉它演奏者》失窃。据称，小偷的目的是表示对爱尔兰共和军的同情，以此胁迫政府将两个正在伦敦监狱里的人送回爱尔兰服刑，否则他就烧毁这幅画。

1967年、1973年、1981年，伦勃朗的《雅各·凡·更肖像》三次被窃，又三次复得。直到1984年，这幅画终于再次被窃，从此杳无音信。

1982年，古都特画廊的《基督与因通奸被捉获的妇人》失窃，至今没有下落。同年加拿大蒙特利尔美术馆在光天化日之下被抢走了18幅名画，包括柯罗、米勒、德勒克瓦等法国名画家的作品以及伦勃朗和鲁本斯的风景画。

1983年11月，匈牙利布达佩斯博物馆一批意大利名画被窃，其中包括两幅拉斐尔的作品、两幅丁托列托的作品和两幅提埃坡罗的作品，直到1984年才找回并查明它们是一个希腊商人雇人偷走的。

1986年，巴黎马尔摩顿博物馆9幅世界名画被抢，其中包括法国画家莫奈的《日出·印象》。

佛罗伦萨画派的三条主线分别是什么？

佛罗伦萨画派是意大利文艺复兴时代形成的美术流派，13世纪末已经形成。佛罗伦萨画派人才辈出，创作上也各显神通。但就艺术倾向和创作特点看，大致有三条主线。

这三条主线中各有代表人物：乔托、波提切利、利比、柯西莫等画家可为一条主线，他们具有进步的人文主义思想倾向，但艺术趋近于贵族豪门；以基兰达约为代表的一条主线，则崇尚生活表现，他们在画坛上出现得早些，技巧上可能略显幼稚，形象多半重叙述性质；第三条主线，毋庸置疑，应以莱奥纳多·达·芬奇为代表了，这是一条新兴的写实主义路线。

佛罗伦萨画派的题材有什么特点？

佛罗伦萨画派侧重表现宗教题材，整个画面显得神圣、崇高而肃穆，如米

开朗基罗的《最后的审判》、达·芬奇的《最后的晚餐》等。威尼斯画派注重表现世俗享乐主义思想和对感官享受的追求如提香的《神圣与世俗之爱》、《乌尔比诺的维纳斯》、《沉睡的维纳斯》等作品，都是借着神话人物来表现世俗生活。

在表现手法上，佛罗伦萨画派注重素描造型，如米开朗基罗塑造的人物形象坚实有力，充满动感。

佛罗伦萨画派有哪两种趋向？

佛罗伦萨画派有两种趋向：一是反古典的倾向，二是优美雅致的倾向。

丁托列托要把这两种倾向合二为一。依据传说，他立志"要像提香一样绘画，像米开朗基罗一样设计。"他的意思是要把提香的色彩与米开朗基罗的素描结合起来，创造别开生面的新艺术。他将这两方面结合得很成功，因为他的素描丝毫没有米开朗基罗的印记，而他的色彩也根本不像提香的风格，尤其善于运用强烈的多视点透视来表现宏大的场面。另一位委罗内也擅长表现宏大的场景。他无意刻画主角人物，却着力描绘婚礼宴会的浩大场面，他的艺术在透视构图和用色瑰丽上都有很大创新，对17世纪巴洛克美术影响很大。

以阿雷纳礼拜堂壁画而闻名的意大利画家是谁？

乔托（约1266～1337年），意大利文艺复兴时代画家。1266年（一说1276）生于佛罗伦萨的韦斯皮尼亚诺，卒于佛罗伦萨。早年随奇马布埃学画，并在罗马、帕多瓦、那不勒斯等地作画。最能反映其艺术成就的是1305年至1309年间创作的阿雷纳礼拜堂壁画。壁画内容是圣母和基督生平。南北墙面上安排上下3列，每列6幅，加上祭台两边各一幅，共38幅，采取连环组画形式，依次表现故事情节。整个壁画充满生活气息，画面采取平视角度，人物排列有序，加强了空间深远关系和人物主体形象的表现，是现实生活的真实写照。最杰出的画幅是《最后审判》、《金门相会》、《犹大之吻》、《哀悼基督》等。这些作品摆脱了中世纪圣像画的程式，传述了人文主义的新精神。对14世纪意大利文艺复兴美术影响极大。但丁在《神曲》中曾对他热情称颂。受到著名画家马萨乔、达·芬奇和米开朗基罗等人的推崇。

以圣母子像而闻名的佛罗伦萨画家是谁？

桑德罗·波提切利是15世纪末佛罗伦萨的著名画家，他画的圣母子像非常出名。受尼德兰肖像画的影响，波提切利又是意大利肖像画的先驱者。

波提切利生于意大利佛罗伦萨的一个手工业者的中产阶级家庭。先是和马索·非尼古埃拉一起学习，制造金银首饰，后又成为菲力浦·利皮的学生，作为对利皮的报答，他培养了利皮的儿子菲力浦·诺。波提切利经常受雇于美迪西和他们的朋友们。这些与政治和文化的联系使他创作题材非常广泛。在1481年，波提切利应招到罗马画壁画，这是他唯一一次离开佛罗伦萨到外面作画。据说波提切利从15世纪90年代起追随"沙瓦耐罗拉"风格，这在他后期所作的宗教画中得到体现，他的晚期作品少了些装饰风味，却多了些对宗教的虔诚。

在15世纪80年代和90年代，波提切利是佛罗伦萨最出名的艺术家。他的风格到了19世纪，又被大力推崇，而且被认为是拉菲尔的前奏。他宗教人文主义思想明显，充满世俗精神，代表作有《三王来拜》、《圣塞巴斯蒂安》等。后期的绘画中又增加了许多以古典神话为题材的作品，风格典雅、秀美。特别是他大量采用教会反对的异教题材，大胆地画全裸的人物，对以后绘画的影响很大。《春》和《维纳斯的诞生》是最能体现他绘画风格的代表性作品。

意大利画家提香获得了哪些荣誉?

提香（1488～1576年），意大利画家。1488年（一说1490）生于皮耶韦一迪卡多雷，1576年8月27日卒于威尼斯。早年受业于画家贝利尼门下，曾和乔尔乔涅密切合作，并在其逝世后成为威尼斯画派的领袖。1516年被威尼斯政府任命为官方画家，1530年受德国皇帝查理五世接见。此后，一直为哈布斯堡王朝作画，还被授予伯爵荣衔。1545～1546年游学罗马，与米开朗基罗等画家结识。1548年和1551年两次赴德国的奥格斯堡工作。一生主要活动在威尼斯，遗存作品遍及西欧各国，作品充分体现了威尼斯市民阶层的生活理想和文艺复兴的时代精神，其色彩绚丽辉煌和健美的画风，树立了文艺复兴新的艺术典型。

提香不同阶段的作品是什么?

1510～1520年是提香创作早期阶段，作品《田野合奏》、《神圣与世俗之爱》、《酒神节》、《圣母升天》、《维纳斯的崇拜》等，人物形象粗朴健壮，以暖色为基调，表明他已熟练掌握了油画技巧；画中人物的强烈运动感、力量和雄伟的体魄，为威尼斯画派开拓了全新的领域。

1520～1555年是其创作的中期阶段。画面益趋平稳庄重，增加了雍容华贵之感，许多描绘人物的作品，都有优美的山水风景陪衬，且情绪热烈，体态更加健美。作品《佩萨罗圣母》、《乌尔比诺的维纳斯》、《维纳斯与琵琶演奏者》等，着意刻画理想中完美的女性。他画的大量肖像画，在写真与传神方面都有独到之处。《查理五世骑马像》，人马均具英姿，充分表现了这位政治人物的狡诈、顽强、残忍、伪善的复杂性格。1556年以后是其创作的晚期阶段，用色之妙达于极致，终于摆脱了威尼斯画派着重线描的传统，使艺术造型从物象理解为主转变为靠光色构成的视觉印象为主，作品《欧罗巴的劫夺》、《基督戴荆冠》等，实际上标志着真正的西方近代油画的完成，对浪漫主义和印象主义绘画产生了深远的影响。

达·芬奇的主要作品有哪些?

达·芬奇（1452～1519年），意大利文艺复兴时期画家、科学家。出生于佛罗伦萨郊区芬奇镇。达·芬奇15岁开始在画家韦罗基奥的作坊学艺，1472年入画家行会。15世纪70年代中期个人绘画风格逐渐成熟。1482年至1499年居留法国，除为米兰公爵服务外，还从事其他艺术和科学活动。

现存他最早的作品《受胎告知》，

构图虽没有创新，而背景山水的描绘却已注意到了空气氛围的表现。这表明他一开始就致力于解决写实与典型加工的辩证关系。稍后创作的《吉内夫拉·德

★蒙娜丽莎

本奇像》，一反15世纪艺术追求线条分明的传统，以逆光夕照的色调渲染他所倡导的透视效果。1481年创作的《博士来拜》（又译《三王来拜》），是标志其艺术风格达到成熟期的作品。1482年达·芬奇来到米兰，应圣弗朗切斯科教堂的邀请绘制祭坛画《岩间圣母》。1500年达·芬奇回到佛罗伦萨，他向市民展出的一幅经过精心构思的《圣母子与圣安娜》素描草图，立即引起轰动，其构图原理和画法对艺术界有极大影响，米开朗基罗和拉斐尔等人也从中得到启发。1503年，他一面着手为市政厅大会议厅绘制壁画，但是因再次去米兰而始终未完成；一面开始创作《蒙娜丽莎》和《圣母子与圣安娜》。这是两幅他极为珍爱的作品，始终带在身边，晚年移居法国也不离左右，最后遗存于巴黎。

《三王来拜》的画法有什么特点？

该画虽由于他动身去米兰而没有完成，但从原稿上可以看出其构图和形象塑造所显示的艺术创新，大大超越了他的老师和同辈：由圣母婴孩和三位博士所形成的三角形稳定构图，按精确的透视法画的建筑遗迹和奔腾飞跃的马群等背景，说明他已不再从叙事的角度简单

地罗列有关人物，而是对传统的题材进行彻底的改造。他所采用的色调幽暗的画法，使人物形象从阴影中突出，突破了传统绘画明晰透露的特点，预示着文艺复兴的到来。

《最后的晚餐》有什么特点？

《最后的晚餐》是他创作中最负盛名之作。这幅表现基督被捕前和门徒最后会餐诀别场面的湿壁画，绘制在米兰圣玛丽亚·德拉格拉齐耶修道院饭厅。巧妙的构图和独具匠心的经营布局，使画面上的厅堂与生活中的饭厅建筑结构紧密联结在一起，使观者感觉画中的情景似乎就发生在眼前。

为什么早期的基督教绘画以壁画为主？

早期基督教绘画艺术与罗马美术紧密相连，并从东方人和北方蛮族中吸取了各种艺术要素，进而演化为丰富的地方性风格。早期基督教的艺术可从当时的墓窖壁画窥其面貌，这些壁画除了是人类绘画的遗产之外，也是当时基督教受罗马暴君迫害的历史见证。

从2世纪到4世纪这段时间里，基督教被罗马皇帝视为非法宗教，基督徒遭到迫害。一些基督徒往往在地下挖很深的隧道及墓窖，以求继续做礼拜和埋葬殉难的基督徒。为了祈求上帝保佑基督徒的安全，他们便在墓窖内外画满了相关的壁画。这些壁画虽然仍就沿袭罗马的风格，但题材上却完全是基督教的故事。

早期基督教绘画有什么特点？

早期基督教曾经禁止象征性的艺术

内容，以免触犯神灵崇拜。但随着基督教的发展，基督教逐渐对造型艺术不再压制，于是产生了基督教绘画。那时的绘画艺术主要是墓室里的壁画艺术。

当官方还未承认基督教的合法性时，信徒们只能按照《圣经》的内容，在地下墓窟的顶部和四壁画了不少幅壁画。手法虽然比较幼稚且形象笨拙，但是基本上是仿照古希腊罗马绘画而绘成的，如墨丘利式的"善良的牧羊人"、胜利女神式的"天使"等。同时，在壁画中还有由各种线条所组成的圆形或者方形图案，中间画有花环、鸟类、四足动物的图形，而且还用四季的象征物作为装饰母题。

基督教徒在死后都希望自己的灵魂能够得到救赎，因此有很多墓窟壁画都以具有象征意义的图像来表现。同时，为了混淆视听，这时期的绘画构图也多采用同一时代异教徒的绘画风格，所以早期基督教绘画在动物或人物上欠缺自然的圆润与动态的表现。

基督教得到罗马承认之后的画风有了怎样的转变？

3世纪初，壁画上就已经开始描绘《福音书》和《旧约》的故事，具有非常显著的希腊罗马绘画的痕迹。4世纪，壁画的画风更加强调轮廓线，更强地展示绘画性和图示性。380年，罗马帝国皇帝狄奥多西皈依基督教，并颁布敕令宣布基督教为国教。从此以后，基督教的艺术创作才开始公开进行。

基督教得到正式承认之后，镶嵌画发展得很快。5世纪时，镶嵌画非常普遍，而且质量极高。绘画艺匠们继承了罗马传统，设法将光线反射在镶嵌画的玻璃块和云石的表面，突出清晰的人物轮廓和超凡的宗教气氛。

早期基督教镶嵌画创作将耶稣从一个历史人物变为具有象征意义的神学偶像。早期基督教的教堂大量使用彩色石块和彩色玻璃块，以镶嵌壁画之形式装饰内部。因为这些材料色彩闪烁神秘又经久不变色，因而加强了教堂里需要的神秘感，也为接下来的拜占庭艺术的发展奠定了基础。

什么是样式主义？

样式主义是意大利16世纪中后期的美术流派。代表盛期文艺复兴趋于衰落后出现的追求形式的保守倾向。样式主义一词源出意大利语Maniera，兼指艺术风格及生活风度。16世纪20年代以后，一批倾慕米开朗基罗和拉斐尔典雅风格而又务求新奇的艺术家，以追求风格自居，遂被后人视为样式主义流派。此词从17世纪起渐含贬义，有装模作样的讥讽意味。1920年以后，西方美术史学界对样式主义重新作了评价，认为它是盛期文艺复兴美术和巴洛克美术之间的自成一格的流派。它虽仿效米开朗基罗等大师，却只得其形式而失其精神。一般而言，样式主义的作品都注重人体描绘，以裸体为多，但姿态怪异，肌肉表现夸张近于畸形；画题隐晦；布局呈幻想结构，任意发挥透视技巧；用色也光怪陆离，不循自然。但又是袭用文艺复兴成果的基本形式而表现出来的，因此总体仍不失新美术的风貌，只有详加考察才能分辨究竟。代表画家有蓬托尔莫、朱利奥·罗马诺等。

代表作为《约瑟在埃及》的意大利画家是谁？

蓬托尔莫（1494～1557）意大利画家。1494年5月24日生于恩波利附近的蓬托尔莫，1557年1月2日葬于佛罗伦萨。原名雅各布·卡鲁奇，后以出生地闻名于世。作品标新立异，甚至不惜违反常规，开启了样式主义的倾向，是佛罗伦萨画派后期代表人物。代表作《约瑟在埃及》有意背弃透视原理，把人物密集于屋后空间。1526～1528 年间，蓬托尔莫在佛罗伦萨为圣费利奇塔教堂所作壁画《基督下葬》，也将人物身形拉长，面目均具类似特征，气氛惶惑紧张，与古典风格完全异趣。这种样式主义实际上是意大利社会经济、政治陷入严重危机的反映。

拉斐尔的弟子之中样式主义的代表画家是谁？

朱利奥·罗马诺，又称朱利奥－皮皮，1492年生于罗马，1546年卒于曼托瓦。是文艺复兴时期"矫饰主义"（又称样式主义）画家的代表人物之一。

可能现在提起这位画家，我们的第一反应就是：他是拉斐尔的徒弟。确实，他16岁起就跟随拉斐尔学画，很多作品都是他协助老师完成的，其中就包括著名的《基督变容图》。他跟随拉斐尔时间虽长，却很擅长在吸收老师知识的基础上发扬自己的风格；虽然摆脱不了样式化的局限，却极具自己的特点。

他的代表作有壁画《巨人的倾倒》。从这巨大的工程中，我们足以感受到他旺盛的创作欲望。另外，值得一提的是，他还是一位建筑家。

虽然没有拉斐尔那么伟大，但也算小有成就。

拜占庭基督教绘画在色彩运用上有什么特点？

拜占庭的基督教绘画艺术最主要表现在镶嵌画、圣像画、壁画等方面。镶嵌画由小块彩色大理石或彩色玻璃拼嵌而成，色彩鲜明璀璨是它的基本特点之一。在拜占庭的基督教绘画艺术中，镶嵌画显得非常有特色。镶嵌画的做法是砸碎红、紫、白、黄、蓝、黑色的石子，然后把它们压镶在灰泥表面，展现为花纹或人物，是一种独特的绘画艺术。除了彩色的石子，也可用金、银块进行调和，所以它的色彩和光泽形成了特殊的调和之美。镶嵌画主要用以装饰建筑物的天花板、墙壁和地面，开始于古代东方，后希腊、罗马亦加以普遍应用。镶嵌画材料具有特殊的质感，在光线照射下显示出闪烁而厚重的色调，烘托出教堂神圣的氛围。

拜占庭的镶嵌画发生了什么样的转变？

拜占庭前期镶嵌画内容基本上取自《圣经》或帝王礼拜，以人物为主，很少有背景，造型趋于平面化。色彩与线条是其非常重要的表现形式，并体现出严格的程式化。拜占庭中期镶嵌画风格比较复杂：一方面强调严格的秩序、对称的构图、抽象的空间观念和单纯的色彩；另一方面，写实造型手法在创作中得到运用，呈现出一种写实叙述与抽象、象征及装饰手法奇特混合的面貌。

后期拜占庭镶嵌画和壁画强调严格

的秩序，以及画像几何关系的完美与和谐；教堂装饰统一化，作品的主题处理及其在教堂里的布局都须遵循一定的模式。在绘画形式上，风格化的线条描绘成为造型的主要手段，空间观念更加抽象，色彩更加单纯。人物形象失去了肉体的存在，成为精神的象征。

什么是锡耶纳画派？

锡耶纳画派是意大利14世纪文艺复兴时期的美术流派之一。

锡耶纳城位于意大利中部，邻近佛罗伦萨，14世纪时银行业较发达，政治、经济上都是佛罗伦萨的主要对手，艺术上也形成了可和佛罗伦萨画派分庭抗礼的锡耶纳画派，但到15世纪时随着该城的衰落，其画派也一蹶不振。

锡耶纳画派的创始人杜乔·迪博宁塞纳曾在佛罗伦萨工作，与佛罗伦萨画派的前驱奇马布埃风格相近。但杜乔·迪博宁塞纳注重抒情，人物形象秀丽多姿，用色精细，奠定了锡耶纳画派的特色。代表作是锡耶纳大教堂主祭坛画，由70幅屏画组成，表现基督生平，叙事抒情皆佳，是中世纪绘画传统过渡到文艺复兴新美术的成功之作。继起者是马丁尼，其代表作《受胎告知》刻画圣母和天使的形象很有特色；天使前去报讯，圣母惊骇后仰，动势强烈，线条优美，犹未脱中世纪传统，金色背景和华丽的衣衫色调交相辉映，但在迈向现实主义方面则不如同时的佛罗伦萨画派激进。14世纪中期锡耶纳画派的主要代表是洛伦泽蒂兄弟，两人皆卒于1348年，生年不详。他们在写实方面更有进展，尤以洛伦泽蒂为著，其代表作《好

政府与坏政府》画于锡耶纳市政厅内，有明显的政治意义，其中刻画和平安宁为好政府带来繁荣幸福，以横幅形式表现城乡居民欢庆升平之景，是14世纪风格写真的代表作。

什么是哥特式绘画？

哥特式绘画主要包括玻璃镶嵌画、手抄本插图画、壁画、镶板画等。在哥特式艺术中，彩色玻璃窗镶嵌画成为哥特式教堂必要的组成部分。艺术家们起初在玻璃上着色，后来将其烧制成彩色玻璃，把它们裁成各种形状，并用带有工字型截面的铅丝拼接起来，来描述特定的宗教故事。画中人物的面貌及身上的一些细部特征都是用黑瓷漆绘制而成的。

哥特式彩色玻璃窗镶嵌画的典型特色是非常注重细节描绘，画中人物具有清晰的轮廓，平面且没有深度的人物形象和背景，强调人物姿态而非面部表情。哥特式玻璃镶嵌画中人物的眼睛、鼻子、头发、衣纹等细小部位就用灰色或者黑色的颜料画在玻璃上面，画的基本色彩为红、蓝、紫。在哥特式圣堂建筑中，最精彩的彩色玻璃窗当属玫瑰花窗。当落日的余晖射进玫瑰花窗，向肃穆的教堂洒下金光，玫瑰花窗就会聚拢落日的光芒来照亮黑暗，照亮正在做祈祷的人，让人感觉到自己与圣体的光芒融为一体，让信仰得到升华。

哥特式手抄本插图绘画在艺术性和创造性方面取得了巨大的成就。哥特时期的手抄本绘画同罗马式时期的抄本绘画作品相比，具有两大鲜明特征：一是明显受到染色玻璃的色彩艺术启示，具有鲜明夺目的色彩；二是在插图中用了

具有生动的、奇特的哥特式建筑样式。对于中世纪的人来说，这种哥特式丰富多彩的插图艳丽的色彩和金光闪闪的装饰，如同珍贵的珠宝一样，显示着书籍内容的精神与宗教价值。

然而，哥特式手抄本插图所画的主题不总是宗教性的，在《美好的时光》中就描绘了一年十二个月的图景。画中人物在自然景致中从事该季节的活动，例如在6月描绘的就是巴黎城外收割庄稼的情景：前景是两位妇女正在堆麦垛，中景是三个人正在进行收割，而田地的边缘则伸向远方的背景。这幅画非常重视透视原理，背景是精细描绘的巴黎城，而不再是简单的平面图案处理。

在哥特式时期，意大利教堂保留了许多大面积墙壁，使得壁画得以继续在教堂中存在，镶版画和镶嵌画得以在意大利继续发展。中世纪时，意大利绘画的发展，是建立在传统的古典艺术基础之上的，并且始终与拜占庭艺术有着紧密的关联。

什么是枫丹白露画派？

枫丹白露画派是16世纪活跃在法国宫廷的美术流派。1530年前后，酷爱意大利美术的法国国王弗朗索瓦一世，决定将巴黎郊区原来那幢中世纪式样的猎苑居宅扩建为豪华的宫殿——枫丹白露宫。为此，来自意大利的样式主义画家罗索（1495～1540年）、普里马蒂乔和雕塑家切利尼等人与法国画家库新、卡龙、雕刻家古戎和庇隆等人合作，在宫廷内外的装饰上形成了一个很强的艺术流派——枫丹白露派。枫丹白露派在造型上注重线性韵味，追求技巧完美，具有浓厚的贵族化气息。在宫殿的庭园和室内装饰方面，他们受样式主义风格的影响，与众不同地用离奇的人像柱饰或者粗琢的石料墙、泥灰雕塑作点缀，表现出与意大利盛期文艺复兴理想迥然不同的风格，对北欧各国的美术发展有一定的影响。

枫丹白露画派的形成，是一种国际间艺术交融的结晶。法国传统中的哥特式艺术根深蒂固，热衷于细腻精巧的装饰。而意大利的样式主义艺术家把作为与理性规范抗衡的优美柔媚带到了法国，这既与本地传统相近，又同皇家贵族的审美趣味相投。这使样式主义艺术与法国传统相结合，浑然而成一个别具特色的艺术风格。

枫丹白露画派曾一度中断活动，亨利四世在位时，与荷兰和法兰德斯的浪漫派美术汇合，又有所恢复，被称为第二枫丹白露派。第二枫丹白露派在创作上基本因袭前人，其为首的画家有安特卫普的杜波依斯（1564～1614年）和法国画家杜卜雷尔、弗里米纳特等人。

什么是印象画派？

1874年4月15日，世界美术史上出现了一件大事：一群具有革新精神的法国画家举办了一个"无名艺术家作品展览"，展出了165件新派绘画。其中画展组织者莫奈的油画《日出·印象》特别引人注目。这幅画一反当时学院派保守思想和表现手法，画面色彩不再单调晦暗，而是在光的作用下变得鲜亮透明，具有立体感。这幅画体现了这次画展作品的共同特征：提倡绘画技法革新，注重在户外阳光下直接描绘景物，力求从光与色的变化中表现对象的整体感和氛围，常根据太阳光谱所呈现的七色反映出对自然界的瞬间印象。画展在开幕当天就因其向官方沙龙挑战而遭到嘲笑，反对派以鄙视和奚落的口吻称之为"印象派"，画家们认为这名称不错欣然接受了。1876年印象派画家们举行了第二次画展，次年又举行了第三次画展。当时巴黎沙龙的学院派视之若洪水猛兽，激烈抨击这些画家的每一件作品。随着时代的进步，从印象派画家的各种画展中，人们逐渐认识到印象派进行绘画改革的重大意义，这些革新使欧洲绘画从主题内容、色调和技法上有了新的突破，给欧洲绘画的发展带来了极大的影响。

印象画派的代表画家有莫奈、毕沙罗、西斯莱、雷诺阿等，主要作品有莫奈的《日出·印象》、《睡莲》、《花园里的女人们》；雷诺阿的《包厢》、《舞会》、《游船上的午餐》以及毕沙罗的《蒙马特尔大街》、《红屋顶》和西斯莱的《塞纳河岸的乡村》等。

以《睡莲》闻名世界的法国画家是谁？

莫奈（1840～1926年），法国画家。1840年11月14日生于巴黎，1926年12月5日卒于吉维尼。早年受业于革新画家布丹门下，1859年来到巴黎和许多艺术家结识。其后服兵役到阿尔及利亚。1862年进入格莱尔画室，因对学院派教学法不满，很快离开，并和雷诺阿、西斯莱等到枫丹白露森林中的巴比松对景写生，同时积极参加印象主义社团的活动，成为印象主义的中心人物。早期作品《卡米耶》、《日出·印象》、《鲁昂教堂》、《巴黎、卡皮桑纳大街》等，重在对外光的探索，追求光和色的独立美。和其他印象主义画家

一样，莫奈倾慕于东方绘画语言。代表作《睡莲》不仅对光色的处理达到高峰，而且技巧纯熟，笔法纵横不羁，油彩涂抹厚薄自由，构图奔放，含有浓郁的诗意和音乐感，是油画中大写意之杰作。他逝世之后，法国政府根据其生前愿望决定在伊勒里宫的橘园大厅永久陈列他的作品。

雷诺瓦的作品有什么特点？

雷诺瓦以画人物出名，这之中又以画甜美、悠闲的气氛还有丰满、明亮的脸和手最为经典。印象派中雷诺瓦的特色在于描绘迷人的感觉，从他的画作中你很少感觉到苦痛或是宗教情怀，但常常能感受到家庭的温暖，如母亲或是长姐般的笑容。雷诺瓦认为绘画并非科学性的分析光线，也并非巧心的安排布局，绘画是要带给观者愉悦，让绘画挂置的环境充满了画家想要的感觉。

对于雷诺阿的所有作品来说，都是具有象征意义的。在他漫长的一生中，雷诺阿曾追随过或多或少符合他的艺术气质的各种不同的风格流派，有时甚至脱离了良好的趣味，但他总是

★睡莲

能够重新游出水面。依靠他那取之不竭的创作机智，他不仅善于避开错误，而且还能够从这些流派当中吸取某种同样的艺术的东西，这一点是极其重要的事实。

什么是后印象主义？

后印象主义指法国19世纪八九十年

代继印象主义之后的美术现象。后印象主义的称谓为英国美术批评家弗赖所创。主要代表人物有塞尚、梵·高、高更等。他们都曾不同程度地追随过印象主义，后逐渐不满印象主义的过分强调客观表现和新印象主义的片面追求外光及色彩，而主张更强烈地抒发自我感受。其创作特色是重视构成形的线条、色块和体、面，以及强烈的内心化和个性化，只是每人所采用的艺术语言不同。塞尚注重物质的具体性、稳定性和内在结构的表现，对立体主义、构成主义等有较大促进。梵·高追求线和色彩自身的表现力以及画面的装饰性，直接启发了野兽主义、表现主义等流派。高更则专注于艺术表现的原始性和象征性，给予象征主义、超现实主义等流派以重要影响。后印象主义完全抛弃了自然主义的态度，动摇了西方绘画中以模仿为职能的根基，将绘画引向一个更新奇、更加渗透着强烈情感的主观世界，为20世纪西方现代诸美术流派提供了可资借鉴的范式。

被誉为"印象主义之后的绘画革新者"的法国画家是谁？

塞尚（1839～1906年），法国画家。1839年1月19日生于普罗旺斯地区艾克斯，1906年10月22日卒于家乡。早年学法律，同时爱好美术和文学。后到巴黎学画。早期作品曾被沙龙拒绝，却受到作家左拉的称赞，代表作如《强暴》、《验尸》、《野餐》等富于戏剧性，多表现悲剧的爱情和死亡。他研究过古典绘画，临摹过鲁本斯、德拉克洛瓦、威尼斯画派和巴洛克大师们的作品，其作品不合乎古典法则，却显示出自己的独特个性。19世纪70年代末以后的30年，是其创作的成熟期。所作《肖凯像》、《玩纸牌者》、《酒神宴舞》、《浴女们》等，写意特征更加鲜明，充分发挥了绘画语言的表现力。他主张绘画摆脱文学性和情节性，强调主观感受的重要性；坚持把客观物象条理化、秩序化和抽象化，提出用圆柱体、球体和锥体来处理形象，以表达一种超自然的理想概念；在画面处理上追求平面感，用色彩表现空间。他对绘画的革新主张和实践，受到艺术家们的普遍重视，被誉为继印象主义之后的绘画革新家，归入后印象主义流派。他的某些偏激的艺术主张，则构成以后形式主义理论体系的核心。

罗马式和哥特式有什么区别？

10世纪以后，西欧绘画艺术分为两个发展阶段——罗马式时期和哥特式时期。罗马式的绘画艺术中镶嵌画的数量减少了，主要绘画种类是壁画、玻璃画和手抄本插画，画中人物多是正面的形象。罗马式绘画题材主要是《圣经》故事，表现一些具有象征或者寓意的基督教教义内容，但也有一部分题材是世俗性质。罗马式壁画不太重视人物的身体比例与空间结构造型，而是强调和谐的色调，讲究色彩明亮干净，非常具有装饰性。壁画不以描绘自然景观为造型手段，而是根据特定的主题需要，将人物、动物和植物进行任意变形处理，给人们以骚动不安的视觉感受。

罗马式壁画有什么特点？

罗马式壁画极少保存下来，它的主

要作用除了装饰教堂之外，就是宣传基督教教义和教育信徒。此种做法起源于拜占庭。随着拜占庭帝国的衰落，11世纪后，西欧罗马式教堂大部分改用壁画进行装饰。罗马式壁画大多数采用的是干壁画技术，即在准备绘画的地方事先用湿沙和石灰抹好底子，一天之内将所要绘画的地方多次重复打湿，这样能让颜料黏附上去。

罗马式教堂壁画一般绘制在圆顶里和壁面上，为了能让信徒们在阴暗的室内看到处于高远位置上的绘画，就要求壁画具有极强的表现力。所以，罗马式教堂壁画大部分都有粗重简洁的轮廓线，平涂许多对比强烈的大色块，着重整体画面处理而很少描绘细节。罗马式教堂壁画一般采用大片明亮的白色背景，几乎没有任何明暗或透视的形式因素。

什么是野兽派？

野兽派是20世纪初期法国著名油画家亨利·马蒂斯发起的一个绘画流派。马蒂斯早年热衷于荷兰和意大利的绘画风格。后来他被印象主义所吸引，并喜欢库尔贝和塞尚的画。在经过短期实践后，他欣赏后期印象主义，开始追求色彩刺激，画风狂野。1905年，亨利·马蒂斯、伏拉明柯、德兰、鲁奥等参加巴黎秋季沙龙油画展览，由于批评家路易·赫克塞尔发现意大利雕塑家多纳泰罗（1386～1466年）的雕塑，置于马蒂斯等人所创作的粗野色彩的油画之中，惊呼"多纳泰罗陷于野兽之中"，野兽派因而得名。野兽派画家的著名作品有马蒂斯的《打开的窗户》、《科利乌尔》和《戴帽子的女人》等。野兽派运动在

1908年以后便趋消沉，但它极大地推动了20世纪艺术的发展，尤其是为现代主义艺术开创了一个先例。马蒂斯也因此成为与毕加索齐名的法国画派代表。

因患有精神病而自杀的荷兰画家是谁？

梵·高（1853～1890年）荷兰画家。出生于津德尔特，1890年7月29日在法国瓦兹河畔因患精神病自杀身死。早年经商，后热衷于宗教，1880年以后开始学习绘画。曾在巴黎结识贝尔纳、西涅克和高更等画家。早期作品受印象主义和新印象主义画派影响，代表作有《食土豆者》、《塞纳河滨》等。曾两次在咖啡馆和饭馆等劳工阶层展出自己的作品。不久厌倦巴黎生活，来到法国南部的阿尔勒，开始追求更有表现力的技巧；同时受革新文艺思潮的推动和日本绘画的启发，大胆探索自由抒发内心感受的风格，以达到线和色彩的自身表现力和画面的装饰性、寓意性。代表作《向日葵》、《邮递员鲁兰》、《咖啡馆夜市》、《包扎着耳朵的自画像》、《星光灿烂》、《梵·高在阿尔勒卧室》、《欧韦的教堂》等，都包含着深刻的悲剧意识以及强烈的个性和形式上的独特追求。当时他的作品虽很难被人接受，却对西方20世纪的艺术有深远的影响。法国的野兽主义、德国的表现主义以及20世纪初出现的抒情抽象主义等，都从他的主体在创作过程中的作用、自由抒发内心感情、意识和把握形式的相对独立价值、在油画创作中吸收和撷取东方绘画因素等方面，得到启发，形成了各自不同的绘画流派。

梵·高前后创作了七副相同体裁的画作是什么？

荷兰伟大画家梵·高（1853～1890年），一生画有800幅油画，700幅素描。他的许多具有表现主义和象征主义的名作，生前只出售过一幅。从20世纪初以来，其作品却成为那些觊觎名画佳作的收藏家和欧、美、日各大博物馆追寻的对象，变成价值连城的宝物。他的7幅同样题材的《向日葵》油画，是1888年2月到1889年5月在法国阿尔生活期间所画的。这是他创作的伟大时期，在那里他像一团火，充满活力，白天画，晚上也画，描绘了开花的果树、市镇景色、自画像、邮递员鲁兰及其一家、室内外景色、向日葵和星夜等。他画的7幅《向日葵》，一幅比一幅辉煌。它们几乎都已被各大博物馆收藏：慕尼黑的美术馆、伦敦的国家画廊、阿姆斯特丹的樊尚·梵·高博物馆、费城博物馆等，只有一幅还在私人手里。在这幅《向日葵》画中，充分表现了人们喜爱的梵·高风格，那就是创造的激情，是一种近乎神秘的狂热。黄颜色像火一样烧遍画布，正如画家自己所说，"这是爱的最强光"。1987年3月23日，这幅《向日葵》在伦敦的克里斯蒂拍卖行，以2.19亿法郎出售。

抽象派的绘画雕塑有什么特点？

抽象派又称"非具象派"，是19世纪末流行于西方国家的一种艺术思潮和艺术流派，它不仅表现在绘画上，而且表现在雕塑等其他方面。

抽象主义者认为：艺术的使命只是表现艺术家本人的本能、下意识的感受，所以拒绝描绘客观世界的现象。他们"画的画是一种造型的客体，而不是真实的代表"，画面不与他们描绘对象的形象相联系，只有感情的交流。他们的

★向日葵

作品要么是杂乱无章的斑点和线条的结合，要么是大理石、金属、花岗石堆积的毫无意义的结构。在绘画中没有素描和构图；在雕塑中没有对象的自然客体和真实造型。抽象主义者随心所欲地创作，甚至用各种物质材料任意涂抹，连猴子画的画或倒转过来的平面图都成了杰作，可见它脱离了对自然界和人类生活的真正审美趣味，因而也很快让位给20世纪60年代中期在美国兴起的一种新的艺术流派——"视觉派艺术"（或被称为"光效应"艺术），其主要特征是利用光的效果，通过几何图形和色彩对比，在人的视觉上造成一种幻景。

抽象派的代表人物有哪些？

俄国画家康定斯基（1866～1944年）是公认的抽象画派创始者，他在1910年制作了一幅抽象作品，几乎是一张不成形的草图。后来，其作品更远离原有的装饰感，满纸杂乱的线条和强烈的色彩像火山岩浆一样喷射出来。最后他的图又变成清一色的几何形。代表作是《尖而安宁的玫瑰红》。

荷兰画家蒙德利安（1872～1944年）是早期抽象画派的主要代表，他的画主要运用抽象的"几何形体"，画面

只是竖线和横线组成的格子，色彩仅限于红、黄、蓝三原色，并附加黑、白、灰。这种绘画异常单调费解，其代表作是《构图》。

什么是加洛林文艺复兴绘画？

8世纪中叶，继墨洛温王朝之后，加洛林王朝建立。查理大帝在其统治时期，建立起多种族的庞大帝国。查理大帝提倡艺术家要按照古典风格的艺术样式去进行创作，并且形成以宫廷为中心的复兴古典文化潮流，史称这段时期为"加洛林文艺复兴"。

加洛林文艺复兴绘画艺术呈现出包罗万象的复杂面貌，这种绘画艺术并不只是停留在复兴古代绘画艺术，而是在对古典艺术吸收借鉴的基础上，体现出综合的绘画艺术创新，从而促进了日耳曼文化与地中海传统文化的交融。

加洛林绘画艺术得到最为充分体现的是抄本插图。加洛林时期的绘画对人物形象的写实刻画有所增强，而且装饰图案的比重降低，这更加集中体现了基督教的精神内涵。受古典复兴潮流的影响，抄本插图的表现技法呈现出多样性的倾向，并在各流派之间形成了较为固定的表现模式与技巧。各种插图摹本相互影响且广泛流传，这构成了加洛林抄本插图多姿多彩的面貌。

加洛林时期的民间流派有哪些？

加洛林兰斯派属于民间流派，绘画形式非常简约随意，带有许多民间的审美趣味，以自由生动、不拘一格为主要特点，比如兰斯派代表画作《诗篇》，它不像宫廷派那样拥有艳丽的色彩，而

是用深褐色的墨水画成图案，线条简练，如同速写的笔触一样显得生动奔放，无拘无束，感染力非常强，极富表现性，也非常多地保留了"蛮族"美术的生动性和富有表现力的传统。

加洛林图尔派是另一个具有独特风格的流派，明显受金属饰品的直接影响，以精致和典雅的图案为主要特点，带有更多墨洛温细密画的装饰趣味。

什么是表现派？

20世纪初流行于德、奥两国的表现主义文艺思潮是以绘画为先驱的。作为绘画领域中的表现派，反对艺术摹仿自然，主张艺术表现画家的主观感受和体验，用过分夸张的形体和色彩来宣泄内心的苦闷，这一点与野兽派极相似。表现派绘画的题材多是表现孤独的人生，反映压抑在内心的悲愤和难以忍受的痛苦，画面主人公没有前途和出路，感情颓废。

表现派的画家大体分为两类：一类往往以憎恶的眼光看待资本主义社会的一切；另一类则宣扬颓废情感和宗教迷信，寻找内心安慰。由于表现派绘画过分强调表现画家的自我感受和体验，致使有些画家的作品完全脱离客观形体变成了纯粹的精神符号，成了最早的抽象派绘画。

表现派绘画最早的重要代表人物是挪威油画家和版画家爱德华·蒙克（1863～1944年），他的名作《呐喊》是表现派绘画的典范代表。《呐喊》原是蒙克《生命》组画中的一幅，它用油画和版画分别画成两幅。它要表现的是现代西方人内心极度孤独的痛苦。蒙克

在这幅油画中充分发挥了色彩的作用：阴惨的血红色和浓重的深蓝、墨绿色，形成一个湍急的漩涡，紧紧包围着画中极度痛苦的男子，俨然是这个男子在极度痛苦中发出的呐喊的回声。

油画是怎么来的？

油画已有600多年的历史。初期的油画是采用鸡蛋黄或鸡蛋清作为调料，融合矿物颜料作画，再用很薄和透明的油色罩在画上，形成如瓷器的色釉一般的效果。这类早期油画画面均匀、有光泽，看不见笔触，画面工细严谨，富有装饰趣味。相传15世纪，被称为欧洲油画创始人的尼德兰画家凡·爱克兄弟，经过反复试验，发现亚麻油和核桃油是较理想的调和剂，既易于调色，又便于运笔，可层层敷设，画面透明鲜亮，更富有真实感。用这种油调色作画，画面干燥不快不慢，颜色干透而附着力强，色泽光艳而不易蜕变。从此，这种新材料和新技法很快流传全欧洲，成为各国绘画的主要形式。

以构图宏伟而著称的德国画家是谁？

丢勒（1471～1528年），德国画家。出生于纽伦堡，祖籍匈牙利，自幼随父学习金银工艺，后拜版画家沃尔格穆特为师。成年后出游意大利威尼斯和尼德兰，与贝利尼等友谊甚笃，充分吸收文艺复兴美术的技艺和理论。一生创作甚为丰富，油画、版画皆达到当时最高水平，对德国和西欧16世纪美术产生过很大影响，恩格斯把他与达·芬奇并提，称赞他是"多才多艺和学识渊博方面的巨人"。他的油画作品精于写实，以构图宏伟著称，代表作《礼拜三位一体》（又名《万圣图》）、《四使徒》和许多自画像、肖像画，被认为是德国写实精神与意大利艺术典型塑造结合的成功之作。版画作品刀法严谨，线条精细，无论是插图《启示录》，还是《大版本基督受难》、《圣母生平》等，都别开生面，自成一格，又雅俗共赏。铜刻版画最杰出的首推《圣尤斯塔斯》、《涅墨西斯女神》、《骑士、死神与魔鬼》、《圣哲罗姆》等，不仅技艺超群，且具有更为深刻的思想内容与时代感。这些作品虽多取自传统，但意境的丰富，构图的精到，均可和油画媲美。

什么是立体派？

立体派又称立方派，是20世纪初在法国画坛出现的一个现代艺术流派，主要活动于1906年至1920年间，它的得名来源于1908年马蒂斯对秋季沙龙的一次评论。立体派把体和面的表现放在艺术表现的首位，是从"后期印象派"塞尚热衷于把一切物体分析归纳为几种几何形体的主张发展而来。他们宣称要打破传统的空间概念，在艺术中表现不受时间、空间限制的物像，要在平面上表现长度、宽度、高度和深度，表现客体内在的视力所看不到的结构。

立体派代表人物的画作有什么特点？

立体派的创始人是法籍西班牙人毕加索（1881～1973年）和法国人勃拉克（1882～1963年）。毕加索在1907年创作的油画《亚威农少女》是立体派绘画的尝试，作品没有表现任何情节，也没有描绘人物活动的具体环境，只是画了5个形象离奇的裸女，意在从一个平面上表现妇女体形的不同方面，以追求所谓立体结构的美。毕加索的油画《弹曼陀铃的少女》则是典型的立体派绘画，他将人的形体结构分解为若干形体切面，然后再使它们互相重叠，以此来追求形体结构的美。勃拉克曾是野兽派画家，他的风景画表现出深受塞尚画风的强烈影响。勃拉克的作品将每种东西都极度简化，形成一种类似房顶上的瓦那样叠成的图案。这种探索使他与毕加索殊途同归，共同创造了立体画派。由于该画派的创作多从主观出发，玩弄形式，把客观世界的人和物表现得支离破碎，所以尽管许多作品有标题，但观者仍难于理解它们所体现的具体内容。

毕加索在西班牙内战期间创作的作品有哪些？

西班牙内战时期，他始终站在共和国一边，反对佛朗哥政权。当法西斯空军轰炸西班牙的格尔尼卡镇滥杀无辜平民的消息传出后，他创作了壁画《格尔尼卡》，表达了他的悲愤之情。在德国纳粹占领法国后，他坚持爱国主义气节，在巴黎闭门作画，拒绝法西斯利诱。1944年，他参加了法国共产党，表示要把绘画当作武器，用以抵抗和打击敌人。大型油画《尸骨存放所》就是通过对纳粹集中营的描绘，表示了对法西斯兽行的愤怒谴责。20世纪50年代初，他积极参加保卫世界和平运动，他的一幅《鸽子》版画，被选为巴黎保卫世界和平大会会标。这期间他的重要作品还

有《朝鲜的屠杀》、《战争》和《和平》等，不仅揭露了美帝国主义对朝鲜的侵略，而且用象征性的语言描绘了好战者对人类文明的践踏及人类对和平幸福生活的向往与追求。

什么是超现实主义派？

超现实主义画派是20世纪20年代超现实主义文艺思潮中的重要组成部分。它反对艺术反映现实生活，反对美术上的一切传统。他们的作品荒诞不经、光怪陆离，给人以梦中之感。超现实主义绘画的代表作主要有德国恩斯特的《红鸟》、西班牙米罗的《月墙画稿》、达利的《时间的消逝》等。其中油画《时间的消逝》是一幅极为典型的代表作。画中一只好像用面粉做的扁平形状的挂表，从一个桌子的边缘上滑下来一半，柔软得像一块腐烂了的奶酪；另一只同样的挂表安放在地上一个好像长着睫毛的"幼芽"上；此外，还有一只同样的挂表弯曲地挂在一株枯木的枝干上，远处则是一片潮水和岛屿。整个画面荒诞不经，使人慌乱，然而这正是超现实主义画派所追求的境界。超现实主义画派的目的是激发观者的共鸣反应，使欣赏者承认这些非理性的、在逻辑上费解的固有"感觉"。他们研究出一系列表现方法，以引起观者的各种心理反应。

什么是新古典主义绘画？

以复兴古希腊罗马艺术为旗号的古典主义绘画，早在17世纪的法国就已出现。在法国大革命及其政治和社会改革之前，有一场纯粹的艺术革命，这就是新古典主义绘画运动。这一时期的法国

美术既不是古希腊和罗马美术的再现，也非17世纪法国古典主义的重复。它是适应资产阶级革命形势需要在绘画上出现了一场借古喻今的潮流。所谓新古典主义也就是相对于17世纪的古典主义而言的。同时，因为这场新古典主义美术运动与法国大革命紧密相关，所以也有人称之为"革命的古典主义"。

新古典主义绘画有什么特征？

当时新古典主义绘画的特征是：选择严峻的重大题材（古代历史和现实的重大事件），在艺术形式上，强调理性而非感性的表现；在构图上强调完整性；在造型上重视素描和轮廓，注重雕塑般的人物形象，而对色彩不够重视。法国新古典主义绘画从维安、达维德到安格尔，取得了最优秀的成就，并达到高峰。

法国的新古典主义绘画对欧洲的一些国家也产生了影响，其中首先应该提到的是同时期的英国绘画。当时一大批优秀的画家活跃在画坛上，其中有风景画家威尔逊、桑德比和动物画家斯塔布斯，富塞利则是一位独具风格的英籍瑞士画家。明显受新古典主义影响的画家还有巴里、韦斯特。同时期的德国画家有希克、科赫和杰内利。

什么是古典主义绘画？

古典主义绘画是从17世纪至19世纪流行于欧洲各国的一种文化思潮和美术倾向。它发端于17世纪的法国，先后有三种不同的艺术倾向。一是主要是对古希腊罗马古典作品艺术风格的怀旧与模仿之风，以普桑为代表的崇尚永恒和自然理性的古典主义。从狭义上讲，有学者把18世纪末至19世纪初，法国大革命时期兴起的这种怀旧风格的回响作为第二倾向，如以达维特为代表的宣扬革命和斗争精神的古典主义。三是以安格尔为代表的追求完美形式和典范风格的学院古典主义。古典主义作为一种艺术思潮，它的美学原则是用古代的艺术理想与规范来表现现实的道德观念，以典型的历史事件表现当代的思想主题，也就是借古喻今。古典主义绘画以此精神为内涵，提倡典雅崇高的题材、庄重单纯的形式，强调理性而轻视情感，强调素描与严谨的外表而贬低色彩与笔触的表现，追求构图的均衡与完整，努力使作品产生一种古代的静穆而严峻的美。在技巧上，古典主义绘画强调精确的素描技术和柔妙的明暗色调，并注重使形象造型呈现出雕塑般的简练和概括，追求一种宏大的构图方式和庄重的风格、气魄。

什么是浪漫主义绘画？

"浪漫主义"一词来源于中世纪的"浪漫传奇"，意思是中古欧洲所盛行的英雄史诗和骑士传奇、抒情诗等。在艺术表现上，浪漫主义与古典主义学院派是完全对立的，它反对纯理性和抽象表现，强调具体的、具有特征的描绘和情感的传达；反对类型化和一般化，主张表现个性化，描绘人物的性格特征和精神状态；反对用古代艺术法则来束缚艺术创作，主张自由奔放热情的主观描绘，使艺术家的感情在创作中得到充分的传达；反对刻板的雕刻般造型和过分强调素描为主要表现手段，竭力强调光和色彩强烈对比上的饱和色调，以动荡的构图、奔放而流畅的笔触比喻或象征的手法塑造艺术形象，借以抒发画家的社会理想和美学理想。

浪漫主义绘画的代表作家有哪些?

法国席里柯的《梅杜莎之筏》，吹响了浪漫主义绘画的号角，他将人类复杂的情感在生命交替的瞬间表现得那样充分和富于悲剧力量，画中所蕴含的不可阻挡的激情的爆发，是以往的绘画中不曾有过的。被誉为"浪漫主义狮子"的德拉克洛瓦，是一个情感丰富、知识广博、有多方面才能的人。他轰动一时的《希阿岛的屠杀》，以其错杂宏伟的构图、热烈灿烂的色彩、阔大有力的笔触，成为法国浪漫主义的胜利宣言。德拉克洛瓦认为"幻想是艺术家的第一个优点"，因此他在创作时的热情常常是夸大的，浪漫的气质十分突出。他一生都在努力寻找科学的色彩法则，是一个色彩的革新者。他那些具有东方情调的犹如色彩交响乐般的作品，终于将绘画从对雕塑的模仿中解放出来。

西班牙画家戈雅，可称作是欧洲浪漫主义美术的先驱。战争和革命的震荡使他摆脱了与洛可可传统的联系而创造出一种属于浪漫主义的技巧。在《1808年5月3日枪杀》中，他戏剧性地运用明暗色彩，抗议战争给人类带来的恐怖和灾难。他晚年壁画所描绘的悲剧和梦幻世界，没有形，没有色也没有美，丑陋扭曲的形象却充满生命力，完全扎根于无意识的心灵深处。美术史家们认为："现代艺术是随着戈雅摒弃了美和令人喜悦的东西后开始的。"

德国的浪漫主义在绘画中的成就主要体现在风景画上，代表画家是弗里德里希。他作品中的景物常常是苍茫的群山、荒凉的海岸、修道院的废墟，在日出、日落或月光下显得神秘而深邃。

拉斐尔一生创作了哪些伟大的画作?

拉斐尔（1483～1520年），意大利画家。出生于乌尔比诺，自幼随父（乌尔比诺公爵的宫廷画师）学画，后又转入佩鲁吉诺门下，1500年出师。

拉斐尔早期作品就显露出非凡的天分。21岁时画的《圣母的婚礼》不仅表明他充分吸收了佩鲁吉诺的艺术精华，而且后来居上，无论构图与形象塑造都有所创新。尤其是画面的平衡，背景的描绘，圣母玛利亚及其夫约瑟形象的端庄、文雅，均为前辈画家作品中所罕见。1504年至1508年他居留佛罗伦萨，那里一度恢复的共和政治、民主精神和人文主义思想影响了他。同时他对各画派大师的艺术特点均认真领悟，博采众长，特别倾心学习达·芬奇的构图技法和米开朗基罗的人体表现及雄强风格，使其独具古典精神的秀美风格日趋成熟，从而迅速取得了和达·芬奇、米开朗基罗鼎足而立的巨大成就。他的一系列圣母画像，和中世纪画家所画的同类题材不同，都以母性的温情和青春健美而体现了人文主义思想。其中最有名的是《带金莺的圣母》、《草地上的圣母》和《花园中的圣母》。1512年至1513年绘成的大型油画《西斯廷圣母》，人物形象和真人大小相仿，由圣母、圣徒组成的三角形构图，庄重均衡，圣母和耶稣的体态健美而有力量，表现了母爱的幸福与伟大。另一幅更为高大的是祭坛画形

式的《福利尼奥的圣母》和稍后创作的《椅中圣母》、《阿尔巴圣母》，都堪称是他完美无缺的作品。

1509年后，他被罗马教皇尤里乌斯二世邀去绘制梵蒂冈皇宫壁画，其中签字厅的壁画最为杰出。这批遍布大厅四壁和屋顶的绘画，分别代表了人类精神活动的四个方面：神学、哲学、诗学和法学，作品除发挥了他特有的绘画风格外，还特别注意到了绘画表现与建筑装饰的充分和谐，给人以庄重显明、丰富多彩之感。这期间重要作品还有为埃利奥多罗厅绘制的《埃利奥多罗被逐出神殿》和《波尔申纳的弥撒》，为火警厅绘制的《波尔戈的火警》和为法尔内西纳别墅绘制的《加拉泰亚的凯旋》等。这些作品的形象塑造和光色运用都达到了新的境界，被誉为古今壁画艺术登峰造极之作。

他的肖像画也有很高成就。特点是形神兼备，气韵盎然。多采用微侧半身姿态，将背景隐去，唯以人物自然亲切的神态突出于画面。代表作为《卡斯蒂廖内像》和《披纱女子像》。前者描绘一位学者，其优雅的风度和深厚的学识表现得淋漓尽致。后者描绘的是一位女郎，她的容貌和作者笔下的圣母形象近似，但典雅的服饰，健美的体态，恰如其分地表现了生活中的女性。1520年春，他已患重病，仍在绘制《基督变容图》，虽未能完成，但出自其手的部分仍光辉照人，气势磅礴，表明在生命的最后一刻，他还在不断探索、丰富和完善自己的风格。

名画《伏尔加河上的纤夫》的作者是谁？

列宾（1844～1930年），俄国画家。1844年7月24日生于乌克兰丘古耶夫，1930年9月29日卒于库奥卡拉。早年随圣像画师学画圣像，1864年进入皇家美术学院，1871年参加毕业生命题创作竞赛获金质大奖。1870年至1873年创作《伏尔加河上的纤夫》。为了创作这幅描绘沙皇统治下俄国人民痛苦生活的作品，他两度到伏尔加，深入观察纤夫生活，使画面上的纤夫既是生活在社会底层受压迫的人，又是具有坚强毅力的生活的强者，表现了人民的强大力量和精神美。1873年去法国进修，绘画技巧得到进一步提高。1876年回国后借助小城镇的宗教习俗画的一系列风俗画，反映了农村中由于资本主义的发展而导致阶级分化的加剧。他的历史画也很出色。代表作《索菲亚公主》和《伊凡雷帝杀子》、《查波罗什人写信给苏丹王》表现了悲剧性冲突，刻画了复杂的历史人物精神面貌和心理变化。他还用画笔描绘了19世纪后期俄国民粹派反对沙皇专制的政治斗争，代表作有《拒绝临刑前的忏悔》、《意外的归来》、《宣传者被捕》等。他也是一位肖像画家，他把为同时代名人画像看作是最有意义的事情。在一系列肖像画中，最杰出的是《穆索尔斯基肖像》、《斯塔索夫肖像》、《托尔斯泰肖像》。还喜欢用轻松、欢快的笔调描绘自己的亲人和朋友，诸如《蜻蜓》、《休息》、《秋天的花束》等，实际上是一种类似风俗画的肖像画。在皇家美术学院任教的14年中，他为俄国美术界培养了一代后起之秀。晚年以自传体形式写了回忆录《抚今追昔》。

文艺复兴时期的雕塑有什么特点？

在文艺复兴时期以前，纪念碑式的

雕塑是结合建筑来设计和创作的，在中东和印度的古老文明中，几乎所有的雕塑都是建筑物的基本部分。希腊和罗马雕塑虽然并不总是在寺庙上或寺庙内，但大多数都是一个建筑系统如广场、宫殿、别墅或坟墓的一部分。甚至绝大多数的罗马半身塑像都放置在壁龛内。中世纪的雕塑，除了小型的或移动的塑像外，都是作为建筑物、祭坛或布道坛的一部分而设计的。

确立雕塑空间自由定位的雕塑家都有谁？

米开朗基罗在16世纪初完成《大卫》雕像时，他并没有考虑放置的地方。结果一个由艺术家们所组成的委员会被指定在佛罗伦萨市内挑选一处场地。而且，因为雕像是让人从正面看的，所以必须靠墙放置。这场辩论使艺术家们和公众第一次意识到雕塑的三维性问题。

和米开朗基罗同时代的意大利雕塑家本韦努托·切利尼，也许是第一个考虑到雕塑空间自由定位的人。他认为雕塑要比任何其他艺术伟大7倍，因为它具有8种至40种角度的视点，必须使它在整体中达到和谐。

为什么古希腊雕塑都是裸体？

欧洲文化的四大高峰之一是古希腊与古罗马文化。这时的艺术，以希腊的雕塑为中心。这些雕塑多为裸体人物。

当时的希腊，战争频繁，而战争主要是凭肉搏。因此每个士兵都得锻炼好身体，愈强壮愈矫健愈受人称赞。年轻人大部分时间都在练身场上裸体角斗、跳跃、拳击、掷铁饼，把赤裸的肌肉锻炼得非常强壮和结实，这就是当时希腊人所崇尚的形体美和格斗力量。艺术作为一种社会产物，便如实地反映出这一时代特征，大量的表现人体健美的裸体雕塑问世，形成了裸体艺术的高峰。

从古至今著名的维纳斯画作与雕像有哪些？

维纳斯是希腊神话中的女神阿佛洛狄特和罗马神话中的女神乌耶努斯相混合的称呼。神话中有的说她是主神宙斯与女神狄俄涅生的女儿，有的说她是天神乌剌诺斯的女儿。历代艺术家塑造出了无数个维纳斯像，以表现崇美、爱美、追求美的自由精神。

据史料记载，最早的维纳斯是座身穿宽大衣服的雕像，存在于公元前9～前6世纪的希腊。公元前4世纪中，出现了全裸的维纳斯像。以后在古罗马时期制造出许多仿前人的作品，但这些雕像大都没有留传下来。

1820年在爱琴海米洛岛上发现的"米洛的维纳斯"是极为罕见的希腊雕刻瑰宝，约作于公元前4世纪，现藏于巴黎卢浮宫。这座雕像为黄色大理石半裸像，由上下两截拼成，高240厘米，身体重心偏于右脚。这座美神形体美与气质美和谐统一，那双断损的手臂虽无人能修复却使欣赏者在遗憾之余产生无穷的遐想。

"美第奇的维纳斯"是16世纪时人们在罗马附近发掘出来的，因当时佛罗伦萨最富有的美第奇家族买下了她，故得此名。这座雕像凝睇顾盼，雍容典雅，裸体曲线起伏，颀长而秀丽。

波提切利和乔尔乔内是文艺复兴时期佛罗伦萨画派和威尼斯画派的代表人物，他们分别描绘出一动一静的两个维纳斯。波提切利的画题为《维纳斯的诞生》。画中刚诞生的维纳斯亭亭玉立于海上，左右有风神与春神相伴，飘拂的金发赋予这位羞涩与柔情的少女以活力与动感。整个画面充满浓郁的浪漫气息和鲜明的世俗倾向。乔尔乔内画的是《睡着的维纳斯》，画面背景幽深，气氛静谧，美神安然入睡，她那修长匀称的躯体曲线优美，舒展自然。

17世纪西班牙著名画家委拉斯凯兹创作了卓有新意的《镜前的维纳斯》。这位美神朝里侧卧，仅以纤巧苗条的背景对着人们，而又将恬静动人的面容从镜中显示出来。镜旁小爱神丘比特正玩耍着。画面仿佛一幅世间母子嬉戏图。这些维纳斯千姿百态、各具神韵，她们都将给人们以永恒的美的享受。

维纳斯为什么会失去双臂？

维纳斯是古罗马神话中爱和美的女神，即古希腊神话中的爱和美女神阿佛洛狄特。大约在公元前4世纪时，古希腊著名雕刻家阿海山纳在神话的基础上，加以丰富的想象和独特的创造，用大理石雕成了这一艺术珍品，雕像为黄色大理石半裸像，高240厘米，是极为罕见的希腊雕刻的瑰宝，是形体美与气质美的和谐统一，但后来散失。

1820年，在爱琴海米洛岛上，一名叫尤尔赫斯的农民在翻挖菜地时偶然发现了一个神龛，神龛里面装有一个半裸体美女的雕像，便把雕像搬回家中。这时恰巧有两名法国海员来到米洛岛进行水文考察。两名海员看到了这个美女雕像，但没有购买。几天后，两名法国海员的船到达了伊斯坦布尔，在应邀参加法国大使馆宴会席间，他们讲到了尤尔赫斯的发现。法国驻土耳其大使立刻派大使馆秘书马采留斯前去米洛岛收买。在马采留斯到达米洛岛时，尤尔赫斯已把雕像廉价卖给了一个神甫，此时，神甫又打算把它献给君士坦丁总督的翻译员。正当神甫准备把雕像装船启运时，马采留斯匆匆赶到，他要求神甫出让雕像，被神甫断然拒绝。于是，马采留斯与神甫展开了激烈的争夺。在激烈的混战中，维纳斯雕像被抛到泥泞里，双臂被摔断了。争夺雕像的官司打到了米洛当局，米洛当局以8000银币的索价将维纳斯雕像卖给了法国人。这座断了双臂的维纳斯雕像现收藏在法国卢浮宫。

100多年来，几乎没有人知道维纳斯雕像断臂之前的形象。欣赏者们在为其断损的手臂遗憾之余，产生过无穷的遐想。后来，人们在旧档案稿中，发现了杜蒙·居维尔的回忆录，在回忆录中，居维尔详细地记述了他最初在伊奥尔科斯家中看到的完整雕像：维纳斯右臂下垂，手抚衣衿，左臂上伸过来，握着一只苹果，双耳还悬有耳环……

自维纳斯雕像出土以来，许多雕塑家设想为维纳斯修复双臂，并为此作出了许多努力，然而至今仍无人能将雕像复原。

"文艺复兴三杰"之中以雕刻闻名的巨匠是谁？

被称为"文艺复兴三杰"之一的米开朗基罗不仅雕刻与绘画齐名，而且还是诗人与建筑师。他的艺术成就标志着文艺复兴时期西方艺术发展的一个高峰，对世界艺术的发展产生了深远影响。米开朗基罗1475年生于意大利的卡普累斯镇，他从小喜爱美术，14岁进入大画家吉兰达约的作坊学画，不久又转而学雕刻。青年时代他来到罗马学习古代艺术杰作，1500年在雕成《哀悼基督》中所显露出来的艺术才华轰动了罗马。26岁时他开始创作圣经中的爱国志士《大卫》。大卫雕像为一体态健美结实的裸体男子，艺术家以此正走向战场的青年巨人形象表达了对祖国命运的关怀和对共和政治的希望。

1508年他开始为梵蒂冈的西斯廷礼拜堂绘天花板。天花板高20多米，面积约520平方米，在极艰苦的条件下他用4年半的时间完成了壁画《创世纪》。这画虽然绘的是上帝创世的故事，却表现出对勇敢而正义的人的倾慕与信念，宣告了人文主义思想的胜利。中年时代，他雕刻了《摩西像》、《垂死的奴隶》、《被缚的奴隶》等传世名作，作品显示出艺术家准确表现人体结构和肌肤的高度才能，体现了他雄劲豪壮的风格。1530年，佛罗伦萨市民起义失败，他以沉郁悲壮的风格塑了《夜与昼》、《旦与夕》这两组象征性的雕像，反映出当时普遍存在于群众中的悲愤心情。艺术家年近60时，以5年努力画完了西斯廷礼拜堂祭台上的壁画《最后的审判》。在这面积达200平方米的巨画上，他仍用自己独特的艺术重新解释陈腐的神学教条，向教会中仇视人文主义的反动势力公开挑战。艺术家的晚年几乎以全力从事建筑设计，他设计修建的圣彼得大教堂圆顶在世界建筑史上占有重要地位。米开朗基罗终

生未婚，历尽坎坷，他表现巨人，表现人的挣扎、痛苦与斗争，这正是他的理想与一生经历的写照。1564年，艺术巨匠辞世前留下遗言："我的肉体归黄土，我的灵魂归天主，我的金钱归穷人。"

《创世纪》的内容是什么？

米开朗基罗为罗马西斯廷教堂创作的巨幅天顶画《创世纪》，人物多达300多人，分成中央和左右两侧三个部分。西斯廷教堂天顶画是米开朗基罗在绘画创作方面的最大杰作。它分布在该教堂整个长方形大厅的屋顶。整个屋顶长36.54米，宽13.14米，平面达480平方米。作品场面宏大，人物刻画震撼人心，是米开朗基罗的代表作之一。

《创世纪》由"上帝创造世界"、"人间的堕落"、"不应有的牺牲"三部分组成，每幅场景都围绕着巨大的、各种形态坐着的裸体青年，壁画的两侧是生动的女巫、预言者和奴隶。整个画面气势磅礴，力度非凡，拱顶似以因无法承受它的重量在颤抖。《创造亚当》是整个天顶画中最动人心弦的一幕，这一幕没有直接画上帝塑造亚当，而是画出神圣的火花即将触及亚当这一瞬间：从天飞来的上帝，将手指伸向亚当，正要像接通电源一样将灵魂传递给亚当。这一戏剧性的瞬间，将人与上帝奇妙地并列起来，触发我们的无限敬畏感，这真是前无古人，后无来者。

罗丹是如何雕塑"巴尔扎克雕像"的？

"巴尔扎克雕像"是法国杰出雕塑家奥古斯特·罗丹（1840～1917年）的作品，1891年罗丹受作家协会的委托开

始制作，直到1898年才最终完成。这个被罗丹认为"我一生的总结，……我巨大的发现"的现实主义杰作一问世，立即在法国社会上掀起轩然大波，展开了一场大论战。直到1938年，即大论战的40年后，才铸成《巴尔扎克》青铜像，树立在巴黎塞纳河左岸的拉斯佩尔和蒙特帕纳丝的林荫道街角。

罗丹接受任务后，为塑造巴尔扎克进行了周密的考虑。因为巴尔扎克是个又矮又胖、肚大腿短、容貌丑陋而臃肿的人，用罗丹的话说，简直是一个"活木桶"。罗丹认为，用写实方法来塑造巴尔扎克的外貌是不行的，应该在不掩饰巴尔扎克容貌的情况下，塑造出"他的热情工作，他的艰难生活，他的不息的战斗，他的伟大胆略和精神"。在这一创作思想下，罗丹做了大量习作和变体稿，花去了大量的时间，经过8年的努力，才完成巴尔扎克石膏像的塑造工作，1898年在沙龙展览会上展出。

第五章 文学与戏剧

《荷马史诗》的内容是什么？

《荷马史诗》相传是在许多民间行吟歌手集体口头创作的基础上，由盲诗人荷马加工整理而成。它一直被认为是古希腊最伟大的作品，也是西方文学中最伟大的作品。

《荷马史诗》包括《奥德赛》和《伊利亚特》两部分，各24卷。《奥德赛》计12110行，《伊利亚特》共有15693行。《奥德赛》记述了

★荷马雕塑

参加特洛伊战争的奥德修斯在回国途中被海神捉弄而迷失道路、辗转回乡的经历以及他在沿途的所见所闻。《伊利亚特》描写了古希腊人征服特洛伊人的经历，着重描写了阿喀琉斯的愤怒以及战后51天内发生的事情。

《荷马史诗》有什么样的重要意义？

《荷马史诗》表现了希腊远古英雄时代的大幅全景，同时在艺术上也是绝妙之作。它以希腊及四周的汪洋大海为情节背景，展现了极其自由的自由主义情景，这为后世希腊人甚至整个西方社会的道德观念积累下了传统。随之而来的是一种追求成就人生、得到自我实现的人文伦理观。这同时也是一种人神同

性的自由神学，剔除了精神世界中对神秘的恐惧。《荷马史诗》就是"希腊的圣经"，甚至公元前11～前9世纪的希腊史被称作"荷马时代"。荷马史诗是这一时期唯一的文字史料。作为史料，它不仅表现了公元前11～前9世纪希腊半岛及其周围诸岛的社会情况，同时也反映了迈锡尼文明的状况。《荷马史诗》是一部不朽的世界文学名作。

中世纪文学是怎么产生的？

中世纪文学一般是指从450年左右罗马帝国衰亡到15世纪文艺复兴之间，约一千年的时间里在欧洲各国产生的文学。中世纪在思想文化上的主要特征是天主教会势力强大。基督教神学影响到包括文学、艺术、音乐在内的几乎所有艺术形式。

中世纪早期的欧洲经历着巨大的社会动荡。发源于斯堪的纳维亚的日耳曼人、7世纪时崛起的信仰伊斯兰教的中东帝国以及源于亚洲的斯拉夫人，这些强悍的民族和国家都不断冲击着古老的欧洲大陆。他们带来了战乱，同时也间接促进了欧洲各人种和民族的融合，使得欧洲的文明空前的统一。形成了以罗马天主教会为核心，拉丁语为书面语言，封建采邑为政治制度的社会形态。在这基础上，基督教文学融合了欧洲本土文化和希伯来文化，使得西方文学的发展

加入了东方元素。同时商业和贸易的发展导致了市民阶层的产生，具有近代文学雏形的市民文学开始和僵化的天主教会文学分庭抗争。尽管如此，以神的存在来解释宇宙、世界和人始终是这一时期的文学主题，基督教自始不变是这一千年中社会变迁的最重要的因素。基督教文明在钳制和扼杀了世俗文化发展的同时，也以其空前强大的道德力量、信仰和价值维持着四分五裂的欧洲的统一。不可否认，与活泼的市民文学相比，教会文学无疑是程式化和平庸的。

中世纪文学都包括哪些文学？

中世纪文学主要包括宗教文学、城市文学、英雄史诗、骑士文学等。

宗教文学方面，《圣经》是宗教文学的代表作，由《旧约》和《新约》两部分组成。其他主要著作有圣奥古斯丁的《忏悔录》与《上帝之城》等。宗教剧是中世纪宗教文学中最为流行的题材，它是欧洲近代戏剧的雏形。

中世纪时期手工业和农业的分工、商业的发展导致了城市的产生，并形成了市民阶层，城市文学进而产生。城市文学多数是民间创作，歌颂市民或农民个人的机智和聪敏，反映了萌芽中的资产阶级的精神特征。法国是西欧城市发展最早的国家之一，城市文学最发达。

中世纪时期英雄史诗大致可分为两种，一种反映蛮族各部落处于氏族社会末期的生活，代表作包括日耳曼人的《希尔德布兰特之歌》、盎格鲁—萨克逊人的《贝奥武甫》。另一种史诗在基督教的影响下，主要歌颂英雄们在反对异教徒的斗争中的壮举。代表作包括法国的《罗兰之歌》、西班牙的《熙德之歌》等。

骑士文学是欧洲骑士制度的产物，也是中世纪欧洲特有的一种文学现象。骑士制度恪守"忠君、护教、行侠"的信条，骑士们在学习武艺的同时也要学习礼仪、诗歌、音乐等。这些特征精确地体现在骑士文学中。中世纪骑士文学对后世的影响非常深远。

古希腊时期的文学有什么特点？

古希腊文学是指整个古代希腊世界的文学。它是西方文学的源头，也是历史上欧洲文学的第一个高峰。

公元前6～前4世纪是古希腊戏剧的高峰期，多种文学样式都得到了长足的发展。埃斯库罗斯是古希腊悲剧之父，重要作品有《波斯人》、《普罗米修斯》。欧里庇得斯被称作是舞台上的哲学家，主要作品为《美狄亚》等。阿里斯托芬被誉为喜剧之父，主要作品有《阿卡奈人》、《云》、《鸟》。在历史方面，希罗多德被称为历史之父，著作有《希腊波斯战争史》。修昔底德著有《伯罗奔尼撒战争史》。在文艺理论上，柏拉图为客观唯心主义始祖，有对话录40篇。亚里士多德是柏拉图的弟子，著有《诗学》。

希腊化时期的文学有什么特点？

公元前4～前2世纪中叶，进入希腊化时期。这一时期，新喜剧成为文学的主流，主要戏剧家有雅典的米南德，他作有《恨世者》、《萨摩斯女子》等。古罗马文学指纪元前后繁荣于古罗马政权统治下的文学。戏剧方面，普劳图斯著有《双生子》、《一罐黄金》；泰伦斯著有《婆母》。诗歌在屋大维统治时期成为文学的最高峰。维吉尔是古罗马最伟大的诗人，代表作有《牧歌》、《农事诗》、《埃涅阿斯纪》。贺拉斯，讽刺诗人、抒情诗人、文艺批评家，著有《讽刺诗》、《颂歌集》、《诗艺》等。

《圣经》文学，就是早期基督教文学。包括讲述耶稣的生平和传说的福音书、记录立教初期的活动情况和保罗、彼得两个主要传道者的事迹的使徒行传、记录教会领袖人物对信徒的劝勉指导的书信以及启示录。

古希腊戏剧是如何发展起来的？

大致繁荣于公元前6世纪末到公元前4世纪初之间的古希腊世界的戏剧，称为古希腊戏剧。当时雅典是整个古希腊戏剧的中心。

雅典的戏剧传统起源于对酒神狄俄尼索斯的祭奠。亚里士多德在《诗学》中说：希腊悲剧的诞生要早于羊人剧和喜剧，而悲剧则由颂扬酒神狄俄尼索斯的赞美诗演变而来。公元前600年，诗人阿利翁将对酒神的赞美演变成了一种由歌队吟唱、且具有叙事性的全新的艺术样式。公元前534年，泰斯庇斯成为最早在这种叙事剧中饰演主要角色的人。到公元前5世纪，戏剧已经成为雅典文化和市民生活中的重要组成部分，而戏剧比赛成为酒神节的重要内容。其中参赛的剧作家都要提交一个悲剧三联剧和一个内容相关的羊人剧作为参赛作品。剧作主题也不再局限于对酒神的赞美，而开始在整个古希腊神话中取材。伯罗奔

尼撒战争后，雅典戏剧的发展渐渐失去活力，直到希腊化时代戏剧才得到了持续发展。希腊化时代主要的戏剧形式是"新喜剧"，米南德是唯一有影响力的剧作家。

古希腊戏剧中成就最高的作家有哪些？

古希腊戏剧分为悲剧和喜剧。古希腊戏剧大多取材于神话、英雄传说和史诗，题材通常都比较严肃。在悲剧中冲突通常是难以调和的，并具有宿命色彩。悲剧中的主人公往往具有坚韧不拔的性格和气概，但总是在与命运抗争中失败。埃斯库罗斯、索福克勒斯和欧里庇得斯三人是古希腊成就最高的悲剧作家。

埃斯库罗斯是古希腊最伟大的悲剧作家。埃斯库罗斯已知剧名的作品共80部，其中只有7部传世，包括《俄瑞斯忒亚》和三联剧《阿伽门农》、《奠酒人》、《复仇女神》，还有《乞援人》、《波斯人》和《普罗米修斯》。

索福克勒斯是雅典民主全盛时期的悲剧作家。一生共写过100余部戏剧，只有7部传世，成就最高的是《安提戈涅》和《俄狄浦斯王》。

欧里庇得斯是雅典奴隶制民主国家危机时代的悲剧作家。他一生共创作了80余部悲剧，有18部传世。其中最优秀的包括《美狄亚》等。

古希腊喜剧源于祭祀酒神的歌舞和民间滑稽戏，其中大多是政治讽刺剧和社会讽刺剧。雅典曾产生过欧波利斯、克拉提诺斯和阿里斯托芬三大喜剧诗人，只有阿里斯托芬有作品传世。

阿里斯托芬是伯罗奔尼撒战争时

期的喜剧作家。共写过44部喜剧剧本，只有11部传世，比较著名的有《巴比伦人》、《阿卡奈人》、《云》、《鸟》和《骑士》等。

法国古典主义流派最具代表意义的作家有哪些？

古典主义流派是17世纪欧洲的主要文学流派。它在法国的发展最为典型。法国古典主义的鼎盛时期是17世纪六七十年代，以高乃依、拉辛和莫里哀最具有代表意义。

彼埃尔·高乃依是早期古典主义的代表。《熙德》是他最优秀的一部作品，也是法国第一部古典主义悲剧。该剧将男女主人公放到责任与爱情的矛盾冲突之中。剧中人物都表现出了刚毅的美德和百折不挠的精神，为了完成义务，不惜牺牲一切。《贺拉斯》、《西拿》和《波利厄克特》是他另外三部名作。

若望·拉辛是古典主义后期剧作家。他的作品突出揭露了贵族无视理性、纵欲专横的丑陋行径，所以他的悲剧性质更显得深刻。他的代表作有《安德洛马克》和《费得尔》等。

莫里哀是三大古典主义剧作家中最伟大的一位，但是他的喜剧容量丰富，常常超出古典主义的规范。他的语言幽默诙谐，并带有看似温和的嘲讽口气。《伪君子》也称《达尔杜弗》，是莫里哀的代表作。此外，他还有名作《唐璜》、《悭吝人》等。

18世纪法国文学的主流是什么？

18世纪欧洲，法国的启蒙文学成为主流，但古典主义还具有强大的势力，同时古典主义也反过来影响着启蒙文学。

启蒙时期文学在法国主要是哲理与文学的混合体，其中成就最高的是卢梭和博马舍。卢梭是法国著名启蒙思想家、哲学家、教育家、文学家，是18世纪法国大革命的思想先驱，启蒙运动最卓越的代表人物之一。卢梭以《新爱洛绮斯》和流畅的散文在法国文学史上占了一席之地。他的散文风格清丽忧伤，内容却以歌颂大自然的美、人类的情感和性格为特征。博马舍，喜剧家，作品富有讽刺性、幽默性。他最著名的是费加罗三部曲：《塞维勒的理发师》、《费加罗的婚礼》和《有罪的母亲》。

18世纪英国文学有什么特点？

在英国，现实主义和浪漫主义几乎同时兴起，其中以笛福、斯威夫特和菲尔丁三人最为著名。笛福是英国启蒙时期现实主义小说的奠基人，被誉为"英国小说之父"。他的《鲁滨孙漂流记》表现了资产阶级蓬勃向上时期的冒险家的独特魅力。斯威夫特是英国著名讽刺作家。他唯一的一部小说是《格列佛游记》，借此揭露了当时社会的不合理现实，并对于资本主义大加讽刺。亨利·菲尔丁是18世纪英国的著名小说家。菲尔丁的代表作《汤姆·琼斯》通过记述弃儿汤姆和乡绅女儿苏菲亚的恋爱，展现了英国乡村生活的画卷。

18世纪德国文学呈现出什么样的特点？

德国民族文学的崛起应该从莱辛算起。之后德国在18世纪70年代出现了"狂飙突进"运动，它的代表人物是莱

辛、歌德和席勒。莱辛是德国启蒙运动时期剧作家、美学家、文艺批评家。他一生都倾注于戏剧艺术，对德国戏剧理论、戏剧创作和美学作出了巨大贡献。歌德的《少年维特之烦恼》充分表现了启蒙运动的浪漫主义情调。它以书信体叙述维特爱上了一个名叫绿蒂的姑娘并因种种原因最后自杀的故事。这部小说影响了整整一代青年人，是早期浪漫主义作品中影响最大的一部。席勒是德国18世纪著名诗人、哲学家、历史学家和剧作家。他继承了莱辛的传统，富有战斗性，最成功的戏剧是《强盗》和《阴谋与爱情》。

19世纪欧洲批判现实主义文学的代表人物有哪些？

法国的批判现实主义的代表人物有司汤达、巴尔扎克。司汤达的《红与黑》是欧洲第一部杰出的批判现实主义代表作。巴尔扎克是法国19世纪批判现实主义文学的代表。他的《人间喜剧》中最著名的有《高老头》、《欧也妮·葛朗台》、《贝姨》等。

英国批判现实主义文学的代表人物主要是查尔斯·狄更斯，代表作有《大卫·科波菲尔》、《双城记》和《艰难时世》等。英国批判现实主义的作家还有夏洛蒂·勃朗特、哈代、

★查尔斯·狄更斯

萨克雷等。

美国批判现实主义文学的代表作家主要是马克·吐温。他的代表作有《镀金时代》、《汤姆·索亚历险记》和《哈克贝利·费恩历险记》等。另外，欧·亨利、杰克·伦敦等也是有名的批判现实主义作家。

俄国的批判现实主义文学主要以普希金为代表。普希金的《叶甫盖尼·奥涅金》是俄国批判现实主义文学确立的标志。其他代表作家还有契诃夫、果戈理、陀思妥耶夫斯基和托尔斯泰等。

被誉为"文学史上的林肯"的美国作家是谁？

马克·吐温是美国批判现实主义文学的奠基人，世界著名的短篇小说大师。

马克·吐温（1835～1910年），原名塞缪尔·兰贺尔·克莱门斯，美国的幽默文学大师、小说家、作家、著名演说家，19世纪后期美国现实主义文学的杰出代表。

他的高超幽默、机智与名气，使他堪称美国最知名人士之一。他交友广泛，威廉·迪安·豪威尔士、布克·华盛顿、尼古拉·特斯拉、海伦·凯勒等人都是他的朋友。他曾被誉为"文学史上的林肯"。

《卡城名蛙》是马克·吐温的第一部巨著，首次发表在1865年11月18日的《纽约周六报刊》。1867年6月8日，马克·吐温工作之余乘游艇前往费城游历五个月。这促成了《傻子旅行》的诞生。1872年，描述马克·吐温到内华达的旅程的第二部旅行文学著作、《傻子旅行》的续集——《艰苦岁月》诞生。随

后的《镀金时代》成为他的第一本小说。这本书的特别之处在于：这是马克·吐温唯一一本与人合作写成的书，合作者是他的邻居查尔斯·达德利·沃纳。

马克·吐温之后的两本著作《密西西比河的旧日时光》和《密西西比河上的生活》是关于他在密西西比河上的经历的作品。之后，马克·吐温的《汤姆·索亚历险记》描写了他在汉尼拔的童年。在汤姆·索亚的身上完全能看到马克·吐温小时候的影子。该书也引入哈克贝利·费恩这一角色为配角。《王子与乞丐》是马克·吐温初次尝试写"乞丐"的作品，但因没有足够的经历，他的故事没有被普遍接受。接下来的《浪迹海外》是马克·吐温前往中欧及南欧旅行的游记。

1904年，马克·吐温的妻子去世。此后，他才把长期担任他的著作审查员及编辑者的妻子不喜欢的书籍出版。

1910年，马克·吐温因病去世。

19世纪欧洲浪漫主义文学的代表人物都有谁？

法国浪漫主义的代表是雨果、缪塞和大仲马。雨果的代表作是《悲惨世界》及《巴黎圣母院》、《笑面人》和《九三年》等。缪塞的代表作为自传体小说《一个世纪儿的忏悔》。大仲马的主要作品有《三个火枪手》和《基督山伯爵》。

德国浪漫主义的代表人物是海涅。海涅早年的诗作有《青春的苦恼》、《抒情插曲》等。海涅最著名的作品是政治抒情长诗《德国——一个冬天的童话》。

英国的浪漫主义文学分为两代人。第一代包括：华兹华斯，其代表作是他与柯勒律治合写的《抒情歌谣集》。柯勒律治，代表作长诗《古舟子咏》。骚塞，主要作品是长诗《审判的幻景》。第二代：拜伦，代表作是诗体小说《唐璜》。雪莱，最著名的有长诗《麦布女王》、诗剧《解放了的普罗米修斯》。济慈年，代表作有《夜莺颂》、《希腊古瓮颂》和《灿烂的星》等。

20世纪的文学流派有哪些？

20世纪是人类走向全球化的世纪，20世纪的文学是在全球化的背景下发展前进的。冲破封闭，打破国界，并成为全球的共享资源构成了20世纪文学发展的主流趋势。

20世纪文学是在各种流派的继承、融合与发展中前进的。它呈现出文学思潮从单一走向多元、东西方民族文学间由冲突回应到综合交融的特点。随着资本主义的发展，社会矛盾不断激化，促进了悲观主义哲学的流行。这使人们能真实地认识和反映生活，而不再自信。在这基础上，现代主义流派登上文坛，成为20世纪世界文学的主流之一。

现代主义是19世纪末到20世纪产生，并流行于20世纪的众多文学流派的总称。主要有表现主义、未来主义、象征主义、存在主义、意象派、意识流、黑色幽默、荒诞派戏剧、新体小说、魔幻现实主义等。

什么是伤感主义文学？

感伤主义文学是18世纪后期欧洲资产阶级启蒙运动中产生的一种文艺思潮。

发源地在英国，由英国作家劳伦斯·斯泰恩的小说《感伤旅行》而得名。

这派作家夸大感情的作用，细致地描写人物的心情和不幸遭遇，以引起读者的同情和共鸣。表现出了对社会现实的不满和对劳动人民的怜悯之心，具有资产阶级人道主义思想，也反映了新兴资产阶级的愿望与要求。他们常以生、死、黑夜、孤独为题材，抒发自己的哀思和失意，格调悲哀，语言晦暗，充满悲观失望的情调。喜用哀歌、回忆录、旅行日记、书简等文学体裁。感伤主义文学流传到法国、德国和俄国，影响了一批作家的创作风格，其中最著名的感伤主义作家有英国的劳伦斯·斯泰恩和詹姆斯·汤姆生、德国的歌德、法国的卢梭、俄国的卡拉姆辛等。

什么是浪漫主义文学？

浪漫主义文学产生于18世纪末，在19世纪上半叶达到繁荣时期，是西方近代文学最重要的思潮之一。在纵向上，浪漫主义文学是对文艺复兴时期人本主义理念的继承和发扬，也是对僵化的法国古典主义的有力反驳。在横向上，浪漫主义文学和随后出现的现实主义共同构成西方近代文学的两大体系，造就19世纪西方文学盛极一时的繁荣局面，对后来的现代主义和后现代主义文学产生了深远的影响。

浪漫主义文学在政治上反对封建制度，不再刻意突出人的理性，而是深入发掘人类的感情世界，通过瑰丽的想象和夸张的手法塑造特点鲜明的人物形象。在创作风格上，以想象力丰富的构思和跌宕起伏的情节为主要特征。

什么是超现实主义？

超现实主义正是第一次世界大战后，一群参加过大战的法国青年目睹战争的荒谬与破坏，对以理性为核心的传统理想、文化、道德产生怀疑，急欲寻求一种新理想代替旧信念所造成的结果。

1919年，青年诗人布勒东与阿拉贡、苏波等创办《文学》杂志，在"尽力表现违反常理的原则"指导下开展创作活动。1924年，布勒东发表《超现实主义宣言》，成立超现实主义小组，发行刊物《超现实主义革命》。从此，超现实主义运动进入高潮。超现实主义敌视一切道德传统，否定现实主义和传统的小说，认为它是平庸、仇恨的根源，而小说之所以成为文学的宠儿，是因为它适应了读者要求合乎逻辑地反映生活的追求。它要打破这一切，追求"纯精神的自动反应，力图通过这种反应，以口头的、书面的或其他任何形式表达思维的实际功能。它不受理智的任何监督，不考虑任何美学上或道德方面的后果，将这思维记录下来"。它强调潜意识和梦幻，提倡写"事物的巧合"，倡导"自动写作法"。

什么是后现代主义？

"后现代主义"一般指第二次世界大战以后的文学艺术，它是在大战后人们的心理危机逐渐加剧的背景下的产物。

"后现代"这个概念是1947年英国历史学家阿诺德·汤因比提出的，尔后文艺批评家们用这一特定意义的概念来特指1950年以后发生的事。"后现代"的概念意为"比'现代'还现代"，它既是"现代"的延续，又试图打破已过

时的"现代派"。后现代主义不仅继承了现代主义并将它推到极致，继续从事反传统的现代经验，而且也尝试脱离不可避免地日渐成为新的规范的现代主义形式。

后现代主义的特征是什么？

在创作上倾向于多元化、多方向的展开和运动，强调艺术的薄弱点和不完美性，是"后现代主义"创作的主要特征。作品中所叙述的事件、人物和思想都显得悬而未决，模棱两可，难以判明，常常流露出自相矛盾，无逻辑因素，直觉成分和偶然因素对社会"存在"的影响，表现出主人公和作者在失去安全感以后的惶恐和痛苦心理。在语言理论和文学理论方面，它力主推翻语言本身的基础，以显示从清醒的探索中看到语言的外表意义的消失，成为一种无法解决的不确定性的游戏。这一流派的代表有塞缪尔·贝克特等。

魔幻现实主义的代表作家及作品是什么？

魔幻现实主义发源于20世纪30年代，是20世纪拉丁美洲小说流派。早期魔幻现实主义主要表现为对美洲印第安人或黑人神话传说的发掘，代表作是危地马拉作家阿斯图里亚斯的短篇小说集《危地马拉的传说》。中期魔幻现实主义从20世纪50年代末到60年代中，主要有阿斯图里亚斯的《玉米人》、墨西哥作家鲁尔福的《彼得罗·巴拉莫》、古巴作家卡彭铁尔的《这个世界的王国》、秘鲁作家阿格达斯的《深沉的河流》和哥伦比亚作家加西亚·马尔克斯

的《百年孤独》等。通过神话原型的显现以展示拉丁美洲的文化混杂和社会矛盾是这些作品的显著特点。此后，魔幻现实主义盛极而衰，但它的某些创作方法一直延续到20世纪70年代甚至更晚。

"魔幻现实主义"这一术语最早是在1924年出现的，由德国艺术批评家弗兰兹·罗《魔幻现实主义，后期表现派：当前欧洲绘画的若干问题》中提出来的。意大利作家邦滕佩利也曾用它评论未来主义。在拉丁美洲，最先起用这一术语的是委内瑞拉作家乌斯拉尔·彼得里。他在《委内瑞拉文学与人》一书中将它界定为对人的"本质描写"和某种文化积淀的演示。

欧美侦探小说可以分为哪几类？

侦探小说是19世纪末在西方产生并盛行的一种通俗小说，与哥特小说、犯罪小说、间谍小说以及悬疑小说等同属惊险神秘小说的范畴。

美国作家爱伦·坡被认为是西方侦探小说的鼻祖。它的结构、情节、人物都有一定的格式和程式，一般以刑事案的发生和破案经过为主要故事情节，以职业侦探为中心描写对象，描绘他们的判断机智和惊人的推理。著名作家还有柯南道尔和克里斯蒂等。他们所创作的侦探小说又称为"迷式侦探小说"。这类小说善于制造扑朔迷离的情节迷惑读者视听，然后由大侦探采用剥茧抽丝、层

★柯南道尔

层推理的方式解释破案过程，使读者悬疑获释。

20世纪初，美国又出现了"硬汉派"侦探小说。它力图反映现实，极力描写艰苦的环境和打斗场面。这类作品中侦探再不是万能全胜的形象，常常不能维护法律的公正。作品揭露了资本主义社会法律的虚伪性。因此它比"迷式侦探小说"更先进，但没有得到很好的发展。著名的侦探小说有英国柯南道尔的《福尔摩斯侦探案》、美国威·亨·赖特的《本森谋杀案》、英国女作家阿加莎·克里丝蒂的《尼罗河惨案》和艾勒·奎恩的《荷兰鞋之谜》、《希腊棺材之谜》等。

什么是比较文学？

比较文学产生于19世纪，是专指跨越国界和语言界限的文学比较研究。也就是用比较的方法来研究民族与民族、国家与国家之间的文学，或者文学与其他的艺术形式、意识形态的关系的新型边缘学科。从世界文学的角度着眼，充分揭示各个国家、各个地区、各个民族文学所特有的发生、发展的过程，探索文学发展的内在规律乃至人类文化发展的基本规律是比较文学的任务。

歌德是比较文学的先驱。世界上目前主要有法、美两派。前者注重研究一国文学对另一国文学的影响；后者注重研究在相同的历史条件下不同民族文化的比较，找出异同及缘由，以找出共同的规律。

什么是表现主义？

表现主义是20世纪初盛行于西方的一种由绘画扩展至音乐、文学的文艺思潮，其中心在德国。

第一次世界大战前后，表现主义已在德国文学界引起强烈反响，并逐渐波及到奥地利、捷克、瑞典等国，出现了一大批具有世界声誉的作家作品。最负盛名的有德国的恩斯特·勒和他的《群众与人》、奥地利的卡夫卡和他的《变形记》、瑞典的奥古斯特·斯特林堡和他的《鬼魂奏鸣曲》等。表现主义由于没有追求更美好社会的目标，在20世纪20年代中期逐渐衰落下去。

表现主义文学的特点是什么？

表现主义文学的特点是反对客观地表现自然和社会，提倡表现主观现实或内在现实，认为"自我是宇宙的中心和真实的源泉"。所以在表现主义文学作品中，我们看到的多是强烈的社会情绪、深刻的内心体验和复杂的变态心理，至于人物的性格特征、身世乃至姓名，都显得无足轻重。它广泛使用象征、梦幻的手法来刻画环境、事件和人物，反映人物的各种精神活动。因此小说情节变化突兀而无逻辑；语言简练而不连贯，并大量使用抒情独白和旁白的形式，为作者直接插入自己的见解而创造机会。

未来主义的代表作家及作品是什么？

未来主义是20世纪初在欧洲产生的文艺流派和思潮。1909年2月20日，意大利诗人、戏剧家马里内蒂在法国《费加罗报》发表《未来主义宣言》，宣告了未来主义的诞生。第二年，他又发表了

《未来主义文学宣言》，进一步阐明这一流派的理论主张和文学创作原则。

未来主义从文学开始，很快席卷绘画、音乐、戏剧、电影、雕塑、舞蹈、建筑等各个艺术领域。例如，1910年2月11日，博乔尼、巴拉等发表《未来主义绘画宣言》。1915年，马里内蒂、塞蒂梅利等发表《未来主义戏剧宣言》。

未来主义在意大利兴起，随后波及全欧。在意大利，除马里内蒂外，代表人物有帕拉泽斯基、戈沃尼、帕皮尼、索菲奇等。在法国，吉约姆·阿波利奈尔于1913年发表了《未来主义的反传统》，提出"立体未来主义"。1911年，俄国谢维里亚宁发表《自我未来主义序幕》，倡导"自我未来主义"。第二年，布尔柳克、卡缅斯基、马雅可夫斯基等发表《给社会趣味一记耳光》，倡导"立体未来主义"。

未来主义是如何走向非理性的？

在艺术形式上，未来主义提倡以"自由不羁的字句"为基础的诗，以便随心所欲地表达运动的各种各样的形式、速度以及它们的组合。强调直觉，主张用一系列的"类比"、"感应"和"凌乱的想象"，排斥理性和逻辑，表现作者朦胧的、奥秘的感受和不可理解的事物，表现病态、梦境、黑夜、死亡。甚至要求取消语言规范，消灭形容词、副词和标点符号，而仅仅借助奇特的文字游戏，词语的字体变化，各种图案的剪贴、组合，模拟自然界杂乱的声音，甚至使用枯燥的数学符号、乐谱，来赋予字句以他们想表达的涵义，从而开辟了通向非理性主义和形式主义的道路。

什么是达达主义？

达达主义文学是20世纪初现代资产阶级文艺流派之一，它首先出现在瑞士，后又在法国、德国和美国流行起来。"达达"本是法语中"玩具马"的译音。

1916年，罗马尼亚诗人特里斯坦·查拉在苏黎世以"达达"为名成立文学团体，表示他们的主张是"毫无意义"和"无所谓"的。因为他们认为世界上的一切都是"无意义"和"无所谓"的，所以作家们文艺创作也应像幼儿咿呀学语那样排除外来的思想干扰，用婴儿对周围世界的那种纯生理性反应来表达自己感官所直接感触到的印象。1919年查拉迁居法国，又在巴黎与布勒东、艾吕雅、阿拉贡、苏波、皮卡比亚组织了法国的达达团体。这个流派的产生，反映了第一次世界大战期间欧洲资产阶级青年一代的苦闷彷徨，想寻找出路又误入歧途的精神状态。1924年后，以布勒东为首组成了另一新的文学流派——超现实主义，达达主义从此衰竭。

达达主义有什么特点？

达达主义对现实世界的一切都持否定态度，标榜艺术无思想性，主张以"自我"为中心，强调人类神秘多样的潜意识活动。在文艺手法上，他们否定一切文化传统、艺术规律、艺术的目的性和思想性，崇拜虚无主义，主张文艺创作应像婴儿喃喃呓语般莫名其妙，提倡以混乱的梦呓和荒诞的形象来表现不可思议的事物。

什么是"愤怒的青年"文学？

"愤怒的青年"文学是20世纪50年

代初，英国文坛上出现了一种新的文学流派。它以作家莱利·阿伦·保罗的自传《愤怒的青年》而得名。

"愤怒的青年"文学流派成员多为出身微贱、命运多舛的有志青年。他们面对大英帝国的日益腐朽和没落，深感贫富悬殊的社会制度压迫着他们的才能，威胁着他们本来就不稳固的社会地位。在悲观失望但又不愿虚度年华的矛盾中，举笔将自己的经历、生活、理想与激情化为"愤怒"的主人公，以抨击僵化的社会制度，谴责凶残保守的统治者。该文学流派主要作家及代表作品还有约翰·魏恩的小说《大学后的漂泊》、约翰·奥斯本的剧本《愤怒的回顾》和金斯莱·艾米斯的小说《幸运的吉姆》等。由于这类文学囿于个人生活的狭窄题材，且又采取谩骂、酗酒、乱伦等玩世不恭的方式进行反抗，因而他们对社会的不满只是一种消极否定。

废奴文学是怎样产生的？

从19世纪30年代起，美国北方的进步人士掀起了声势浩大的反对蓄奴制的斗争。一批作家站在资产阶级人道主义的立场上，撰写了大量诗文揭露蓄奴制的黑暗与反动，谴责南方农奴主的残酷和野蛮，表达了对美国黑人奴隶的同情和支持，向蓄奴制发起舆论攻势。他们的创作所形成了一股文学潮流，产生了废奴

★爱默生

文学。

废奴文学的优秀作品有爱默生的《波士顿颂》、朗费罗的《奴役篇》和惠特曼的《桴鼓集》等。其中女作家斯陀夫人的小说《汤姆叔叔的小屋》影响最大，这部小说的出版，把反对蓄奴制的舆论宣传扩大到全世界，促进了奴隶解放运动。此外，希尔德列斯的《自奴》在唤醒社会舆论方面也起过重大作用。废奴文学在文学史上开创了美国19世纪批判现实主义文学的先河。

什么是"迷惘的一代"？

"迷惘的一代"是20世纪20年代出现在美国的一个文学流派，从美国女作家斯泰因为海明威小说《太阳照常升起》的题词："你们都是迷惘的一代"而得名。"迷惘"是指这一流派的作家所共有的彷徨和失望情绪。

这一流派的作家大都是亲身经历过第一次世界大战并开始成熟起来的作家。战争在他们精神和肉体上留下了严重的创伤，以致产生一种心灰意懒失望迷惘之感。所以他们作品中的主人公反战情绪强烈，对资产阶级传统的道德、理想和信仰持否定态度。但是，由于他们是从个人角度去对抗整个社会，所以常因无力改变现状而陷入绝望，作品中怨恨多于愤怒。艺术上，他们都才华出众，创作形式和表现手法也具有开拓精神，各自形成独特的艺术风格。"迷惘的一代"代表作家有海明威、菲兹杰拉尔德、福克纳等。

什么是意象派？

意象派是现代英美诗歌流派。意

象就是融入了主观情意的客观物像。20世纪初在法国象征主义和中国古典诗歌意象的丰富性、含蓄性、形象性影响下，兴起反对抽象说教，反对陈旧题材与表现形式的诗歌运动。以美国诗人艾兹拉·庞德、艾米·洛威尔，英国诗人托马斯·休姆、理查德·奥尔丁顿等一部分作家、评论家为代表。十月革命前后，意象派传到俄国，叶赛宁等第一批青年诗人和画家发表意象主义宣言，成立团体，出版意象主义杂志和诗集。该团体在1927年解散。20世纪30年代，英国评论家卡罗琳·斯珀津出版了《莎士比亚的意象》一书，对莎剧中的意象进行了大量研究，成为莎评中意象派的首创者。20世纪40年代到60年代，美国诗坛上先后出现了以卡尔·夏皮罗、约翰·马尔科姆为代表的意象玄学派和以路易斯·辛普森、詹姆斯·赖特为代表深度意象派等新的诗歌流派，说明意象派在美国诗坛上影响较大。

意象派是如何从创建走向瓦解的？

1912年，庞德首次采用了意象派名称。1915～1917年间，每年出版一本意象派诗集。庞德退出意象派后，洛威尔继续领导该派活动，提出语言要通俗准确、创造新节奏、题材完全自由、用意象来写诗和表现要具体、简练、浓缩6项原则性主张。后来洛威尔又加上"要含蓄，不用直陈"的原则。他们力求以鲜明的意象和短小精悍的"中国式"诗体去反对陈腐的19世纪后期英国诗风，有积极意义，但重点追求诗歌的形式和技巧，有忽视作品的社会意义和思想价值的倾向。第一次世界大战后，意象派诗人逐渐分道扬镳，这个流派也逐渐瓦解。

什么是隐逸派？

隐逸派是20世纪上半叶在意大利和西方颇有影响的诗歌流派。在第一次世界大战后产生，在30年代达到鼎盛。

到了20世纪40年代，在人民群众掀起的反法西斯抵抗运动的影响下，一些隐逸派诗人或直接参加了抵抗运动，或在诗歌中鲜明地表现反法西斯主义、爱国主义的主题，开始触及社会现实生活的题材。

★蒙塔莱

隐逸派的主要代表有诗人蒙塔莱、夸齐莫多、翁加雷蒂。其中夸齐莫多、蒙塔莱分别是1959年、1975年诺贝尔文学奖获得者。翁加雷蒂早年曾受到法国象征主义、意大利未来主义的影响，他善于以精确的、富于巨大表现力的诗句刻画人的内心世界。属于这一流派的诗人还有萨巴、卢齐。

《看不见的人》的主要内容是什么？

《看不见的人》是黑人作家拉尔夫·埃尔逊于1952年发表的长篇小说。小说用第一人称"我"自述了一位美国黑人在种族歧视的社会里，如何失去"自我"，成为一名"看不见的人"。这是因为"我"在这个社会里，"人们不愿看见我，不愿认识我"，所以"我就没有必要让人看见了。"小说运用象征的手法描写和反映了美国社会的种族歧视。该书曾被美国主要书评周刊《图书周刊》评选为第二次世界大战后最优秀的美国小说。

"吼派"作品是如何表达自己的思想的？

"吼派"作品主要是以人们最关心的政治、社会问题为题材，作品充满辩论、号召和呼吁的内容，类似涅克拉索夫、马雅可夫斯基等以政论见长的创作倾向。这派诗人常常走上广场和街头，在人群中高声朗诵自己的作品，用诗歌去回答当时人们所关心的社会问题。代表诗人有叶甫图申科、沃兹涅克斯基、罗日杰斯文斯等。20世纪60年代后期，由于他们中的多数人受到政治批判，"吼派"诗人不再出现在街头广场。到20世纪70年代，这一流派已分崩离析，不复存在了。"吼派"诗作表现出对政治问题极大的关心和热情，是值得肯定的，但也有些"概念化"的毛病。

"悄派"的作品有什么特点？

"悄派"作品主要是抒情诗，这一派诗人主要以自然景色、古迹名胜和日常生活为题材，以抒发内心感受为创作原则，表现出对政治的冷淡态度。他们从不去广场和街头作慷慨激昂的朗诵，而是在小范围内，在知音面前慢语低吟，因此也被称为"室内抒情"派。代表诗人有索科洛夫、鲁勃佐夫、库尼亚耶夫等。从诗歌传统角度上考察，他们主要是接受了以普希金、莱蒙托夫、阿赫玛托娃等内心抒情派诗人的影响。

女权文学是如何诞生的？

在美国文学史上，曾有一批优秀的文学女性对美国文学的发展作出过重大贡献。如现代派诗歌的先驱艾米利·狄金森，废奴文学的优秀作家斯陀夫人，以描绘边疆拓荒生活见长的薇拉·凯瑟等。但当时并不存在真正的女权文学，因为他们基本上仍是以当时占统治地位的男性文学观为指导而创作的。

20世纪60年代初，美国出现了真正的女权文学，它是随着黑人民权运动和反战运动的蓬勃发展而产生的。以女大学生为主体的知识女性为主要发起人和参加者是女权文学的主要特征。她们不像前几代女权主义者那样热衷于妇女的政治活动，不以争得和男子同等的政治经济地位为最终目的，而是把打碎传统文化强加于她们的种种精神桎梏，获得彻底的精神解放作为奋斗目标。于是她们拿起笔，向传统文化的陈腐观念发起攻击，树立了反传统的女性文化。

20世纪70年代之后的女权作品有什么特点？

20世纪70年代后，随着女权运动的深入和妇女地位的提高，越来越多的知识女性进入文坛。她们坚持从妇女日常生活中汲取素材，在作品中着重描写妇女在现代社会中的种种遭遇，特别是妇女们所受到的歧视和她们的抗争。在这批女性文学家的努力下，女权文学以女权主义为思想基础、与当代社会生活密切相关的新文学出现了。这一文学思潮的诞生，像一股清风吹进了当时脱离实际生活、一味沉湎于个人内心意识活动的沉闷的文坛，对引导文学家们投身火热的社会、改变创作风格起了促进作用。主要作家有乔伊斯·卡洛尔·欧

127

茨、阿纳依斯·宁等。

伤痕文学分为哪几类？

1988年，在苏联的许多文学刊物上，出现了大批以揭露和抨击斯大林时代破坏法制大搞个人迷信为主题的文艺作品，被评论界称为"伤痕文学"。

"伤痕文学"分为两类，一类是取材于20世纪30至50年代，反映斯大林个人专制事实的小说。例如雷巴科夫的长篇小说《阿尔巴特街的儿女们》、诗人日古林的自传体中篇小说《黑石》和丘科夫斯卡娅的中篇小说《苏菲娅·波得罗夫娜》等。有些作品不仅反映当时社会的恐怖气氛，还披露了在斯大林时代就曾成立过反对斯大林个人迷信的秘密组织。

另一类作品是当事人的回忆录，如30年代的新闻工作者拉兹贡的回忆录《并非伪造》一书，除叙述了本人被捕后的遭遇外，还写了不少名人在狱中的情况。1938年因写诗反对斯大林而被枪决的著名诗人曼德尔施塔姆的妻子，在回忆录中特别描写了克格勃在诗人身边安插的形形色色告密者的情况。

伤痕文学共同反映的问题是什么？

不论是小说还是回忆录，在不同程度上都反映了当时苏联社会生活的紧张气氛。以及斯大林多疑、残暴、专制的心理性格，体现了这一代作家对苏联社会政治生活的反思和总结。这些作品大部分内容真实，题材新颖，鲜为人知，因此引起广大苏联读者的浓厚兴趣。《阿尔巴特街的儿女们》一时成为苏联最畅销的小说，其续集《1935年及其他年代》也在《星火杂志》上连载，这部作品披露1935年"斯大林宪法"起草委员会30名委员中，有16人被枪决，2人自杀。另外，以文件为基础的中篇小说《贝利亚》等也在各地刊物登载。

什么是七星诗社？

七星诗社是16世纪中期法国的一个文学团体，由人文主义作家安东纳·德·巴依夫、彼埃尔·德·龙沙、卓阿金·杜·贝雷、雷米·贝洛、朋都士·德·缔亚尔、爱缔安·若岱尔等和他们的老师希腊语文学者若望·多拉共7人组成。他们大都出身上层社会，龙沙和贝雷是他们的领袖。

七星诗社的宣言书是由杜·贝雷执笔的《保卫和发扬法兰西语》，随后龙沙又陆续发表一些文章和著作，进一步阐述他们的理论。他们主张统一法兰西民族语言，反对用拉丁语和外国语进行创作，但可以用希腊语和拉丁语词汇改造旧字、创造新词等方法来丰富和发展法兰西民族语言。艺术上他们提出要创造出可以和希腊、罗马文学媲美的民族文学，诗歌风格应自然朴实，韵律响亮而富于变化。他们蔑视民间文学，摒弃民间诗体，主张采用希腊、罗马文学诗体和意大利十四行诗体，忽略了文学的创造性和反映生活真实的任务。七星诗社歧视劳动人民的语言，蔑视民族文学，把文学创作看成是贵族阶级专有的活动。

湖畔派的诗歌主题有什么特点？

湖畔派是18～19世纪的英国浪漫主义诗歌流派。主要成员有华兹华斯、柯尔律治和骚塞。他们都在华兹华斯的故乡，英格兰西北部坎布里亚郡内的湖区居住过多年，都写过不少歌咏湖光山色的田园诗，都有"回到大自然中去"的思想倾向。在1817年8月号的《爱丁堡评论》中被他们的共同笔友弗朗西斯·杰弗里戏称为湖畔派或湖畔学派。拜伦贬称他们为"湖畔人"。

★海明威

他们的艺术主张集中体现在华兹华斯和柯尔律治共同创作的《抒情歌谣集》再版《序言》和第三版附录《诗的措辞》中。

在诗歌题材上，他们主张写下层人民的日常生活，强调诗人的内心探索和感情的自然流露；在诗体方面，主张发展民间诗歌的艺术传统，采用民间口语，发挥诗人的想象力。他们的理论和实践结束了英国古典主义诗学的统治，对英国诗歌的改革和发展起了很大作用。但是他们否定诗歌的社会作用，美化中世纪的田园生活，提倡唯心主义、唯灵主义、神秘主义，把"听天由命"看成是人的"天性的永恒部分"，拜伦和雪莱对此进行过激烈的批评。

"新闻体"小说的创始人是谁？

海明威，全名欧内斯特·米勒·海明威，美国小说家。1954年度的诺贝尔文学奖获得者，是"新闻体"小说的创始人。

海明威一生中的感情错综复杂，曾结过四次婚，是美国"迷惘的一代"作家的代表人物。他的作品中透露出对人生、世界、社会的迷茫和彷徨。他的一生受战争影响颇深。一战期间，他在意大利前线身负重伤，经过十三次手术，从身上取出二百多块弹片。战后，他以驻欧记者身份常驻巴黎，开始发表作品。

小说《在我们的时代里》是他的成名作。重要长篇小说《太阳照常升起》和《永别了，武器》被看作是"迷惘的一代"的代表作品。在参加西班牙内战期间，他发表了长篇小说《有的和没有的》、《丧钟为谁而鸣》和剧本《第五纵队》等。《丧钟为谁而鸣》标志着他创作上的一个新的制高点。二战时，海明威曾参加解放巴黎的战斗。20世纪50年代，海明威又回到捕鱼、打猎等冒险生活中去。在此期间，他乘坐的汽车、飞机连连失事。他是在有生之年读到自己讣告的第一人。这期间，他主要创作了《过河入林》和震撼欧美文坛的中篇小说《老人与海》等。《老人与海》是根据一位古巴渔夫的真实经历创作的。这部小说以摄像机般的写实手法记录了圣地亚哥老人捕鱼的全过程，塑造了一个在重压下仍然保持优雅风度、在精神上永远不可战胜的老人形象。1954年，海明威因《老人与海》获得诺贝尔文学奖。1961年，海明威饮弹自杀，为自己戏剧性的一生画上了句号。

海明威是一位极其富有传奇色彩的作家。他最喜欢的主题是死亡、战争、男子汉气概和爱情。尤其是"死亡"和"男子汉气概"，贯穿他的全部创作，并成为他作品的主要风格特征。同时，他的语言简洁有力，充满生气与活力，使他的创作在欧美文坛产生了深远的影响，在美国引发了一场文学革命。

中世纪最后一位诗人是谁？

但丁，全名阿利盖利·但丁，是意大利诗人，现代意大利语的奠基者，

欧洲文艺复兴时代的开拓人物之一，以长诗《神曲》留名于后世。恩格斯评价说："封建的中世纪的终结和现代资本主义纪元的开端，是以一位大人物为标志的，这位人物就是意大利人但丁，他是中世纪的最后一位诗人，同时又是新时代的最初一位诗人。"

但丁1265年出生于佛罗伦萨一个城市贵族之家，父亲因家道中衰长年经商。但丁年少时跟从学者布鲁内托·拉蒂尼学习拉丁文、修辞学、诗学和古典文学，他对罗马大诗人维吉尔非常崇拜。另外，但丁还精心研究神学和哲学。青年时期，但丁就加入了佛罗伦萨城支持神圣罗马帝国皇帝的代表资产阶级利益的贵尔夫党，投身反对封建贵族的斗争。此后贵尔夫党击败其他党派在佛罗伦萨掌权，但丁当选为该城的行政官。该党分裂后，但丁属于白党，反对罗马教皇对佛罗伦萨的干涉。1302年，教皇伙同法国军队支持黑党击败白党，掌握了政权。但丁被没收所有家产，被判处终身流放，从此再没有回到故乡，直到1321年客死于拉文那。

但丁一生著作颇丰，《神曲》是其中最有价值的。此外，但丁还创作了《论俗语》、《新生》、《飨宴》和《诗集》等著作。

《神曲》的主要内容是什么？

《神曲》是但丁在流放期间历时十四年才完成的长篇诗作，原名为"喜剧"。在中世纪时，"喜剧"的解释与现在不同，他的意思为结局令人喜悦的故事。1555年以后，人们在原书名前加上修饰语"神圣的"，这既表示人们对诗人的崇敬，也暗示该诗主题庄严深奥、意境崇高。在中国，则将书名译为"神曲"。

这部作品通过作者与地狱、炼狱及天堂中各种著名人物的对话，表现了中古文化领域的成就和一些重大的问题，从中也可以隐约窥见文艺复兴时期人文主义思想的光辉。在这部长达一万四千余行的诗作中，但丁自始至终地反对中世纪的蒙昧主义，阐明了要执著追求真理的观点，这对欧洲后世的诗歌创作产生了极其深远的影响。

薄伽丘创作了哪些作品？

薄伽丘（1313～1375年），意大利作家。薄伽丘青年时代先后在那波里学习商业、法律，并有机会进入宫廷，接触贵族生活，同人文主义者广泛交游。1340年，回到佛罗伦萨，坚定地站在共和政权一边，反对封建专制，并多次受共和政权委托，出使其他城邦和法国。他是位博学的人文主义者，在翻译和用人文主义观点诠释、传播古代典籍上作出重要贡献。晚年，致力于《神曲》研究，并撰写《但丁传》。

薄伽丘一生作品甚丰，著有长篇小说、史诗、叙事诗、十四行诗。

《菲洛柯洛》，写一个信仰基督教的少女和一个青年异教徒的爱情故事，是近代欧洲第一部长篇小说。《菲娅美达》采用书信体，叙述一个被遗弃的女子的遭遇和心态，是欧洲最早的心理小说。

《菲索拉诺的仙女》是长篇叙事诗，写仙女和牧人恋爱的故事。薄伽丘还写过长诗《苔塞伊达》、《菲洛特拉托》、牧歌《亚美托》。这些作品都从神话传奇或古典文学中撷取素材，赞颂爱情、友谊，展示人世间生活的美和欢乐，谴责禁欲主义，同时注重刻画人物充满激情的心理状态。

《十日谈》的主要内容是什么？

《十日谈》叙述1348年佛罗伦萨黑死病肆行时，10名男女青年到乡村避难，借欢宴歌舞和讲故事消遣时光，10天里每人讲一个故事，共得100个故事。人文主义思想像一根红线贯串这部故事集。作者把抨击的矛头直指宗教神学和教会，揭露教规是僧侣们奸诈伪善的恶因，毫不留情地揭开教会神圣的面纱，辛辣地嘲讽教廷的驻地——罗马是"容纳一切罪恶的大熔炉"。爱情故事在《十日谈》中占有重要的地位。作者认为，禁欲主义是违背自然规律和人性的，人有权享受爱情和现世幸福，他在许多故事里以巨大的热情赞美青年男女冲破封建等级观念，蔑视金钱和权势，争取幸福的斗争。《十日谈》还批评封建特权，维护社会平等和男女平等。不少故事叙述了卑贱者以智慧和毅力战胜高贵者。作者还宣扬全面发展的人的理想，强调人应当既健康、俊美，又聪明、勇敢，多才多艺，全面和谐地发展。

裴多菲一生写了多少诗？

裴多菲，匈牙利诗人。1823年出生于屠户家庭，少年时期经历过流浪生活，做过演员，当过兵。1842年开始发表作品，采用民歌体写诗，形式上加以发展，语言上加以提炼，创作了许多优秀诗篇。他认为只有人民的诗，才是真正的诗。

早期作品中有《谷子成熟了》、《我走进厨房》和《傍晚》等50多首诗，被李斯特等作曲家谱曲传唱，已经成了匈牙利的民歌。1844年从故乡来到佩斯，担任《佩斯时装报》助理编辑。在诗人弗勒斯马尔蒂的资助下，出版《诗集》、《爱情的珍珠》、《爱德尔卡坟上的柏叶》以及散文作品《旅行札记》，奠定了他在匈牙利文学界的地位，并受到德国诗人海涅的高度评价。

1847年创作起《致十九世纪的诗人》、《以人民的名义》等涉及当时政事诗篇，抒发了时代的声音。他的《自由与爱情》："生命诚宝贵，爱情价更高；若为自由故，二者皆可抛！"成为诗人走向革命的标志，也是他向革命迈进的誓言。1848年3月15日裴多菲领导有学生参加的无产阶级和小资产阶级的市民起义，写下诗篇《民族之歌》、《大海沸腾了》、《把国王吊上绞架》。在1848年至1849年由科苏特领导的民族解放战争中，裴多菲于1849年1月参加了贝姆将军的部队，作为贝姆将军的少校副官同俄奥联军英勇奋战，同年7月31日在瑟什堡战役中失踪。多数学者认为他牺牲在瑟什堡大血战中，尸体埋葬在1050名英烈的大坟塚中。

裴多菲的作品主要是诗。他一生中写了约1000首抒情诗和8部叙事长诗，其中最著名的有《雅诺什勇士》和《使徒》。也写过小说和戏剧。他的政论文章揭露了敌人，鼓舞了人民，起过积极的作用。鲁迅对他的一生和作品作过高度评价。

海涅的主要诗歌作品有哪些？

海涅，德国诗人。1797年出生于杜塞尔多夫一个犹太商人家庭，1815年在

法兰克福学习经商。第二年到汉堡，在叔父所罗门的资助下开商店。1817年在汉堡一家刊物上发表了处女诗作。1819年经商失败后，在叔父资助下进波恩大学和格丁根大学攻读法律，后转入

★海涅

柏林大学，最后仍在格丁根大学完成大学学业。1821年出版了《诗集》，此后接连发表了许多诗作。为了获得一张欧洲文化的入场券，在1825年接受基督教洗礼，同年获法学博士学位。1827年将已发表的诗作稍加整理，结集出版第一部诗歌总集《诗歌集》，其中包括《青春的烦恼》、《哈尔茨山游记插曲》、《抒情插曲》、《还乡曲》和《北海》。

1830年海涅在黑尔戈兰岛温泉浴场疗养时，听到法国七月革命的消息，欣欣鼓舞，渴望到巴黎去"呼吸新鲜空气"。1831年5月到巴黎，开始了他生活中的新阶段。在巴黎他密切注视着革命的发展，关心自己祖国的状况，为德国报纸写了大量通讯和政治评论，集为《法兰西状况》一书出版。同时还在法国报刊上撰文介绍德国文化和宗教，出版《论德国宗教和哲学的历史》和《论浪漫派》两本学术著作。

1843年10月海涅从巴黎启程回国，12月中旬返回巴黎后不久，就结识了马克思，两人交往密切，成了终生不渝的诤友。海涅最出色的政治抒情诗就是在与马克思交往的时期创作的，如《德

国，一个冬天的童话》、《西里西亚织工之歌》、讽刺诗《路德维希国王赞》、《新亚历山大》、《中国皇帝》和《教义》等。1844年海涅的第二部诗歌总集《新诗集》出版，集中收进了19世纪30年代以后的创作。

诗人的后半生一直为病魔所缠。早在19世纪30年代，海涅便出现了瘫痪症的征兆，40年代中期健康状况严重恶化，瘫痪逐渐向全身蔓延，左眼失明。1848年法国二月革命时，他的身体几乎垮了，此后便在他称之为"褥垫墓穴"的病榻上躺了8年。在妻子玛蒂黛的精心照护下，诗人表现了非凡的毅力，以口授的方式，创作了第三部诗歌总集《罗曼采罗》，还从19世纪40年代为《奥格斯堡总汇报》撰写的通讯中精选了一本《卢苔齐亚》。直到逝世前，他还创作了最后一首诗《受难之歌》。

海涅一方面称自己为"人类解放斗争中的一名勇敢的战士"，他要唱"一支新的歌"，要"在地上建立起天堂"，预见了共产主义最终将取得胜利，同时又对共产主义满怀恐惧，担心它会毁坏艺术，破坏他心爱的东西。海涅思想上的这种矛盾表现了他作为一位革命民主主义诗人在世界观上的局限。

《巨人传》是如何讽刺当时的社会的?

《巨人传》是一部讽刺小说，鞭挞了法国16世纪的封建社会，具有浓厚的反封建思想和人文主义色彩。故事以巨人国王卡冈都亚及其儿子庞大固埃的神奇事迹为主线，阐述了作者对战争、司法、捐税、教育等诸方面的看法。拉伯

雷反对穷兵黩武和掠夺性战争，猛烈抨击司法机关的腐败和苛捐杂税给人民带来的重负，并反映了人民不堪压迫、奋起反抗的景象。作者以寓意词的手法批判教会的虚伪和残酷，对天主教用以毒害人民身心的经院教育、经院哲学痛加斥责。小说中提出"做你所愿做的事"的口号，体现了作者的人文主义理想。拉伯雷吸取并发展了民间传说的创作手法，从日常生活中提炼人物形象和性格，并运用夸张手法，通过人物形象的不成比例的对照，取得滑稽效果。语言生动、诙谐，富有表现力。

代表作为《恶之花》的法国作家是谁？

查理·波德莱尔（1821～1867年）出身于资产阶级家庭，年轻时因与继父感情不和，被遣送至海外，回国后在巴黎过着放荡荒唐的生活。1848年2月，他参加街垒战斗，并创办宣传革命的刊物。但是他并不了解这次革命的真正意义，他加入战斗只是出于小资产阶级的狂热。1857年出版的诗集《恶之花》，是他的代表作。

《恶之花》包括《忧郁和理想》、《巴黎画景》、《酒》、《恶之花》、《叛逆》和《死亡》六个诗组，通过作者本人的生活经验，反映了近代资产阶级颓废文人和艺术家的精神危机。波德莱尔在这里，把他的痛苦、绝望、迷惑、悔恨以及摆脱邪恶、向往天国的情绪，赤裸裸地暴露了出来。他曾说："在这本残酷的书里，我写下了我的全部思想、全部心灵、全部信仰和憎恨。"作者对自己认为是邪恶败坏的东西却采取迷恋和欣赏的态度。

这种态度从诗集的标题《恶之花》已可见出。波德莱尔是一个极端悲观主义者，他揭露人生恶习和社会病态，不是从要求变革的愿望出发，而是把恶习和病态看成一种不可改变的永恒现象，这实际上是拜倒在丑恶面前，因而对丑恶的揭露也就不可避免地要转化为对丑恶的迷恋和欣赏。

福楼拜的小说有哪些？

福楼拜，法国作家，1821年出生于鲁昂。福楼拜青年时在巴黎攻读法律，因病辍学。父亲去世后，他陪寡母住在鲁昂远郊克鲁瓦塞，靠丰裕的遗产生活，专心埋头于文学创作。他常在各地旅行，有意识地考察社会，了解农村生活。他生活在法国资本主义上升发展时期，但对资本主义的繁荣有比较清醒的认识。

福楼拜从1852年起共花了4年多时间，写成长篇小说《包法利夫人》。5年后，福楼拜发表了第二部长篇小说《萨朗宝》，描述公元前在迦太基发生的雇佣兵和民众的起义。作者以现实主义笔触再现了当时激烈的社会斗争的广阔场面。

1871年的巴黎公社起义对福楼拜的创作并没有产生很大的影响，他潜心修改旧稿《圣安东的诱惑》。小说叙述了中世纪埃及的一个圣者克服魔鬼种种诱惑的故事，表达作者对社会贪欲的极端厌恶。1875～1876年，福楼拜与乔治·桑发生文学争论。乔治·桑责备他过于客观，缺乏感情，促使福楼拜写出了《三故事》。所写3篇故事各具独特的格调和题材：《圣·玉连外传》根据宗教传说改写而成；《希罗底》描写中世纪近东基督教内部的纷争。《一颗简

单的心》是其中最为杰出的短篇，它写了一名女仆平凡而感人的一生。通过日常生活细节，塑造了一个朴实动人的劳动妇女形象，展现了她美好善良的心灵和勇敢机智的品质。高尔基盛赞这个短篇"隐藏着一种不可思议的魔法"。福楼拜的最后一部小说《布法与白居谢》差一章没有完成，它可以说是《情感教育》的姐妹篇。

《包法利夫人》讲述了什么样的故事？

小说以简洁、细腻的笔触，再现了19世纪中叶法国的外省生活。女主人公爱玛在修道院度过青年时代，受到浪漫主义思潮的影响。成年后，嫁给平庸的市镇医生包法利。失望之余，爱玛为纨绔子弟罗道耳弗所惑，成了他的情妇。但罗道耳弗只是逢场作戏，不久便对她心生厌倦，远离而去。爱玛又成了赖昂的情妇。为了满足私欲，爱玛借高利贷，导致破产，最后服毒自尽。小说一问世便轰动文坛，福楼拜获得盛誉，但遭到当局控告，认为他诽谤宗教，有伤风化。此事对他压力很大，因此，他的创作转向古代题材。

《布法与白居谢》讲述了什么样的故事？

福楼拜的最后一部小说《布法与白居谢》差一章没有完成，它可以说是《情感教育》的姐妹篇。主要描写1848年革命在法国外省引起的反响。布法和白居谢是两个抄写员，白居谢得到巨额遗产后，和他的莫逆之交布法到乡下定居，两人对农业、文学、化学、史学、地质学等加以研究，然后又逐一摒弃。1848年2月革命消息传到乡间，他们又转向哲学、教育学、神学、法学的研究，但最后一事无成，又回到他们的老本行。

莫泊桑的短篇小说有什么特点？

莫泊桑（1850～1893年），法国作家。1850年8月5日生于诺曼底，莫泊桑的童年在诺曼底乡间和城镇度过。父母离异后，一直随具有深厚文学修养的母亲生活，深受熏陶。他喜爱文学并很早开始写作诗歌。上中学时结识了舅舅的好友——诗人路易·布耶和福楼拜，在文学创作上，受到他们亲切的教诲和指导。1869年到巴黎学法律。次年，普法战争爆发，他应征入伍。战后退伍，1872年开始先后在海军部和教育部任小职员，但他始终钟情于文学事业。他在福楼拜的具体指导下刻苦磨炼、勤奋写作。

莫泊桑是法国文学史上短篇小说创作数量最多、成就最高的作家。他的短篇小说的题材丰富多彩。形形色色的社会生活、各色人物，均有描绘，从巴黎闹市到外省城镇，以及偏远乡村、蛮荒山野也都有生动的写照。它们大致可分为3个方面：第一，有关普法战争的中、短篇小说。第二，表现小职员、公务员这一阶层的生活状况、思想感情的。第三反映诺曼底地区的自然风光、人情世态、风俗习惯的中短篇小说。重要的有《一个女雇工的故事》、《戴家楼》、《绳子》、《小酒桶》等。

莫泊桑反映普法战争的小说有哪些？

除《羊脂球》外，较著名的还有

《菲菲小姐》、《两个朋友》、《决斗》等。《羊脂球》叙述一群旅客途经某小镇时，马车被一名普鲁士军官扣留，军官要求车上乘客之一、妓女羊脂球陪他过夜。羊脂球出于民族感情，断然拒绝，但那些与她同车的体面人物，出于私利，反而向她施加压力。最后，羊脂球不得不让步，马车得以通行，而羊脂球反为同车的"高贵同胞"们鄙视。小说借此淋漓尽致地揭露出那些自私自利、不顾民族尊严的贵族资产者们的伪善和丑恶。《菲菲小姐》讲一群进驻古堡的普鲁士军官任意糟踏破坏，其中一名军官甚至对法兰西肆意辱骂，一批被胁迫而来的法国妓女中的一个，为此十分愤怒，把军官刺死，而后她受到人民保护，得以逃脱。

莫泊桑反映小市民的小说有哪些？

有《一家人》、《我的叔叔于勒》、《项链》、《遗产》等。在这些短篇小说中，作者从各个侧面，反映小职员生活的卑微、凄惨，同时也揭示了他们的自私自利、追名逐利、虚荣浮夸的心理。如脍炙人口的名篇《项链》，描写一个公务员的妻子，为了盛妆出席部长的晚会，借来一串项链，晚会结束后发现项链已经丢失，只得借贷赔偿，辛劳节俭10余年才偿还债务，却得知项链是假的。

《俊友》讲述了什么样的故事？

《俊友》是莫泊桑长篇小说创作的最高成就。故事发生在巴黎。主人公杜洛阿从军队退职后，来到巴黎。他野心勃勃，一心要出人头地。先就业于报馆，后靠勾引上流社会的女人来获得金钱与地位，为了飞黄腾达又向老板夫人献殷勤。最后竟拐带老板女儿，迫使老板把女儿嫁给他，并使他获得报刊总编辑的高位。小说直接触及资产阶级上层社会，无情地揭露了显赫的政治人物的丑恶嘴脸，是莫泊桑最富于社会讽刺才情的作品，具有深刻的社会内容与鲜明的批判精神。

《堂·吉诃德》获得了什么样的荣耀？

1602年开始，塞万提斯写作长篇小说《堂·吉诃德》，2年后《堂·吉诃德》第一卷出版，获得巨大成功。《堂·吉诃德》是欧洲最早的长篇现实主义小说之一，享有世界声誉。塞万提斯一再声明，他写《堂·吉诃德》是为了讽刺当时盛行的骑士小说，"把骑士小说的那一套扫除干净"。其实，作品的实际效果远远超出了这一"宗旨"。它通过堂·吉诃德的游侠冒险，描绘了16世纪末17世纪初西班牙社会广阔的生活画面，展示了封建统治的黑暗和腐朽，具有鲜明的人文主义倾向，表现了强烈的人道主义精神。至今已用100多种文字译成数百种译本。

《堂·吉诃德》讲述了什么样的故事？

堂·吉诃德是一位50多岁的穷乡绅。他闲来无事，就埋头读骑士小说，直读得满脑子尽是游侠冒险的荒唐念头，终于忍不住要学做骑士，到各处去行侠仗义，救苦济贫。他翻箱倒柜，找出祖上留下的一副盔甲，牵出家里的一匹瘦马，并自命为鼎鼎有名的骑士。又选定了一个农村姑娘作为意中的公主，

一个叫桑丘·潘莎的农夫作随从，从此就开始去各地游荡。在一片平原上，远远看见耸立着几架风车。堂·吉诃德认定它们是凶恶的巨人，便挺着长矛冲上前去。转动的风车把堂·吉诃德连人带马抛到空中。又一天，主仆二人路见两队羊群，堂·吉诃德认为那是两支交战的大军，便冲上去攻打邪恶的一方，桑丘想拦也拦不住，眼睁睁地看着主人挨牧羊人的石子儿。接着，他们救了一队犯人，但犯人恩将仇报，夺走了主仆二人的衣物，还打了他们。在做出了一系列"游侠"事迹之后，主仆二人在巴塞罗那遇到了旁人装扮的"白月骑士"。堂·吉诃德被白月骑士打败后，只得服从命令，从此停止游侠活动。堂·吉诃德回家后一病不起。临终时，他回光返照，承认自己不是骑士堂·吉诃德，而是善人吉哈诺。

为什么莎士比亚被称为"英国戏剧之父"

莎士比亚，全名威廉·莎士比亚。他是英国文艺复兴时期伟大的剧作家、诗人，欧洲文艺复兴时期人文主义文学的集大成者，西方文艺史上最杰出的作家之一，全世界最卓越的剧作家之一。他被称为"英国戏剧之父"、"人类文学奥林匹斯山上的宙斯"。马克思更称他为"人类最伟大的天才之一"。

莎士比亚的创作生涯被分为三个阶段。16世纪70年代中期之前，他主要的创作方向是喜剧，同时也按照当时的流行编年史传统创作历史剧。在这一时期里，莎士比亚创作了《仲夏夜之梦》、《威尼斯商人》、《皆大欢喜》和《第

十二夜》四大喜剧等作品。标志着第二个阶段开始的是1595年的《罗密欧与朱丽叶》，一直持续到1607年。莎士比亚最著名的喜剧和历史剧都是在这段时间创作的，其中包括他的四大悲剧：《哈姆雷特》、《李尔王》、《奥赛罗》和《麦克白》。大约1608年到1613年，他创作悲喜剧，是莎士比亚晚期传奇剧。

《哈姆雷特》的主要内容是什么？

《哈姆雷特》是世界著名悲剧之一，莎士比亚最负盛名的剧本，居莎士比亚"四大悲剧"之首。在《哈姆雷特》中，复仇的故事中交织着爱恨情仇。该剧主要描述了丹麦王驾崩，守夜卫兵目睹老王灵魂出现，告知小王子哈姆雷特。同时叔父克劳狄斯服丧未满，就迎娶其嫂继承王位。王子通过与父亲灵魂对话，得知叔父谋害父王的真相。犹豫不决的性格使哈姆雷特失去了报仇的良机，但满腔的仇恨，使他误杀了偷听他和王后谈话的大臣波罗纽斯。深爱着王子的波罗纽斯的女儿奥菲莉亚因丧父而精神恍惚，溺水身亡。克劳狄斯诱使奥菲莉亚的哥哥莱尔提斯同哈姆雷特决斗，并欲用毒酒和毒剑杀死王子。哈姆雷特第一回合获胜，王后非常高兴，误将毒酒喝了下去。决斗中，哈姆雷特中了对手的毒剑，但他夺过剑后又刺伤对手。王后中毒死去，莱尔提斯也在最后一刻揭露了克劳狄斯的诡计，哈姆雷特扑向克劳狄斯，杀死了他，而自己也毒发身亡。

莫里哀的创作生涯经历了什么样的坎坷？

莫里哀，法国喜剧作家、演员、戏剧

活动家。1622年出生于巴黎一个具有"王室侍从"身份的宫廷室内陈设商家庭。

莫里哀本名让·巴蒂斯特·波克兰。1643年与朋友组成"盛名剧团"，1644年起取艺名为莫里哀。1645年剧团倒闭，因为受到债主控告而入狱。出狱后加入一老艺人的剧团，到法国外省巡回演出13年。1650年起担任该剧团的负责人，并开始创作，早期剧本有《冒失鬼》、《爱情的怨气》等。1658年率剧团返回巴黎，在卢浮宫为国王路易十四演出喜剧《多情的医生》，后来失传。

莫里哀共留下33部剧作，其中一部与高乃依、基诺合写。他的喜剧种类和样式是多样化的，超越了古典主义的范围。他强调喜剧要反映现实，寓教于乐，主张作品要自然、合理。莫里哀的喜剧已成为典范性作品，影响了许多国家喜剧事业的发展。在法国，人们认为莫里哀代表着"法兰西精神"，他的剧作常演不衰。中国已出版李健吾、赵少侯等的译本，多次上演过《太太学堂》、《达尔杜弗》等戏。

莫里哀创作的第一个时期的作品有哪些？

1658～1664年是莫里哀回到京城后戏剧创作活动的第一个时期。1659年公演的独幕剧《可笑的女才子》讽刺17世纪贵族矫揉造作的风气，奠定了他作为现实主义喜剧家的地位。接着，他演出反对封建夫权思想、歌颂恋爱自由的社会问题喜剧《丈夫学堂》和《太太学堂》。《太太学堂》分幕诗体喜剧获得巨大的成功，引起他同保守派文人长达两年以上的论战。莫里哀接连写出短剧

《〈太太学堂〉的批评》和《凡尔赛宫即兴》，驳斥对手们的污蔑。这次"喜剧之战"在法国舞台上开辟了喜剧以及歌舞剧的新时代。

莫里哀创作的黄金期的作品有哪些？

1664～1669年是莫里哀一生创作中最重要的阶段。1664年1月演出的《逼婚》，嘲笑了唯心主义的经院哲学和不可知论的荒谬悖理。同年5月，在凡尔赛宫的盛大节日晚会上演出《达尔杜弗》。这部喜剧大胆地讽刺了封建社会的基础天主教会，被国王下令禁演。经过5年不懈的斗争，1669年莫里哀利用教皇颁布"教会和平"诏书的机会，使这个剧本以五幕诗体喜剧的形式公演。在这部思想深刻、艺术成熟的政治喜剧里，莫里哀塑造了一个性格突出而又有极大概括意义的典型形象骗子达尔杜弗，后来这个名字就成了"伪君子"的同义语。在此期间，莫里哀还写了两部揭露封建统治阶级的剧本《唐璜》（或名《石宴》）和《愤世嫉俗》。

弥尔顿的创作分为哪两个时期？

弥尔顿，英国诗人，散文家。弥尔顿的父亲是一位富有文学和音乐教养的公证人。弥尔顿先后在圣保罗学校和剑桥大学耶稣学院受教育，1632年获硕士学位。一向刻苦好学，富有正义感和民主、革新的政治理想。大学期间开始试作拉丁文诗和英文诗。弥尔顿的创作可分短诗和长诗两个时期。前期以短诗为主，代表作有诗集《幽思的人》、《快乐的人》、《利西达斯》以及面具剧

《科马斯》；参加革命时期还写有一些政治抒情诗。这些诗清纯质朴、严谨优美，表达对大自然和人生的热爱，对人类崇高美好情操的赞颂。后期创作发表了《失乐园》、《复乐园》和《力士参孙》三部长诗，它们都是取自《圣经》中的故事。三部长诗都采用富有独创性节奏的无韵体，寄意崇高、气势恢弘、人物生动、哲理深刻、形式精美，使弥尔顿成为继莎士比亚之后英国最伟大的诗人。

《失乐园》和《力士参孙》分别讲述了什么样的故事？

《失乐园》借人类始祖亚当、夏娃受撒旦引诱堕落而被逐出乐园的故事，揭示基督教"原罪"观念，提倡人类应以现实态度承认原始罪过，勇于承受尘世生活重担，以赎罪拯救自身。《复乐园》写耶稣降临人间，战胜撒旦的种种诱惑，为人类赎罪，说明人类如能完善品格，顺从神意，定可战胜种种磨难，得到拯救。

《力士参孙》借悲剧人物参孙中计、被囚、失明、饱受凌辱、不惜生命报仇雪耻的经历表述自己的政治遭遇和理想信念，颂扬坚忍不拔和牺牲精神。

笛福的主要作品有哪些？

笛福，英国作家。笛福幼时只受过普通中等教育。早年曾经商、办工厂，后来办报刊出版政治读物并参与党派政治斗争。长年奔走在英格兰和苏格兰各地了解舆论情况，因文字两次获罪，年近花甲其小说创作才进入盛期。第一部小说《鲁滨孙漂流记》是代表作，也是英国近代小说的开山之作，他还为这部小说写过两部续

集。另外还有长篇小说《辛格顿船长》、《摩尔·弗兰德斯》、《雅克上校》和《富有的姘妇》，但在思想内容和艺术技巧上都缺乏《鲁滨孙漂流记》那样的独创性。《鲁滨孙漂流记》的主人公是普通的中产阶级人物，这是和过去的传奇与流浪汉小说不同的。作者擅长写具体的行动和环境的描写，使读者如身临其境，信以为真。他塑造的唯一人物具有典型意义。

《鲁滨孙漂流记》讲述了什么样的故事？

《鲁滨孙漂流记》是以第一人称写的长篇小说。鲁滨孙在青年时代不安于平庸的小康生活，违背父亲的劝告，私自逃走，到海外经商。他为摩尔人所掳，做了几年奴隶。后来，他逃往巴西，成了种植园主。由于缺乏劳动力，他到非洲购买奴隶。途中遇难，他独自飘流到南美附近的无人荒岛。小说主要描写他在岛上二十八年的生活。他很快战胜了忧郁失望的心情，从破船上搬来枪械和工具，依靠劳动改善了自己的环境。他猎取食物，修建住所，制造各种用具，种植谷类，驯养山羊，表现出不知疲倦、百折不挠的毅力。独自生活多年后，他遇见一些土人到岛上来举行人肉宴，他从他们手中救出一个将要被杀的土人，把他收为自己的奴隶，取名星期五。最后，他帮助一个船长制服叛变的水手，搭乘船长的船返国。他又获得历次冒险所积累的财物，成为巨富，并派人到他经营过的荒岛，继续垦殖。

陀思妥耶夫斯基在文学史上占据什么样的重要地位？

陀思妥耶夫斯基，全名费奥多

尔·米哈伊洛维奇·陀思妥耶夫斯基。他是19世纪群星灿烂的俄国文坛上的一颗耀眼的明星，是俄国文学的卓越代表。他所走过的是一条极为艰辛、复杂的生活与创作道路，也是俄国文学史上最复杂、最矛盾的作家之一。有人说，"托尔斯泰代表了俄罗斯文学的广度，陀思妥耶夫斯基则代表了俄罗斯文学的深度"。陀思妥耶夫斯基在文学上的影响远远超出了俄国的边界，后世的现实主义作家从他的创作中能够吸收到有益的营养；而现代派作家则把他的作品奉为经典，称陀思妥耶夫斯基为他们的先驱和导师。

席勒对戏剧界做了怎样的贡献？

席勒，德国剧作家、诗人、文艺理论家。席勒13岁被符腾堡公爵送入他创办的斯图加特卡尔军事学校学习法律、医学。在这个被称为"奴隶养成所"的地方，席勒与世隔绝，被禁锢了8年。在这里他通过进步教师阿贝尔接触了莎士比亚、卢梭、歌德等人的作品，在狂飙突进运动影响下，开始文学创作。

1776年席勒发表《赠劳拉》、《夜晚》等抒情诗作。1778年秘密创作了剧本《强盗》，以卡尔和弗兰茨兄弟的矛盾为主线，揭露了封建统治者的恶行，被恩格斯誉为"对于一个敢于向全社会公开宣战的胸襟豁达的青年人的赞美"。1782年剧本在曼海姆剧院公演后，引起强烈反响，因此触怒了公爵，被关禁闭两周。这时席勒又着手创作《斐爱斯柯在热那亚的谋叛》。1783年7月，席勒应剧院经理达尔贝格邀请，回到曼海姆剧院任编剧，并创办《莱茵

塔莉亚》杂志。1784年4月《阴谋与爱情》在曼海姆剧院公演成功，席勒在达姆施塔特初次会见魏玛公爵卡尔·奥古斯特，并同卡尔普夫人发生恋情。1785年4月，席勒应朋友克尔纳之邀前往莱比锡，住在一农户家里，创作了名诗《欢乐颂》，贝多芬以这首气势磅礴的颂诗作合唱曲，谱写了《第九交响乐》。

1787年7月，席勒应卡尔普夫人的邀请，来到诗人汇集的魏玛。在这里，他进行长时间的历史、哲学和古希腊文化艺术研究，撰写了《尼德兰独立史》和《三十年战争史》。1788年由卡尔·奥古斯特和歌德推荐，被任命为耶那大学历史学教授，1790年与夏洛蒂·沃尔措根结婚。1789年法国大革命爆发时，席勒表示热烈拥护，1792年获法国国民议会颁发的荣誉公民证书。

从1794年开始，席勒与歌德在文学创作中开始合作，10年之中，硕果累累，文学史家称这10年为古典文学时期。席勒在歌德影响下，摆脱了康德哲学影响，焕发了文学创作热情，先后创作了历史剧《华伦斯坦》三部曲、、《墨西拿的新娘》、《奥尔良的姑娘》、《玛丽娅·斯图亚特》和《威廉退尔》等，还创作了《潜水者》、《手套》和《大钟歌》等叙事诗。

由于长期伏案写作，席勒在1791年便已积劳成疾，1805年去世。走时留下半部未完成的剧作《德梅特里乌斯》。

席勒的《阴谋与爱情》讲述了什么样的故事？

为了反抗公爵的暴政，1782年9月席勒和友人逃离斯图加特，经曼海姆去

迈宁根附近的鲍尔巴赫居住，在这里他完成了市民悲剧《阴谋与爱情》。该剧描写德国某公国宰相之子斐迪南爱上市民女子露易丝，宰相为了让儿子同公爵情妇结合，达到自己政治上往上爬的目的，与秘书合谋破坏儿子的爱情，斐迪南中计，毒死露易丝后自杀。作品揭露了封建专制统治的黑暗，展示了市民阶级的政治理想。被恩格斯称为"德国第一部有政治倾向的戏剧"。

拜伦的创作经历是什么？

拜伦，英国诗人。1788年出生于伦敦一个破落贵族家庭，3岁时父亲因逃避债务客死法国。10岁那年，继承刚去世的伯父的爵位，成为第六世拜伦勋爵。曾相继在哈罗公学和剑桥大学三一学院就读，成年后为上议院的议员。

拜伦在学生时代开始写诗。1807年出版的诗集《闲散的时刻》遭到当时声望很高的《爱丁堡评论》的攻击，使他异常敏感的自尊心受到很大的伤害。1809年他以《英国诗人与英格兰评论家》一诗进行回击。这是一首英语双行体讽刺长诗，诗中对包括司各特、柯尔律治和华兹华斯等人在内的许多诗人都进行了尖锐的批评和毫无顾忌的挖苦嘲笑，引起不小的轰动。1812年发表叙事长诗《恰尔德·哈罗德游记》的

★拜伦

前两章。1812到1816年间，他又相继写出《拉腊》、《异教徒》、《阿比多斯的新娘》、《海盗》和《柯林斯之围》等叙事诗，并创作了《恰尔德·哈罗德游记》的第三章。1818年在写完《恰尔德·哈罗德游记》第四章后，开始创作叙事长诗《唐璜》，到1823年去世前一年为止，共完成了16章又14节，计一万六千行。

拜伦的作品和他笔下的拜伦式英雄，还有他本人的传奇般的个性对一代又一代的人产生了巨大的影响。在拜伦的时代，人们注重的是他的创作中浪漫的一面，如《恰尔德·哈罗德游记》的前两章和他的戏剧作品。现代人关注的则是拜伦的另一面，评论家们赞赏他对蒲柏的古典主义的继承，强调他的那些讽刺性作品和他对虚假的感情、伪善的社会道德的蔑视。因此，现代人看到的是一个明朗、庄严的拜伦，他的《恰尔德·哈罗德游记》的第三和第四章、讽刺诗《审判的幻景》，尤其是《唐璜》更受现代人的青睐。

《唐璜》讲述了什么样的故事？

诗人利用早在欧洲流行的关于唐璜的传说，加以改造。把主人公从一个纨绔子弟变成善良的热血青年，让他在一场婚姻纠纷之后离开西班牙东游到希腊一小岛，经历一段牧歌式的爱情、被卖入土耳其宫廷为奴、逃跑后因战功成为俄国女皇的宠臣、最后奉命从彼得堡出使英国。长诗通过主人公奇特、复杂的经历，广泛描述欧洲社会生活，抨击虚伪、残暴、专制，歌颂纯真的爱情、正义、勇敢以及为自由而斗争的英雄气概。长诗的

构成，故事中有故事，叙事又写景，还夹杂诗人的议论、感叹、反思，无论在内容和艺术上都十分丰富精彩，代表了19世纪英国诗歌的最高成就。

歌德的主要成就有哪些？

歌德（1749～1832年），全名约翰·沃尔夫冈·冯·歌德，18世纪中叶到19世纪初德国和欧洲最重要的剧作家、诗人、思想家。他一生跨两个世纪，时值欧洲社会大动荡大变革年代。

歌德的作品充满了狂飙突进运动的反叛精神，他是德国狂飙突进运动的主将。他在诗歌、戏剧、散文等方面都取得了很高的成就，主要作品有剧本《葛兹·冯·伯里欣根》、中篇小说《少年维特之烦恼》、未完成的诗剧《普罗米修斯》和诗剧《浮士德》的雏形《原（浮士德）》，除此以外他还写了很多抒情诗和评论文章。

歌德是魏玛古典主义的著名代表。作为诗歌、戏剧与散文作品的创作者，他是最伟大的德国作家之一，是德国民族文学最杰出的代表。他的创作把德国文学提升到全欧的先进水平，对欧洲文学的发展也作出了巨大的贡献。

《简爱》讲述了什么样的故事？

1847年，夏洛蒂·勃朗特第一部的小说《简爱》刊行问世。小说的女主人公简·爱是一个出身贫寒的孤儿，她从小寄养在舅母家，遭到虐待，后来舅母把她送进慈善机关举办的寄宿学校。在那里，她在物质上受尽苛刻的待遇，精神上又感到屈辱。简·爱力图摆脱穷困，为了追求"独立"生活，她离开寄宿学校后，到一个地主家里当家庭教师。她鄙视徒有仪容、贪求钱财的上层社会妇女，以自己"清高"和"独立"的个性博取了庄园主人罗切斯特的爱情，和他结了婚，获得

★夏洛蒂·勃良朋特

了"个人幸福"。当时，英国妇女在政治方面处于无权地位，在就业方面受到歧视。简·爱的个人奋斗在一定程度上反映了女权运动者所提出的妇女社会地位问题。小说还谴责了上层人物的势利观念和慈善学校的伪善，但书中的社会画面仍然显得狭小。

《呼啸山庄》讲述了什么样的故事？

爱米丽·勃朗特1847年写的小说《呼啸山庄》，描写山庄老主人从工业城市利物浦街头捡到一个吉卜赛弃儿希斯克利夫，带回家中抚养。希斯克利夫和老主人的独女嘉瑟琳从小相爱，但嘉瑟琳答应了一位青年地主的求婚，希斯克利夫于是出走。三年后这个微贱的弃儿回到山庄，不择手段地向两家地主复仇。这件事曲折地反映出随着工业的发展和社会的变动，连英国北部偏僻地区的地主阶级也不能再像以前那样生活下去了。希斯克利夫和嘉瑟琳的爱情是向传统势力的挑战。但小说着力渲染的是希斯克利夫在恋爱上的绝望心情。他的复仇只是为了个人爱情，最后他自己也

变成了一个剥削者。

惠特曼的《草叶集》是如何走向辉煌的？

惠特曼（1819～1892年），美国诗人。出生于长岛亨廷顿附近的西山村，幼时在布鲁克林上过5年学。11岁开始在律师事务所当勤杂工，并学排字和印刷。不久开始发表一些感伤主义的短篇小说和诗歌，1836年创办周刊《长岛人》。

1855年7月初，《草叶集》初版问世，共收诗12首和一篇综述作者崭新文艺观点的长序。《草叶集》的初版无论在形式上或内容上都在美国文学史上具有开创意义。诗中多次提到草叶：草叶象征着一切平凡、普通和众多的人和物。《草叶集》的初版受到普遍的冷遇，只有爱默生写给他一封热情洋溢的信，称作品"是美国从未有过的一部不同寻常的具有才识和智慧的作品……我向你的伟大事业的开端致敬。"此信给了惠特曼巨大的鼓舞。

1856年，第二版《草叶集》出版，共收诗32首，每一首诗都有题目，第一版的序言被《在蓝色的安大略湖畔》所代替。1860年惠特曼应波士顿一出版社之请印行了《草叶集》第三版。集中收有124首新诗，开卷第一首《从鲍诺克开始》是自传体长诗，诗人在这里作为西方世界的一个新人物出现。16首《民主之歌》中较好的一首是《我听见美洲在歌唱》。《亚当的子孙》一诗写男女之间的情爱。组诗《芦笛》写男子之间精神上的友好关系，因流露出同性恋情绪受到当时文学界的强烈斥责。《草叶集》第四版只有8首新诗，并不太出色，

但它收入了《桴鼓集》及其续集。《草叶集》的第五版在1871年和1872年各印刷了一次。

被称为"法兰西的莎士比亚"的法国作家是谁？

雨果，全名维克多·雨果，法国伟大的浪漫主义作家。19世纪浪漫主义文学运动领袖，人道主义的代表人物，有"法兰西的莎士比亚"之称。

雨果1802年生于法国东部的杜省贝桑松，他10岁上学，中学毕业后入法学院学习。15岁时，他在法兰西学院的诗歌竞赛会上得奖，17岁时在"百花诗赛"获得第一名，20岁时出版了诗集《颂诗集》。之后，他写了大量具有异国情调的诗歌。此后不久，他开始对波旁王朝和七月王朝感到失望，并成为一位共和主义者。1831年，他的《巴黎圣母院》问世。1841年，雨果当选法兰西学院院士，1845年，获任上院议员。1848年二月革命后，他任共和国议会代表。1851年拿破仑三世称帝，雨果被迫流亡国外。流亡期间，雨果以笔做武器与拿破仑的独裁统治进行斗争。1852年，他创作了《小拿破仑》和《罪恶史》两本小册子，对拿破仑称帝进行了辛辣的讽刺。1853年，他的政治讽刺诗集《惩罚集》问世。这本诗集充满了战斗气势，在"二战"期间鼓舞了无数爱国志士的反纳粹斗志。在流亡期间，他还完成了他最重要的长篇小说《悲惨世界》的创作，这也是一部世界文学殿堂中的不朽杰作。

1870年，雨果重返巴黎。雨果死后法国举国哀悼，他被葬在聚集法国名人

纪念牌的"先贤祠"。雨果一生的著作几乎遍及所有文学领域。可以说，雨果一生都在奋斗。从他伟大的诗歌、杰出的作品中，都可以看出他对当时封建社会的不解与谴责。在他的作品中，我们可以看到一个伟大诗人对未来的希冀和畅想。有评论家认为，他的创作思想和现代思想最为接近。

《巴黎圣母院》和《悲惨世界》分别讲述了什么样的故事？

《巴黎圣母院》描写了善良的吉卜赛少女爱斯梅拉达在中世纪封建专制下受到的摧残和迫害，揭露了整个专制社会的黑暗腐朽、教会的猖獗与司法制度的残酷，凸显了反封建的主题。同时，小说故事情节复杂，人物性格夸张，整部作品波澜起伏，充分表现了浪漫主义小说的特征。

《悲惨世界》描述了冉阿让、芳汀、珂赛特的不同人生经历，从而真实地再现了底层劳动人民的苦难生活，揭示了社会的压迫和资产阶级社会的"文明"是造成劳动人民的悲惨与不幸的最根本原因。

司汤达的小说反映了什么？

司汤达，法国作家。本名亨利·贝尔。1783年出生于格勒诺布勒城，1796年进入当地中心学校学习。1799年到巴黎，在军事部供职。曾随拿破仑军队到意大利和莫斯科。1814年波旁王朝复辟，他前往意大利米兰侨居，从事写

★司汤达

作。1815年发表的第一部作品《海顿、莫扎特、梅达斯太斯的生平》为音乐家传记。1817年发表《意大利绘画史》。1837年完成《拿破仑传》，但直到他逝世后才出版。1821年回到巴黎，继续写作生涯。1827年发表第一部小说《阿芒斯》，描绘复辟时期贵族生活，无情嘲讽腐朽的封建阶级。时隔两年后问世的中篇小说《瓦尼娜·瓦尼尼》，通过一则革命与爱情尖锐矛盾的故事，反映意大利烧炭党人争取民族解放的斗争。司汤达的代表作长篇小说《红与黑》于1830年问世。司汤达的另外两部重要长篇小说是以复辟时期意大利生活为题材的《巴马修道院》和反映七月王朝时期外省正统派贵族状况和罗马教廷内幕的《吕西安·娄凡》。司汤达文艺论著有《拉辛与莎士比亚》，作品批判了伪古典主义，主张真实地描写时代的现实主义创作思想和表现人类激情的浪漫主义精神。他还写了一部游记《罗马、那不勒斯、佛罗伦萨》。

《红与黑》讲述了什么样的故事？

作品取材于报刊上一则情杀案。主人公于连是个出身低微的外省青年，在市长德瑞那家当家庭教师时与市长夫人发生暧昧关系。因私情败露，只得离去，进贝桑松神学院，又因卷入教派斗争而遭排挤。后到巴黎头面人物保皇党德拉·木尔侯爵家当私人秘书，受到侯爵的赏识，并勾搭上侯爵小姐。侯爵无奈，只得承认既成事实。此时，市长夫人在教会逼迫下写了告密信，使于连的飞黄腾达毁于一旦。气愤之下，他开枪

打伤市长夫人，自己锒铛入狱。小说真实地反映了复辟时期的反动黑暗，结构严谨完整，语言精确，人物形象栩栩如生。

被称为"俄国文学之父"的作家是谁？

普希金，全名亚历山大·谢尔盖耶维奇·普希金，俄国著名文学家、诗人、小说家及现代俄国文学创始人。是19世纪俄国浪漫主义文学的主要代表，同时也是现实主义文学的奠基人，现代标准俄语的创始人，被誉为"俄国文学之父"、"俄国诗歌的太阳"。

★普希金

普希金1799年生于莫斯科一个家道中落的贵族地主家庭。1811年，普希金进入贵族学校皇村学校学习，表现了自己杰出的诗歌才华，并接受了法国启蒙思想的熏陶而且结交了一些后来成为十二月党人的军官。毕业后，普希金任职于彼得堡外交部。在此期间，他参加了与十二月党人有密切联系的文学团体"绿灯社"，并创作了很多反对农奴制、讴歌自由的诗歌。《致恰达耶夫》、《自由颂》和《乡村》等诗歌就是在当时写的。普希金的作品引起了沙皇政府的不安，1820年他被派往俄国南部任职。此间，他与十二月党人的交往更加频繁，并写下了《短剑》、《致大海》和《囚徒》等名篇，还写了一组包括《高加索的俘虏》、《茨冈》、《强盗兄弟》和《巴赫契萨拉依的泪泉》四

篇浪漫主义叙事长诗的"南方诗篇"。1824年，普希金被沙皇当局送回了他父母的领地。1825年，他创作了俄罗斯文学史上第一部现实主义悲剧《波利斯·戈东诺夫》。1826年，普希金回到莫斯科，继续追随十二月党人，创作了《致西伯利亚的囚徒》一诗，抒发自己对十二月党理想的矢志不渝。

1830年，普希金完成了诗体小说《叶甫盖尼·奥涅金》的创作，塑造了俄罗斯文学中第一个"多余人"的形象。他还写了《别尔金小说集》和《吝啬的骑士》、《莫扎特与沙莱里》、《石客》、《瘟疫流行的宴会》四部诗体小说，以及近30首抒情诗。1831年，普希金迁居彼得堡，继续他的创作，主要作品有童话诗《渔夫和金鱼的故事》、叙事长诗《青铜骑士》、短篇小说《黑桃皇后》、农民问题小说《杜布洛夫斯基》、《上尉的女儿》等。1836年，普希金创办了文学杂志《现代人》。

1837年，普希金在沙皇政府阴谋手段挑拨下与法国籍宪兵队长丹特斯决斗，最后身负重伤，不治身亡，年仅三十八岁。

普希金的早逝令俄国进步文人曾经这样感叹："俄国诗歌的太阳沉落了。"

巴尔扎克的创作生涯可以分为几个阶段？

巴尔扎克的创作生涯大体上分为三个阶段：

1829年到1834年是《人间喜剧》的酝酿阶段。巴尔扎克完成了《人间喜剧》的宏伟规划，并将书名由原来的《社会研究》改为《人间喜剧》。他共

发表小说42篇，主要有中短篇小说《红房子旅馆》、《玄妙的杰作》和《夏倍上校》等，以及长篇小说《驴皮记》、《欧也妮·葛朗台》等。

巴尔扎克有计划地为《人间喜剧》进行写作的阶段是1835年到1841年。这一阶段，巴尔扎克共发表16部长篇、10部中篇和8个短篇，其中包括《高老头》、《夏娃的女儿》、《幻灭》、《古玩陈列室》和《搅水女人》等。

《人间喜剧》的出版阶段是1842年到1848年。《农民》是这一阶段的重要成果。在这期间《人间喜剧》以每年3卷至4卷的速度出版。1846年，16卷本已经出齐。之后他又将《贝姨》和《邦斯舅舅》这两部作品补编为《人间喜剧》第17卷，并在1848年出版。至此，一部由70余部小说组成的《人间喜剧》基本完成。

1850年3月，巴尔扎克在俄国和韩斯卡夫人结婚，之后两人返回法国。途中，巴尔扎克病倒，5月抵达巴黎时已经一病不起。8月18日，巴尔扎克去世，结束他辛劳的一生。文学大师雨果在他的葬礼上评价他道："在最伟大的人物中间，巴尔扎克是名列前茅者；在最优秀的人物中间，巴尔扎克是佼佼者。"

狄更斯的作品有哪些？

狄更斯，英国作家。1812年出生于朴次茅斯市郊，少年时因家庭生活窘迫，只能断断续续入校求学，后被迫到工场做童工。15岁以后，当过律师事务所学徒、录事和法庭记录员。20岁开始当报馆采访员，报道下议院。1836年开始发表《鲍兹随笔》，这是一部描写伦敦街头巷尾日常生活的特写集。

狄更斯一生共创作长篇小说13部半，其中多数是近百万言的大部头作品。中篇小说20余部，短篇小说数百篇，特写集一部，长篇游记两部，《儿童英国史》一部，以及大量演说词、书信、散文、杂诗。他多次去欧洲大陆游历、旅居，两次访问美国，中年以后先后创办《家常话》和《一年四季》期刊两种，发现和培养了一批文学新人。

狄更斯的小说有什么特点？

狄更斯早期的小说，气势宏伟，通俗流畅，幽默泼辣而又充满感伤情调，其中对社会的揭露批判，一般只限于局部的制度和领域。如《奥列佛·特维斯特》、《马丁·朱述尔维特》、《尼古拉斯·尼克尔贝》、《老古玩店》和《圣诞欢歌》等。后期作品明显地反映出创作主题的不断深化、技艺方面的成熟和多方面的探索。《远大前程》可以视为《大卫·科波菲尔》的负面，但在探讨人生道路方面更有现实性和警世性，而作者早年的乐观态度明显减少。

狄更斯以其小说创作篇幅宏大，气势磅礴，内容包罗万象，风格雅俗共赏、丰富多彩，生前就已经饮誉国内外，是英国19世纪小说繁荣时期最杰出的代表作家，影响遍及欧美以及世界各国。他的作品以及根据这些作品演化而成的各种通俗、儿童读物和娱乐节目在世界范围内流传更广。

★王尔德

王尔德的作品有哪些？

王尔德，英国作家、评论家、美学家。1854年出生于爱尔兰。1871～1874年在都柏林的三一学院和牛津的麦格达伦学院学习，涉及亚里士多德、柏拉图、斯宾诺莎、黑格尔诸家著作，并受到新黑格尔派哲学、达尔文进化论和先拉菲尔派绘画影响，成为罗斯金、佩特美学观点的信徒、唯美主义的代表人物。

1888年他出版了童话故事《快乐王子集》，1891年出版了长篇小说《道林·格雷的肖像》，后相继改编为戏剧和电影。剧作《温德梅尔夫人的扇子》、《认真的重要》、《无足轻重的女人》和《理想的丈夫》通常被视为与英国王政复辟时期及18世纪风俗喜剧同一类作品，且在形式上与19世纪初法国佳构剧颇为近似。然而，王尔德通过其现实的人物、巧妙合理的情节，特别是他那些闪闪发光的妙语、警句和反论，突出了剧作中讽刺社会的主题。

他的独幕抒情散文剧《莎乐美》以法文写成，集中体现了他颓废的美学观点，由贝恩哈特在法国首演。但英译本却在英国被禁演，直到1905年由施特劳斯改编为小歌剧才得以流传。王尔德还有一部未完成的独幕诗剧《佛罗伦萨悲剧》由斯特吉·穆尔续成，1906年上演。王尔德晚年因私生活问题被判监禁两年，出狱后客死巴黎。

因童话故事而获得世界级声誉的丹麦作家是谁？

安徒生，丹麦作家。1805年出生于丹麦菲英岛奥登塞的一个鞋匠家庭，11岁时父亲病故，靠母亲为人洗衣维持生活。没有受过正规教育。父亲喜爱戏剧，能够背诵不少莎士比亚的剧本，这对安徒生有很大影响。

1819年，为了能够学习舞台艺术，只身前往举目无亲的哥本哈根，得到一些热心人的帮助。但多次舞台实践表明他不适宜当演员，他便开始尝试当一个歌唱家，又因为一次重感冒损伤声带，只得完全放弃舞台生涯，开始学习剧本创作，最终也未获成功。

使安徒生获得世界声誉的，是他的童话作品。从1835年春天发表第一部《讲给孩子们听的故事》起，至1872年，他共写了168篇童话和故事，歌颂纯洁少女追求忠诚爱情的《海的女儿》，其中有讽刺皇帝愚蠢、昏庸和大臣们阿谀逢迎的《皇帝的新衣》，挖苦嘲笑皇帝、贵族的无知和脆弱的《夜莺》和《豌豆上的公主》，描写穷苦人悲惨生活的《卖火柴的小女孩》和《看门人的儿子》以及反映他自己和母亲不幸遭遇和身世的《丑小鸭》和《她是一个废物》等。

安徒生的童话有什么特点？

安徒生童话爱憎分明，热情歌颂劳动人民、赞美他们的善良和纯洁的优秀品德；无情地揭露和批判王公贵族们的愚蠢、无能、贪婪和残暴。他的童话和故事真实地反映了丹麦现实社会的矛盾，生活气息浓郁，又富有浪漫主义色彩和情调。从取材看，安徒生的童话一部分取材于民间故事、歌谣和传说，而更大一部分是取材于实际生活，是他从人生和社会生活观察中独立创作的。作品体裁多样，有寓言、故事和小说，其中许多艺术形象，如赤身裸体行进在大街上的皇帝、丑小鸭和拇指姑娘等都已成为欧洲甚至是世界语言中的典故，有不少童话故事被改编成电影、电视剧和芭蕾舞在世界各国放映和上演。

★屠格涅夫

安徒生的童话虽是为"未来一代"创作的，但其涵义极为丰富深刻，也为成年人所喜闻乐见。已被译成80多种语言。

屠格涅夫的作品有哪些？

屠格涅夫，俄国作家。1818年出生于奥勒尔省一个贵族家庭，父亲系退职军官，母亲是个暴戾任性的女地主。屠格涅夫童年和少年时代在斯帕斯克田庄度过，直到1827年全家迁居莫斯科。1833年入莫斯科大学语文系，第二年转圣彼得堡大学哲学系语文专业，1837年毕业。1838年出国在柏林大学进修哲学和古典语文。1841年归国，供职于内务部，1842年底认识了别林斯基，二人结下了深厚友谊，对他的一生和文学事业有深远的影响。

屠格涅夫在大学时代开始了他的创作生涯。1834年写成处女作诗剧《斯杰诺》，带有鲜明的浪漫主义特色。1843年发表的叙事诗《巴拉莎》标志着他从浪漫主义转向现实主义，别林斯基从这部诗作中看出了他"独特的才华"。此后他逐渐转向了散文创作，第一篇散文作品是中篇小说《安德烈·柯洛索夫》。继而发表叙事诗《地主》和中篇小说《彼土什科夫》，它们已显示出自然派和果戈理的影响。他还创作了许多剧本，其中《食客》、《贵族长的早宴》和《单身汉》等，主要反映贵族生活和风俗。19世纪50年代初发表的中篇小说如《多余人日记》和《雅科夫·帕辛科夫》等。剧本《村居一月》第一次反映出平民知识分子与贵族的矛盾。

《猎人笔记》的内容是什么？

给屠格涅夫带来巨大声誉的是由他22篇特写和短篇小说组成的《猎人笔记》，全书有统一的主题，就是对封建农奴制度的揭露和抗议。所写的众多人物，主要可分为截然对立的两大类：一类是作者"从以前没有任何人这样接近过的"视角去描写的农民形象，另一类则是作者怀着憎恶之情加以刻画的地主形象。通过对两类人物的不同态度和评价清楚显示了作者的人道主义和民主主义的思想倾向。作品中对大自然富有诗意的描写和叙述中的抒情笔调，增添了它的艺术魅力。

易卜生是如何自修成为世界级剧作家的？

易卜生（1828～1906年），挪威戏剧家。出生于一个木材商人家庭，15岁时在一个小镇上的药房当学徒，业余时间刻苦自修，并开始文学写作。在1848年欧洲资产阶级革命的影响下，积极参加政治活动。1849年创作了第一部戏剧《卡提利那》，第二年又完成第二部剧作《勇士之墓》。1850年前往首都奥斯陆，希望进大学深造，未果。1852年被

聘为卑尔根民族剧院编剧，5年后任奥斯陆挪威民族剧院艺术指导。剧院于1862年关闭，易卜生又被任命为克里斯蒂安尼亚剧院顾问。1864年爆发丹麦—普鲁士战争，由于对政府不满，加上报刊对他的戏剧《爱的喜剧》的攻击，易卜生离国出走，旅居意大利和德国，直到1891年回国。1900年中风，长期卧病，逝世后挪威议会和各界群众为他举行了隆重的葬礼。

易卜生的艺术风格发生了什么样的转变？

在艺术表现风格上，早期富有浪漫主义色彩，有着寓意的表现形式，代表性作品有《埃斯特罗的英格夫人》、《布兰德》、《彼尔·英特》（又译《彼尔·京特》、《彼尔·金特》等）。

中期的主线是现实主义，但有自然主义成分，这也是他创作的鼎盛时期。在19世纪70年代末和80年代初相继完成了他最重要的4部社会问题剧：《社会支柱》（又译《社会柱石》）、《玩偶之家》（又译《娜拉》或《傀儡家庭》）、《群鬼》、《人民公敌》（又译《国民公敌》）。在这几部作品中，易卜生猛烈地批判了资产阶级社会中的一切：国家、宗教、家庭、婚姻、道德、伦理。他痛恨社会的弊端，憎恶人际间的伪善及现存秩序的腐败。

1884年完成的《野鸭》是他进入晚期创作的一个标志，象征主义和神秘主义是这一时期的特征，代表性作品还有《罗斯莫庄》、《海上夫人》、《海达·加布勒》、《建筑师》、《小艾尔夫》和《当我们死而复醒时》等。在这些作品中对社会和现实生活问题的批判减弱，代之的是用象征的表现手法对抽象的人生意义进行探索。

威尔斯是如何开始自己的创作生涯的？

★威尔斯

威尔斯，英国作家，1866年出生于肯特郡的布朗利。1870年获博士学位。曾在中学任教。威尔斯涉猎广泛，接受了空想社会主义思想，成为费边社社员和社会活动家、世界旅行家。到过社会主义的苏联，试图通过教育和科学技术改造社会。以科学幻想小说开始创作生涯。

《时间机器》是他的第一部作品，后又陆续发表《莫洛博士岛》、《星际战争》、《隐身人》和《神的食物》等。这些小说具有讽刺性和预言性，也具有根据一定科学原理的丰富想象力，对当时及后世英国和世界科学幻想小说的发展有重要影响。20世纪以后，从幽默小说《爱情和鲁雅轩》开始，创作了一系列以《托诺—邦盖》为代表反映英国中下层社会的写实小说。20世纪20年代以后，转向政论性小说创作，借科学幻想小说的形式，诠释宣传他的改革派理想，但缺乏艺术特色。著有《世界史纲》等历史著作及大量政论、随笔。

欧·亨利创作的短篇小说有哪些？

欧·亨利，原名威廉·西德尼·波特，美国作家。1862年出生于北卡罗莱纳州一个小镇，少年时代当过牧童、学徒、会计、出纳员等。1896年因为所在银行少了一笔款，他涉嫌偷窃被关进监狱，在那里开始写短篇小说。1899年获释后来到纽约专事创作。

创作的短篇小说共300多篇，收入《白菜与国王》、《西部之心》、《四百万》、《市声》和《滚石》等集子中。其中《麦琪的礼物》、《最后一片藤叶》、《警察与赞美诗》、《没有完的故事》和《带家具出租的房间》等相当出色，以别出心裁的手法表现了失意落魄的小人物的命运与复杂的感情。他善于捕捉生活中令人啼笑皆非而富于哲理的戏剧性场景，用漫画般的笔触勾勒出人物的特点。作品情节发展较快，在结尾突然出现一个意料不到的结局，使读者惊愕之余，又不能不承认故事合情合理，进而赞叹作者构思的巧妙。

他的文字生动活泼，善于利用双关语、谐音、讹音和旧典新意，妙趣横生。他还以准确的细节描写制造与再现气氛，特别是大都会夜生活的气氛。但由于写得太多太快，手法不免雷同，有时又硬为悲惨的故事添上一个圆满的结局，反而冲淡了作品的社会意义。

小仲马的剧作有什么特点？

1848年小说《茶花女》的问世，使小仲马一举成名。根据小说改编的同名话剧于1852年首次演出，获得更大的成功。《茶花女》通过一个出身贫苦、堕入娼门、苦于不能自拔的妓女的恋爱悲剧，揭露资产阶级道德的虚伪和罪恶。这部作品兼有浪漫主义和现实主义的特色，是法国戏剧由浪漫主义向现实主义演变时期的优秀作品。小仲马后来写了

20余部剧作，现实主义倾向更为鲜明。其中比较成功的有《半上流社会》、《金钱问题》、《私生子》、《放荡的父亲》、《欧勃雷夫人的见解》、《阿尔丰斯先生》、《福朗西雍》等。小仲马的剧作大多以妇女、婚姻、家庭问题为题材，或描写在资产阶级淫靡风尚毒害下沦落的女性，或表现金钱势力对爱情婚姻的破坏，或谴责夫妻之间的不忠，比较真实地反映了资产阶级道德的腐朽性质。作为法国现实主义戏剧的先驱者之一，其剧作富有现实的生活气息，以真切自然的情理感人，结构比较严谨，语言通俗流畅。

《圣经》对西方文学有什么样的巨大影响？

从1611年英王詹姆斯一世钦定发行英译《圣经》以来，《圣经》至今仍然是世人所知的流传最广、读者最多的一本书籍。至少被译成1884种不同语言和方言，每年发行量多达一亿册。它的影响渗透到文学、政治、法律、美术、音乐等各方面，几乎影响了整个文化领域。

17世纪的莎士比亚、弥尔顿、约翰·班扬、多恩和乔治·赫伯特等许多作家，他们的作品在内容和表现形式上都受到《圣经》的巨大影响。莎士比亚在作品中直接或间接引用《圣经》的多达42卷。他早期创作的历史剧《约翰王》就涉及到约翰王使太阳原地不动的故事。他在剧中五次引用莎娜玛特妇女回答伊丽莎询问有关她儿子的问题。

圣诞颂《耶稣诞生的早晨》是约翰·弥尔顿的第一部成功之作。在这首诗中，描绘了幼小的耶稣驱赶着异教神的幻

影。他的史诗《失乐园》，其主要情节取自于《旧约·创世纪》，塑造了一个具有权威、勇气、领导才能和政治家风度的骄矜而又野心勃勃的撒旦形象。《复乐园》则以《新约·约伯》为基础，塑造了具有完整的人格、顺从神意的决心，因而能抵制各种诱惑的耶稣形象。

班扬的《天路历程》被认为是继《圣经》之后第二部最有影响的作品。作品取自于《圣经》，它描述了一个基督教徒追求天国幸福所经历的旅程。

约翰·多恩的《圣十四行诗》和乔治·赫伯特的优美的宗教诗都直接受到《圣经》的巨大影响。

约翰·德莱顿的政治讽刺长诗《阿伯诃隆和阿基托弗尔》、威廉·柯珀的《欧尔尼赞美诗》和约翰·韦斯利的《日记》等都是以《圣经》为素材的。威廉·布莱克的抒情诗《羔羊》和《神圣的形象》都是在大量阅读《圣经》的影响下创作的。拜伦的《该隐》、托马斯·卡莱尔的散文风格以及丁尼生的大量诗歌也都受了《圣经》的影响，仅丁尼生就在诗中引用《圣经》2000多处。罗伯特·布朗宁的《索尔》就是在《希伯来书》的影响下写出的。

《红与黑》讲述了什么样的故事？

《红与黑》在1830年出版，作品反映了19世纪初法国复辟时期尖锐复杂的社会矛盾和政治斗争。主人公于连是小资产阶级知识分子的典型，出身平民，地位卑微。他崇拜拿破仑，拥护资产阶级革命，幻想凭自己的才能穿上拿破仑军队的"红色"将军服。波旁王朝的复辟粉碎了他的美梦后，他又为自己设计了一条由神父到身着"黑"色道袍、年俸10万法郎的主教的道路，依靠教会势力往上爬。正当他煞费苦心即将获得贵族头衔时，一封告密信使他的幻想彻底破灭。此时于连才清醒地认识到在封建贵族的社会里，自己的平民地位是永远改变不了的。《红与黑》小说中，"红"是代表资产阶级革命的力量和业绩；"黑"则是指以教会为支柱的，包括封建贵族和拥护复辟王朝的大资产阶级在内的黑暗势力。

《红与白》的主要内容是什么？

《红与白》是司汤达晚年未完成的一部杰作，后定名为《吕西安·娄万》，司汤达逝世后，直到1894年才出版。主人公吕西安·娄万是巴黎大银行家的儿子，青年时代曾因共和主义倾向被学校开除，后来参过军。复员后根据父亲的意思当上内政部长的秘书。尽管他厌恶官场陋习，不满黑暗现实，却始终无法摆脱本阶级的束缚。小说深刻地反映了七月王朝时期复杂的社会矛盾，尖锐地揭露了资产阶级的政治丑恶。司汤达在谈到他为小说命名时说："……'红'，共和党人吕西安，'白'，保王党少女沙斯特莱。"可见，书名是小说中两个主要人物政治思想对立的象征。

《尤利西斯》讲述了什么样的故事？

《尤利西斯》是英国作家乔伊斯意识流小说的代表作，书中描写了斯蒂文、布罗姆及其妻毛莱三人在19小时内的生活。通过对斯蒂文的虚无主义思想、布罗姆的庸人主义哲学和厚颜无耻以及毛莱的淫荡、肉欲的描写。小说一方面暴露了现代资产阶级社会的腐朽和空虚，一方面又把这些作为整个人类文明的缩影加以全盘否定，表现出作者思想倾向上的腐朽、没落性。小说用了较多的篇幅描写了毛莱的放荡生活和内心世界淫秽的东西。

《查泰莱夫人的情人》的主要内容是什么？

《查泰莱夫人的情人》是英国现代颓废派文学的重要代表作家劳伦斯的作品。小说记叙了查泰莱夫人因不满意和一个只有上半身、虚伪傲慢、利己的贵族的婚姻生活，同看守猎场的雇工梅勒斯相爱以致出走的故事。书中以主要篇幅多次地、细致地描写了查泰莱夫人和情人之间的性生活和各人的微妙心理，以致找不到一个大胆的出版商来发行，直到20世纪60年代才得以正式出版。

《北回归线》讲述了什么样的故事？

《北回归线》是美国亨利·米勒的自传体小说。小说通过一个失意的美国电报公司的职员孤身来到巴黎寻求新生活而处处碰壁的故事，反映资本主义世界的重重危机。作品情节简单，主要写了主人公的思想感情以及在巴黎参加的文化活动。但是书中露骨的赤裸裸的性描写和污秽语言的有意引用，使得小说一出版，就被列为禁书。米勒被美国和英国宣布为"不受欢迎的人"。直到27年后，他才得以回到美国，其作品也是20世纪60年代才开始被美国政府陆续获准出版的。亨利·米勒文风平易洒脱，语言流畅幽默，深受读者欢迎。

欧洲文学上的四大吝啬鬼都是谁？

欧洲文学上最著名的四大吝啬鬼形象是莎士比亚的喜剧《威尼斯商人》中的夏洛克，莫里哀的喜剧《悭吝人》中的阿巴贡，巴尔扎克的小说《欧也妮·葛朗台》中的葛朗台以及果戈理的小说《死魂灵》中的泼留希金。

夏洛克的吝啬表现有哪些？

《威尼斯商人》中的夏洛克是16世纪英国高利贷资本家，一个凶狠毒辣的复仇狂。为了除掉自己的对手商业资本家安东尼奥，实现其更大的经济野心，他趁安东尼奥困难之机，威胁他签订了"一磅肉"借约。并在法庭上振振有词，要强行割肉，表现出冷酷、刻毒、残忍的本性。最后落得人财两空、身败名裂的下场。

阿巴贡的吝啬表现在哪些方面？

莫里哀笔下的阿巴贡是17世纪法国资本主义发展时期的高利贷资产者。他视钱如命，吝啬多疑。他家盈万贯，却时时猜疑周围的人会来偷他的钱箱，对仆人，甚至对猫、马也时时提防。为了省钱，他禁止儿女们的一切娱乐，强迫儿女与有钱人家结婚。为了省钱，请客时不让客人吃饱，还往酒里掺水。当他的钱箱遗失后，终于成了一个失去精神支柱——金钱的疯子。

葛朗台的吝啬表现是什么？

《欧也妮·葛朗台》里的葛朗台是19世纪法兰西革命时期资产阶级暴发户的典型。他自私、狡诈、贪婪，是"占有金子的执着狂"。为了金子，他做投

机买卖赶走侄儿查理，迫使妻子冻饿致死，埋葬女儿的爱情，剥夺女儿的财产继承权。在生命最后尽头，他一连几小时地盯着桌上的金币，抢过神甫手中镀金的十字架，并留下了要女儿"到那边"向他"交账"的遗言。

泼留希金吝啬之处是什么？

果戈理笔下的泼留希金是俄国封建农奴制下的地主。他贪婪、腐朽，身上散发着霉味。为了积财，他捡破烂，耍无赖，做小偷，出尽洋相。可是，他搜来的东西全都腐烂了，"面粉硬得像石头"、"布匹、呢绒变成飞灰"、"粮堆、草堆成了肥料"，作者写他积财和毁财这一矛盾，突出了他迂腐、愚蠢的本性。

哪些世界名著曾经遭到查禁？

《十日谈》，作者薄伽丘。1497年，它的原稿和已付印的部分在意大利佛罗伦萨被萨伏那罗拉付诸一炬。1600年在法国遭巴黎大学取缔。1922年被美国辛辛那提邮局没收删节本，进口书商被罚款。

《少年维特之烦恼》，作者歌德。1776年，丹麦路德教会查禁该书。

《家庭版莎士比亚全集》和《威尼斯商人》，作者莎士比亚。1818年出版《家庭版莎士比亚全集》时，删去了所有的"在家庭中不宜高声朗读的字句"。1931年，因为犹太人团体不满意这出戏中对犹太人的偏见指责，《威尼斯商人》被美国纽约布法罗和英国曼彻斯特两市从中学课本中取消。

《包法利夫人》，作者福楼拜。1857年发表时，就受到官方指责，被认为是一本败坏道德、诽谤宗教的书，后来多次遭查禁。直到1954年，美国政府还将其列入全国正经文学组织的黑名单。

《嘉丽妹妹》，作者德莱塞。1889年发表后，被统治阶级和它的卫道士污蔑为"海淫海盗"的坏书，并禁止发行。

《永别了，武器》和《太阳照常升起》，作者海明威。《永别了，武器》因为真实描写意军后撤，1929年在意大利被禁。《太阳照常升起》1930年在波士顿遭禁。1957年，美国加利福尼亚旧金山海关没收了520本在海外印刷的海明威诗集。

《汤姆叔叔的小屋》讲述了什么样的故事？

1861年，美国爆发了一场废除奴隶制的内战——南北战争。斯陀夫人的书《汤姆叔叔的小屋》，在动员社会舆论方面起了巨大的作用。

《汤姆叔叔的小屋》发表于1852年。主人公汤姆是一个黑奴。他几次被变卖易主，最后惨死在南方奴隶主的皮鞭下。小说通过汤姆血泪斑斑的悲惨命运，愤怒地控诉了惨无人道的蓄奴制，抨击了美国国会的《逃亡奴隶法》，明确地表明了作者积极主张废奴的政治思想。小说一出版，几天之内就卖了一万多册，半年多时间仅在美国国内销售了近30万册。并且被改编为剧本在各地上演，被译成各种文字在世界各地发行。

被称为"俄国革命的镜子"的文学家是谁？

列夫·托尔斯泰（1828～1910

年），出生于图拉省克拉皮文县的亚斯纳亚·波利亚纳庄园，世袭伯爵，托尔斯泰不满10岁父母均已病故。1844年考入喀山大学东方语文系，一年后转法律系学习。在学校期间受法国启蒙运动思想影响，对俄国现实生活产生不满。1847年退学回家，在自己的领地上尝试改革，结果以失败告终。1849年秋，为农民子弟兴办学校。1851年起在驻高加索军队中服役，任低级军官，曾参加1854～1855年克里米亚战争。1857年和1860～1861年，两度到欧洲旅游考察，1861年第二次考察回来，继续以自己的方式尝试改革俄国社会。一方面在自己的领地内创办了20多所学校，对农民子弟普及教育，并担任地主和农民的和平调解人及法庭陪审员等职，尽可能维护农民的利益；同时对哲学、宗教、伦理道德问题进行广泛的研究，结果得出否定人类历史发展规律而认为古老宗法制农民是最高道德理想的化身的错误结论。

1862年托尔斯泰同莫斯科名医别尔斯的女儿索菲娅·安德列耶夫娜结婚。婚后过着美满、幸福的家庭生活，同时把更多的精力集中到文学事业上。1863～1869年完成的《战争与和平》是一部史诗型长篇小说。1873～1877年，托尔斯泰经过12次精心修改，完成第二部里程碑式的长篇巨著《安娜·卡列尼娜》。托尔斯泰一生创作了十余部伟大的作品，他是博大精深的思想家和艺术家，他的创作是世界现实主义文学的高峰之一。列宁称他是"俄国革命的镜子"，并说由于他的"天才描述，一个农奴制压迫的国家的革命准备时期，竟成为全人类艺术发展中向前跨进的一步"。

《战争与和平》讲述了什么样的故事？

以库拉金、罗斯托夫、保尔康斯基和别竺豪夫4个大贵族家庭的生活为情节主线，气势磅礴地反映了1805～1820年俄国的重大社会历史事件。整个长篇共4部，成功地把大规模的战争场景和多方面的和平生活有机结合在一起，借助于庞大、严密、多线条交错的结构，提供了19世纪前20年俄罗斯城乡社会生活的广阔画面，塑造了丰富多彩的人物形象，其中一些主要的人物形象，通过作者独到的心理分析，格外鲜明生动。同时，小说美化宗法制贵族庄园，把像卡拉泰耶夫那样无争无求、逆来顺受、听天由命的农民当成最高道德理想的化身，还包含宿命论及"勿以暴力抗恶"的消极宗教观点。

《安娜·卡列尼娜》的主要内容是什么？

小说取材于19世纪60年代的俄国现实生活。作者极为深刻地揭露以政府要员卡列宁为首的上层贵族和大资产阶级组成的上流社会的罪恶。这个上流社会的虚伪、冷酷和腐败，造成追求个性解放和爱情自由的女主人公安娜最后卧轨自杀的悲剧。作者还通过列文的形象表达了自己复杂的、自相矛盾的社会道德观点。列文是个力图保持宗法制经济的庄园贵族，在资本主义势力的猛烈冲击面前，他惶恐不安，于是一边进行道德上的"自我完善"，一边积极改革庄园的经营管理，企图找到一条使地主和农民"共同富裕"的道路。这种调和主义改革的失败，使他悲观失望，甚至到了"濒

于自杀"的境地。最后作者让他皈依宗教，从一个宗法制老农身上领悟到了人生的真谛："为上帝，为灵魂活着。"

《复活》讲述了什么样的故事？

《复活》是托尔斯泰最后一部长篇小说，也是他长期思想艺术探索的总结。它主要讲一个女农奴的私生女刚长大成人即被贵族少爷践踏遗弃，沦为妓女，蒙冤入狱。后来贵族少爷在法庭上认出受审的原是自己遗弃的女人，忽然"良心发现"，开始了"灵魂大扫除"，最终和她一起去流放的故事。小说以单线条的简明结构，通过对男女主人公复杂经历的描绘，撕下了贵族资产阶级的"一切假面具"，表明从外省到首都，整个俄罗斯帝国，包括它的国家机器、官方教会、经济制度和伦理道德，已经成了囚禁、戕害人民的监狱，同时又鼓吹"饶恕一切人"。

第六章 音乐与舞蹈

宗教改革之后德国的音乐有什么特点？

罗马天主教会在文艺复兴时期的腐败行为日益严重，教皇利奥十世竟将两千多个教会职务出售，教会还将宗教特许和赦罪券出售，这激起了人民的不满。此外，高涨的欧洲民族精神和对中世纪后期形成的神学体系的反叛都促成了这场改革运动。德国维腾贝格大学神学教授马丁·路德在1517年起草的《九十五条论纲》被张贴在了城堡教堂的大门上，并向其他城市印送。这个对贩卖赦罪券的行为进行攻击的论纲，引发了宗教改革运动。1520年，路德被罗马教廷逐出教会。然而，日耳曼人却将他拥戴为领袖，他们为建立一个独立的日耳曼教会进行了奋斗。作为一个非常有修养的音乐爱好者，路德不但能歌唱，对作曲技巧也十分熟稔，若斯坎音乐就是他所崇拜的，他坚定地相信音乐的教育和道德作用。于是他把《圣经》译成德文，因为他认为人人都有权阅读《圣经》。

★马丁路德

同样，他认为信徒应该接受教仪音乐的感染，并直接参与其中。天主教的音乐和其中的拉丁词被他在新教音乐中部分地保留了，同时他又主持创造出了具有时代特点和民族气息的德语词的众赞歌。作曲家按文艺复兴的流行方式，将最初只是单声部的新教众赞歌写成了复调音乐。路德为了打破音乐在宗教与世俗之间的绝对界限，在宗教音乐中注入了大量的优秀世俗曲调。在以后很长时间的发展中，新教音乐都与民众保持了紧密的联系，因而具有生命力。德意志后来几个世纪音乐文化的繁荣便是拜路德这种理念所赐。

古希腊音乐是如何形成的？

古希腊文化是西方文明的源头。音乐也与古希腊的哲学、文学、科学、建筑美术和戏剧等一样，是古希腊文化的一个重要组成部分。历史上虽然只流传下了少数的古希腊音乐作品，但是古希腊的音乐文化风貌还是由丰富的文字记述和雕刻向人们展示出来了。在西方音乐漫长的历史长河中，后世的人们不断地被古希腊音乐文化精神影响和启发着。古希腊音乐如同一段美丽的神话，其意义不在于具体乐曲的流传，而在于刺激了后世音乐的繁荣。

古希腊的乐器有哪些？

在西方的文学艺术中，从文艺复兴开始，里拉琴便一直是音乐的象征。

后来，里拉琴演变成形状较大的基萨拉琴。弹唱史诗的里拉琴是祭祀阿波罗仪式中的主要乐器，但在对酒神进行崇拜的仪式中和后来的酒神合唱与雅典悲剧合唱中，阿夫洛斯管则是非常重要的乐器。在现代西方文化观念中，崇拜阿波罗的音乐和里拉琴、崇拜酒神的音乐和阿夫洛斯管，都成为相互对立性格的两大类音乐的象征。无论是平静而节制的前者，还是狂喜、放纵的后者，对于西方音乐的发展都产生了重要的影响。

什么是歌剧？

歌剧是一种舞台表演艺术，是将音乐、戏剧、文学、舞蹈以及舞台美术等融为一体的综合性艺术。歌剧一般由咏叹调、宣叙调、重唱、合唱、序曲、间奏曲、舞蹈场面等构成。简单来说，歌剧就是完全或主要以歌唱和音乐的形式来交代和表达剧情的戏剧。

歌剧艺术的起源是什么？

歌剧最早的起源当属古希腊时期的悲剧。在中世纪时，有部分音乐形式为歌剧的产生奠定了坚实的基础。首先是10世纪末的宗教剧，后来被神秘剧和奇迹剧取而代之，并在14世纪到16世纪时盛行；其次是田园剧，主要是以音乐、戏剧、诗歌等手段表现出乡村生活的场景，这种音乐形式流行到16世纪，成为歌剧发源的重要因素之一。文艺复兴时期兴起的牧歌剧也为歌剧的萌芽做了铺垫。一些作曲家利用牧歌来谱写诗歌当中的一些戏剧场面，或者使用一组牧歌来讲述一个简单的故事，被称为牧歌剧。

15世纪末出现的幕间剧是歌剧出现的最直接起源。幕间剧是穿插在喜剧各幕间的一些寓言剧、田园剧或神话剧。16世纪时，幕间剧有了很大的变化，在情节上面开始由一些相关联的故事来组成，并在其中增加了一些装饰性很强的旋律和简单的用来伴奏的和声，这与歌剧的形式十分相近。

最早的歌剧有什么特点？

歌剧最早是在16世纪末意大利的佛罗伦萨出现的。当时，一些文化界和艺术界的名人经常在贵族巴尔第和柯尔西家聚会。他们讨论古希腊音乐理论，热衷于恢复古希腊的戏剧，并力图创造出一种诗歌与音乐结合的生动艺术。他们借鉴古希腊悲剧，把音乐和文字交织在一起，想给当时的音乐一个新的面貌。他们认为创造出一种文字与歌唱水乳交融的音乐，是音乐创新的最佳途径。他们看到复调艺术对歌词意义的表达的影响，主张采用单声部旋律。他们在实践中发现，在和声的伴奏下，自由吟唱的音调不仅可以在同一首诗歌中使用，而且还可以在整部戏剧中使用。这种形式在当时被称为田园剧，也是最早的歌剧形式。

什么是格里高利圣咏？

格里高利圣咏是罗马天主教做弥撒时所用的音乐。6世纪末，罗马教皇格里高利一世为了统一教会仪式中的音乐，把教会礼仪歌曲、赞美歌等收集、整理成一本《唱经歌曲》，这就是"格里高利圣咏"。"格里高利圣咏"共收集整理有三千多首歌曲。格里高利圣咏在产生、发展的过程中，吸收了古希腊、希伯来、叙利亚和巴勒斯坦地区的音乐。

格里高利圣咏是如何形成的？

罗马皇帝君士坦丁在330年迁都至拜占庭，395年东罗马帝国在此建立，1054年罗马的基督教与拜占庭的教会分裂，拜占庭的教会更名为东正教，而罗马教会则称为天主教。直到1453年，土耳其人将拜占庭占领。此间，欧洲幸存的古希腊文化与东方文化融合发展的中心地一直是拜占庭。叙利亚赞美诗的演唱方法和赞美歌的运用，都是通过米兰从拜占庭传到了西欧。拜占庭还对教会调式体系的完善起到了重要作用。在西方，最早将叙利亚应答赞美诗的歌唱介绍到西方的是米兰的圣安布罗斯。在法国、西班牙和罗马都存在着圣安布罗斯编定的圣歌所产生的影响。宗教音乐的发展与统治对教仪音乐的统一很依赖，罗马教皇格里高利一世在几代人努力的基础之上对宗教教仪圣咏进行了统一，使教仪歌集得到了编定，称其为"格里高利圣咏"。单声音乐的格里高利圣咏是拉丁文词，它有着自由的节奏，并由男声演唱。它成为在教堂里唯一可以每日进行祈祷的日课和使用在弥撒仪式中的音乐。

什么是复调音乐？

复调音乐是与主调音乐相对应的概念。主调音乐织体是由一条主旋律加上和声衬托性声部构成的。复调音乐则是由两个或两个以上各自具有相对独立性的旋律线有机地结合在一起所构成的多声部音乐。复调音乐在听觉上有立体空间感的音乐风格，它与哥特式的建筑以及绘画中透视的科学同时出现。

对复调音乐做出重要贡献的音乐家有哪些？

巴黎的一些教堂在12世纪后半叶至13世纪时，兴起了一个名为巴黎圣母院乐派的复调音乐流派，这是在一个多世纪里都对西欧音乐的发展产生了影响的派系。其中雷翁南和佩罗坦是有记载的两位著名音乐家。这一时期出现的一种有重要意义的复调音乐风格类型是狄斯康特，就是将一个有反行的曲调加在花圣咏的上方，音对音的节奏对应关系是两个声部需要注意的。它不仅具有复调创作思维，而且对节拍记谱的出现有促进作用。大量二声部的奥尔加农由雷翁南创作，其中交替出现的段落是华丽奥尔加农和有清晰节奏记谱的狄斯康特。佩罗坦的奥尔加农发展至三或四个声部，狄斯康特有一种更为成熟的写法。孔杜克图斯和经文歌是这一时期的另外两种复调音乐形式。孔杜克图斯有三个声部，是将两个对位声部加在一个自由创作的旋律上方，它已是一种完全创作的复调音乐。经文歌这种复调音乐原是一种拉丁语词的用于天主教祈祷仪式的形式，圣咏固定旋律是低声所采用的。然而后来演变出的法国经文歌，风俗性法语歌词被运用在上两个声部，风马牛不相及地与圣咏的拉丁语宗教歌词并置在一起。

虽然欧洲的复调音乐发展到12世纪和13世纪仍然处在初级阶段，但是欧洲音乐风格的发展形成已受到了它的基础性影响。复调音乐在巴黎圣母院乐派之后的几个世纪中得到了发展和延续，使复调思维上升到一定高度。

勃艮第乐派的音乐有什么特点?

勃艮第乐派在包括比利时、荷兰和法国东北部的勃艮第公爵领地之内兴起。当时西欧的文化中心是位于第戎的宫廷,迪费和班舒瓦是这一乐派的主要音乐家。勃艮第乐派将中世纪后期巴黎音乐家刻板僵硬的复调音乐风格抛弃。他们对英国邓斯泰伯尔和意大利音乐的因素进行了吸取,与法国复调传统相结合,使一种自然、柔和、明亮的音乐被创作出来。主要的旋律音程是三度音程,使有明确的旋律和鲜明的节奏的作品不再是过去那种漫无中心的状态。文艺复兴时期最大型的复调声乐套曲是弥撒曲,宗教仪式的功能既是它所具有的,作曲家的创作智慧又被它体现。对弥撒曲早期发展作出贡献的重要作曲家是玛受,他创作以世俗歌曲为主旋律,并以世俗歌名命名的弥撒曲。迪费的经文歌各声部不再是对词各唱各的,其上两声部是有着统一特点的拉丁语词,下声部为乐器,不再用定旋律等节奏经文歌。班舒瓦创作了曲调旋律优美清晰、色彩明亮的世俗歌谣。

佛兰芒乐派的音乐有什么特点?

15世纪下半叶,佛兰芒乐派继勃艮第乐派之后,在欧洲法国活跃起来。当时尼德兰南部的省份佛兰芒和法国北部是他们活动的地区。

男低音歌唱家、作曲家和著名音乐教师奥克冈的弥撒曲和经文歌对低音声部很重视,各声部连绵不断并且音响丰满,在音乐气质上与格里高利圣咏更加接近。同一代人的奥布雷赫特却有着不同的音乐风格。意大利和西班牙世俗

★若斯坎

音乐对他的创作影响很大,有较鲜明的音乐主题、较清晰的乐曲结构。第二代佛兰芒乐派的代表是奥克冈的学生若斯坎。文艺复兴的人文主义精神明显地表现在他的音乐中。他对18首弥撒曲、87首经文歌、72首世俗歌曲进行了创作。马丁·路德对他的评价说,"他是音符的主人。他能随心所欲地运用音符,而别的作曲家只能听凭音符指使"。解决对位法的技巧问题是他的前辈们所大多关注的,而若斯坎的技巧则运用在歌词内容表现的更高层次上。通过对一种自由且连续不断的主题模仿的手法的运用,使乐思得到一种富于想象力的发展。"在迷蒙的历史中显现出来的第一位个性完满的作曲家"是对他的公认的评价。

什么叫维也纳乐派？

18世纪下半叶"音乐天才"莫扎特、"交响乐之父"海顿和"乐圣"贝多芬三位音乐大师，先后以维也纳为生活、创作的中心而形成了一个群体，这个群体常常被人们称为"维也纳古典乐派"。莫扎特在这里开始了独立的"自由艺术家"的生涯；海顿在这里享受到"自由的甜蜜"，晚年焕发青春；贝多芬也选择了这里，度过他的曲折、奋斗的一生。他们的音乐实践对欧洲音乐史产生了久远的影响，在音乐史上树立了一座不朽的丰碑。

维也纳乐派的特征是什么？

维也纳乐派的主要特征是反映人类普遍的思想要求，他们追求美的观念、强调风格的高雅，给予人们乐观向上的进取精神。这三位作曲家既存在共同的艺术理想和艺术风格，同时又保持着传承关系。当时的维也纳，贵族阶层的音乐生活颇为活跃。每个宫廷都有自己的剧院、乐队，并经常举办舞会、音乐会。一些贵族还热衷于玩弄乐器或作曲，并以当艺术家的"保护者"为时髦。另一方面，维也纳普通市民的音乐生活也十分活跃。有少量公开卖票的音乐会，城郊歌剧院还经常上演民间歌剧，晚间在街头巷尾也能听到飘萦着的舞曲、小夜曲。此外，多民族的杂居，促使了欧洲各国的音乐渗入维也纳。因此，维也纳是当时欧洲的一个音乐中心。莫扎特、海顿和贝多芬三位大师进入维也纳之后，维也纳这个音乐中心就更为名副其实了。

什么是浪漫主义乐派？

浪漫派音乐是继古典乐派后流行于19世纪的一种西方音乐流派，在音乐上以强调主观、情感以及更多形式上的自由为特征。

浪漫主义音乐在初期与其他的姊妹艺术一样，以欧洲"启蒙时代"的思想和法国大革命的自由民主思想为其发展源头，它要晚于文学中的浪漫主义数十年。贝多芬的晚期作品是浪漫主义的先驱，之后的作曲家们都可被归入浪漫派。可以说，浪漫主义音乐的全盛时期是19世纪中叶。

浪漫主义音乐的代表人物有哪些？

在贝多芬、罗西尼和韦伯这些古典派作曲家的晚期作品中，已经有明显的浪漫主义音乐风格的端倪，正是他们开创了浪漫派的先河。出生于1800年前后的作曲家们是初期浪漫主义形成的重要力量。初期浪漫派音乐的代表人物非舒伯特和柏辽兹莫属，以格鲁克、海顿、莫扎特和贝多芬的传统为基础，他们发展出了自己独特的风格流派。之后，在门德尔松、舒曼、肖邦和威尔第等人的努力下，浪漫主义音乐得到了进一步完善，并且在柴科夫斯基、李斯特和瓦格纳时期达到了登峰造极的地步。这些作曲家、钢琴家是中期浪漫主义中心的构成要素。马勒、理查德·施特劳斯和拉赫玛尼诺夫等近代名家的作品，则属于晚期浪漫主义音乐的范畴。

浪漫乐派的音乐取得了什么样的成就？

在音乐史上，浪漫乐派的地位是毋庸置疑的，这个时期不但是盛产伟大音乐家的时期，而且还是音乐体裁空前

繁多的时期，出现了很多如无词歌、夜曲、艺术歌曲、叙事曲、交响诗等新颖、别致的形式，可以被称为人类艺术史上的一大"宝库"。浪漫主义音乐同时也起到了桥梁的作用，接受了格鲁克和莫扎特传统的韦伯，将这个传统传给近代的瓦格纳。在器乐方面，舒伯特继承了贝多芬的衣钵。他的浪漫主义艺术歌曲流传至今，则是舒曼和奥尔夫的功劳。贝多芬的《田园》交响曲是柏辽兹标题音乐的源头，其后又与近代法国的印象主义有着千丝万缕的联系。

什么是巴洛克时期？

1600年到1750年通常被认为是音乐世界的巴洛克时期。从艺术家方面来说，这个时期的音乐始于蒙特威尔地，止于巴赫和亨德尔。

1750年，约翰·塞巴斯蒂安·巴赫这位对位法大师的逝世，使处于巴洛克顶峰的对位法音乐画上了句号，这也是巴洛克时代终结的标志。巴洛克，在葡萄牙语中的原意是不圆的、形状不规则的珍珠，现在是指欧洲17世纪和18世纪初期的建筑风格。音乐家们借用此语来概括同一时期内的音乐风格，因此用这个名词来表示，并不含有特别的意义。后来，这个词逐渐有贬低的意味，是粗陋的、奇异的、夸张的音乐的代名词。在巴洛克之后的音乐家们看来，过于夸饰的巴洛克音乐规范不足。

所以，评论家用巴洛克一词来指17世纪以及18世纪前期的艺术及音乐作品。随着时间的慢慢流逝，我们能够从更为深入和细致的历史角度来看待这一时期的音乐，巴洛克不再有粗陋和毛糙

的意思，但与巴洛克前后的音乐作品相比较，它确实拥有着夸饰和不太规律化的特点。

巴洛克时期的音乐有什么特点？

巴洛克时期的音乐旋律乐句长度不一，气息较长，无论是声乐还是器乐，旋律都空前的华丽且复杂，有着很多的装饰音和模进音型。巴洛克时期音乐曲式以相互间形成节奏、速度、风格对比的多乐章结构为主，如组曲、协奏曲、变奏曲、康塔塔、清唱剧等，经常用前奏曲与赋格、宣叙调与咏叹调的搭配关系。复调乐曲是以模仿手段写作为内部结构的连续体，但可看出明确的呈示、发展和再现因素；同时也有分段结构、变奏曲、在固定低音旋律之上进行变奏的帕萨卡利亚、夏空形式。

印象主义是19世纪末在欧洲文化活动中心巴黎萌生的一种艺术风格。而印象派音乐是19世纪最后一种富于特征的风格，它反映了一个新时代变化的初步迹象，是新世纪音乐的许多重要特点和精神意境的发端。

印象主义乐派是如何形成的？

开创了印象主义音乐先河的是法国作曲家德彪西。1887年，在音乐中第一次出现了"印象主义"一词。在罗马进修时，德彪西受到了法兰西美术研究院评委的指责以交响组曲《春天》作为第二部"交卷作品"有着不明确的结构，需要他"警惕模糊的印象主义"。1894年，在布鲁塞尔首演他的《弦乐四重奏》时，评论家开始以"印象主义音乐"来对他表示赞扬。此后这个词经常

被用来对德彪西的风格以及与他接近的音乐的称呼，而不再含有贬义。

　　印象主义音乐产生演变的源泉是后期浪漫主义和民族乐派，同时也对东方音乐的养料进行了汲取。短小的曲调细胞组合而成一种新颖的动机语汇是这种流派的主要艺术表现手法。

印象主义乐派有什么特点？

　　为了使松散流动的状态得以呈现，在节奏上大量使用的复节拍和复节奏，不规则地使推动力减弱的细分节拍。调式的表现力受到重视，相应的调式是根据形象要求采用的。调性概念得以扩大，明确的收束式常常被避免出现。运用全音音阶来使调式中的每一个音处于同等地位，使调中心感被减弱，多调性因素得以出现。因为对不同色彩与音响作平面的、绘画式的并列的喜爱与偏好，最重要的表现手段便是和声。通过和弦结构可能性的增加与和声进行的功能性的减弱，异常丰富的和声色彩便得到了。丰富、独特并且新颖的音色常在声乐作品中对欠缺光彩和戏剧张力的低音区进行使用，对各种乐器演奏法上的色彩手法进行广泛应用。在德彪西之后，单个作曲家很难再被截然归入印象主义的队伍，但是整个音乐世界都已遍及了印象主义音乐风格与手法的实际影响。

什么是现代乐派？

　　现代主义音乐流派简称为现代派音乐，是指19世纪末20世纪初印象主义乐派之后，直到今日的全部西方音乐的创作。它产生的时间，一般是从20世纪初奥地利作曲家勋伯格的无调性音乐算

起的。现代派音乐各种流派层出不穷，花样翻新，呈现出空前的复杂性、多样性，有印象主义、表现主义等。

现代派音乐有什么特点？

　　现代派音乐不但摒弃了形式体系与和声体系，而且完全改变了整个旋律的概念。旋律虽然只是音乐的要素之一，但却是使听众受到直接影响的最重要的因素。因为改变了旋律概念，听众对新的音乐作品就会困惑不解，这样便疏远了听众。现在不存在一种统一的风格，也没有占统治地位的几种风格，有多少作曲家就有多少种风格是现在的状况。

现代的作曲家的作品有什么特点？

　　现在很多作曲家所做的不过是提出一种新的音乐语言，创造出一些新的声响。就像作家发明了新的词汇，但它们还没能被组合成可以向读者清楚表达意思的句子。当然，也有部分如梅西昂、卡特、欣德米特、卢托斯瓦夫斯基、亨策以及彭德雷茨基等作曲家，就成功地将易于为大众接受的先锋音乐写了出来。在音乐厅里，他们的

★作曲家卡特

音乐被日见频繁地演出。其他的像施托克豪森等一些作曲家，个性极强，他们的音乐虽然一直都针对专门的听众，音乐界也受到了他们的创作和音乐活动所给予的猛烈的冲击。这些作曲家是为后

人开拓新道路披荆斩棘的先锋还是出现在传统崩析、缺乏方向的历史时期里的过眼烟云，只有等时间来进行评判。

什么是爵士乐？

爵士乐是一种起源于非洲的音乐形式。爵士乐以英国和美洲的传统音乐为基础，融合节奏布鲁斯、拉格泰姆以及其他的音乐类型，是一种多音乐类型相结合的产物。爵士乐来源于比其更早出现的一些美国黑人音乐，例如节奏布鲁斯以及福音歌曲等，这些音乐很多都是美国黑人在非洲传统音乐的基础上结合当时的社会遭遇创作出来的。

爵士乐是怎么来的？

19世纪时，布鲁斯以及福音音乐是美国南部种植园的黑人奴隶表达现实生活和感情生活的重要手段。早期的布鲁斯主要表现黑人的悲惨境遇和低下的生活状态，黑人通过福音歌曲表达对上帝的虔诚，祈求平安，希望得到救赎。非洲和美洲最有名的音乐是宗教性的。今天我们所能知道的福音音乐，深刻而准确地反映出了早期美国黑人的情感世界以及音乐成就。美洲的黑人音乐保存了许多非洲音乐如节奏明快的特点，保留了许多集体即兴创作的特色。他们将这种传统的音乐形式与美洲当地的音乐形式结合在一起，诞生了一种新的声音，一种全新的音乐表达形式。

爵士乐是如何发展兴盛的？

从19世纪初到20世纪末，爵士乐从默默无闻的民间音乐发展成为了最具有美国特色以及美国本土产生的最有分量的音乐艺术形式。现在，在世界每一个角落，我们都可以看到有人聆听和演奏爵士音乐。爵士乐以丰富多彩的形式呈现出一派繁荣的景象。从布鲁斯开始到拉格泰姆，再到新奥尔良爵士乐和迪克西兰爵士乐、主流爵士、摇摆乐、比波普、现代爵士、自由爵士以及电子爵士，众多的爵士音乐形式都保持了自身的特色和魅力，并且流传至今。美国的爵士音乐，在20世纪所有基于民族和社会习俗的音乐中，没有哪一种比它更具有广泛的影响力了。由于它那狂热的节奏和古怪的不谐和音，从某方面讲，它更是新时代的一种表现。

什么是电子乐？

电子乐简称电音。广义而言，只要是使用电子设备所制作出来的音乐，都属于这一范畴。任何以电子合成器、效果器、电脑音乐软件以及鼓机等创作出来的电子声音，都可以统称为电子音乐。

电子乐是通过各种电子技术获得的各种音源，从而制作出各种电子音乐。电子乐通过正弦波造成一种无泛音的纯音，或者使用打击乐器、嘈杂乐器发出的各类杂音，也有将人声和各种音乐相结合，然后通过声音滤波器和反响设备，使其变形、变质、变量，再经过其他的电子仪器和录音技术加以剪接、处理，使其再生、复合，从而制作出一个音乐作品。

直到20世纪70年代，音序器和合成器价格的下降以及使用变得简单便捷，电子乐才真正走入大众的生活。

什么是民族乐派？

民族乐派，一般是指由19世纪中

叶以后活跃于欧洲乐坛，和资产阶级民族主义文化运动密切联系的一批音乐家组成的乐派。他们具有强烈的民族意识，以本民族音乐语汇为基本创作素材的作曲家大量涌现。他们总是乐于采用本国优秀的民间歌调作为音乐素材，对民族的古老音乐文化进行深刻挖掘、研究与整理，并运用最新的表现手法进行加工、创作，将一曲曲深情的"母亲之歌"献给那个世纪的世界音乐舞台，是世界公认的流派。

新民族乐派的音乐是从不同民族的灵魂深处对人们的民族自尊感进行唤起，使人不仅倍加喜爱本民族的音乐，还对其他民族的音乐产生了极大的爱好。国家、民族之间相互了解、相互交流的重要手段便包括了不同民族的音乐。

民族乐的代表人物有哪些？

早年向李斯特的学生托曼学习钢琴的匈牙利作曲家贝拉·巴托克，曾以优秀钢琴家的身份在欧美乐坛出没。在作曲方面，他曾对瓦格纳、勃拉姆斯、李斯特等人的作品非常崇尚，但因为对祖国的热爱，最终还是将自己毕生追求的创作目标确定为民族音乐，并用大量独具风格的民族性音乐作品，将他作为新民族乐派主要代表人物的重要地位确定了下来，《第三钢琴协奏曲》、《乐队的舞蹈组曲》、舞剧《木偶王子》等是其代表作品。早年师从西班牙音乐之父佩德雷尔的西班牙作曲家曼纽尔·德·法雅，因歌剧《生命是短暂的》在1905年获得了西班牙民族歌剧优秀奖。之后，相继问世了舞剧音乐《三角帽》、《魔法师之恋》等闻名作品。

另外在研究、推广民间音乐方面，他也做了大量工作。早年于英国皇家音乐学院就读的英国作曲家拉尔夫·沃恩·威廉斯，曾加入过"民歌协会"，并对英国民歌进行了积极的收集与研究。《D大调第五交响曲》、《塔立斯主题幻想曲》等是其代表作品。

什么是民谣？

民谣是指在民间流传、富有民族特色的歌曲，也称为民歌。民谣历史悠远，所以作者大多已不可知。"经过口传过程发展起来的普及大众音乐"是国际民间音乐协会对民谣解释定义，就是该音乐散布的过程，纯粹是由演奏者或音乐接收者记录教习，并亲自相传所得。民谣的范围包括歌曲、简单的乐器演奏以及舞曲曲调与步伐。

英格兰民谣有什么特点？

英国传统音乐主要是以乡土音乐为主，再加上配合流行音乐来叙述故事。英国流传下来的民谣很多，这和当地音乐工业的兴盛有很大关系。20世纪60年代，在英国北部诺森伯兰就有民谣复兴运动。诺森伯兰地理位置靠近苏格兰，许多爱尔兰人移民到英国时，都会经过此地，于是在这里形成了三地民谣文化的大融合。英格兰民谣始终保持着一种传统，就是有舞蹈的乐团，其中很多歌都和矿工生活有关。

爱尔兰民谣有什么特点？

从中世纪开始，爱尔兰民谣当中使用最为流行的乐器就是竖琴。12世纪时，宫廷当中的诗人所创作的歌曲，大

多也是以竖琴为主，这些歌谱现在多已遗失，仅留下了部分歌词。早期的爱尔兰民谣，大部分都不需要唱歌，只是一些纯粹的乐器演奏。爱尔兰人无论是在家里、路途中，或者是在婚礼，在任何的活动场合中，都可以谱曲创作音乐。音乐与生活浑然天成、融为一体。爱尔兰人的音乐目的是为了跳舞，因此人们在这个过程当中得动动手脚、摇摇肩膀，让音乐释放身体。

什么是摇滚乐？

摇滚乐是一种流行音乐形式。摇滚乐通常以吉他、鼓、贝斯等乐器配合人的演唱。此外，很多形态的摇滚乐也使用风琴、钢琴、电子琴以及各类合成器等各类键盘乐器。随着摇滚乐的不断发展，许多乐器也逐渐加入到摇滚乐的乐器当中，比如萨克斯、口琴、小提琴以及各类笛乐器等。摇滚乐的特点是简单、直白，特别是强烈有力而连贯的节奏，吸引人的旋律以及无拘无束的表演形式，围绕着电吉他、空心电吉他以及木吉他展开演奏。

摇滚乐有哪些种类？

20世纪60年代末期，摇滚乐与民间音乐相互融合发展，产生了民谣摇滚。和节奏布鲁斯相融合后也产生了布鲁斯摇滚乐。和爵士乐相融合，产生了爵士摇滚乐。后来又在不断发展的过程中，出现了迷幻摇滚。20世纪70年代时，摇滚乐吸收、接纳了许多灵魂音乐、朋克以及拉丁音乐的音乐元素，产生了软性摇滚、重金属、硬摇滚、前卫摇滚以及朋克摇滚等许多类型的摇滚乐。20世纪80年代时，又产生了合成器流行乐、硬核朋克以及另类摇滚等摇滚乐类型。20世纪90年代时，摇滚音乐类型又先后有油渍摇滚、英伦流行乐、独立摇滚和新金属加入其中。

海顿一共谱写了多少曲子？

海顿，奥地利作曲家，1732年出生于奥匈边境的村镇罗劳。海顿自幼受到民间音乐和教堂音乐的熏陶，6岁时到海恩堡合唱团唱弥撒曲，并学习音乐基础知识和羽管键琴、小提琴。2年后到维也纳圣斯蒂芬大教堂唱诗班当歌童。1754年他向意大利作曲家波尔波拉学习作曲、声乐等。从1761年起，海顿在埃斯泰尔哈济亲王的宫廷中任宫廷乐长近30年。期间写有约60部交响曲，40首弦乐四重奏，约30首钢琴奏鸣曲，5首弥撒曲和11部歌剧等。这些作品使他蜚声欧洲乐坛。

1781年海顿结识了莫扎特，并建立了诚挚的友谊。1790年，埃斯泰尔哈济亲王去世，宫廷乐队解散。长期依附于贵族的海顿，开始在艺术天地中自由驰骋。他在1791年和1794年两次前往伦敦，期间写下了12部《伦敦交响曲》及其他作品，形成了创作的高峰。他在一次访问伦敦时路过波恩，在那里发现年轻的贝多芬，表示愿意收贝多芬为学生。1792年贝多芬前往维也纳拜海顿为师，因两人性格迥异，师生关系为时不久。但海顿认为贝多芬迟早会进入欧洲最伟大的作曲家之列。1802年以后，海顿已到垂暮之年，他的创作灵感枯竭了。1809年逝世后，安葬于洪德斯图尔姆公墓，1820年改葬于艾森施塔特的伯格教堂，1932年人们在那里建了海顿陵。

海顿的作品有什么特点？

海顿的作品题材涉及面很广，但他偏爱日常生活题材，长于表现人类朴实明朗的感情和乐观的信念，不喜欢表现人的复杂的内心冲突。快乐和充满希望是他作品的艺术气质。

海顿的音乐之所以具有价值，是因为它面向现实，面向人生，气息清新，朝气蓬勃，令人鼓舞；也因为它在作曲技术上奠定了欧洲古典时期交响曲和室内乐的规范，形成了德奥音乐经久不衰的优良传统，也成为世界音乐宝库中的经典之作。

莫扎特在音乐史上占据什么样的重要地位？

莫扎特，奥地利作曲家，1756年出

★莫扎特

生于萨尔茨堡一个宫廷乐师之家。3岁已显露音乐才能，4岁随父亲学钢琴，5岁就会作曲，6岁又随父学小提琴，并到慕尼黑、维也纳、普雷斯堡巡回演出，获得成功。

莫扎特在短暂一生写出大量音乐作品，留下许多不朽杰作，题材形式涉及各个领域。莫扎特是维也纳古典乐派的代表人物之一，他短暂的一生留下许多不朽的杰作，成为世界音乐宝库的珍贵遗产。他的音乐风格诚挚、细腻、优雅、通俗、轻灵、流利，充满了乐观主义情绪，反映了18世纪末德奥知识分子摆脱封建专制主义羁绊，对美好社会和光明、正义、尊严的追求。

莫扎特在歌剧方面有哪些贡献？

莫扎特的主要创作领域之一是歌剧，11岁时就写了第一部歌剧。此后所作有《虚伪的善意》、《巴斯蒂安与巴斯蒂娜》、《本都国王米特里达特》、、《假园丁》、《牧人王》、《伊多梅纽》、《后宫诱逃》、《女人心》、《费加罗的婚姻》、《唐璜》和《魔笛》等20余部，其中《费加罗的婚姻》、《唐璜》和《魔笛》三部最具代表性。《费加罗的婚姻》于1786年首演，影响很大，甚至在布拉格也家喻户晓。这部歌剧没有沿用当时流行的意大利趣歌剧的滑稽、夸张和杂耍式的手法，而着重描绘了人物的性格，增强了抒情性，并发挥了重唱的技巧和表现力。《唐璜》于1787年首演，是在意大利趣歌剧的基础上发展歌剧式戏剧的重要作品。它加强了人物的心理刻画，使人物形象更为复杂、真实，同时运用戏

剧化的重唱增强矛盾冲突。

莫扎特在交响乐方面有哪些作品？

交响音乐是莫扎特的重要创作领域，包括约50部交响曲和50余部协奏曲。交响曲中41部有编号，因为风格的不同分为若干组，具有代表性的有7部：第31"巴黎"具有法国的音乐风格和丰富的音响；第35"哈夫纳"实际上是一首小夜曲；第38"布拉格"只有3个乐章，不再是对意大利交响曲的模仿，常称作"没有小步舞曲的交响曲"；第36"林茨"反映了受海顿交响曲创作的影响；第39交响曲明朗愉快，充满诗意；第40交响曲富有戏剧性和乐观主义情绪，被称为莫扎特的"英雄"交响曲；第41"朱庇特"宏伟豪迈，乐观向上，预示了贝多芬英雄性交响曲的出现。最后3首是贝多芬之前全部交响曲创作的最高成就。

贝多芬在音乐史上占据什么样的重要地位？

贝多芬，德国作曲家，1770年出生于波恩一个贫寒的音乐家庭，从小就不得不挣钱养家。4岁起从父亲学音乐，父亲曾梦想把他培养成莫扎特式的神童，但未能实现。14岁以前受普通学校教育，19岁进波恩大学旁听，接触到启蒙思想，对他的世界观和艺术观产生很大影响。贝多芬的一生是光辉奋斗的一生。他通过精湛的艺术手法，大大加强了作品的感染力，反映了资产阶级上升时期的进步思想，把欧洲古典乐派推向顶峰。他也开辟了浪漫主义乐派个性解放的新方向，为世界音乐文库增添了光辉的篇章。

1795年贝多芬创作了哪些作品？

1795年贝多芬出版了他的第1号作品，3首为钢琴、小提琴和大提琴演奏的三重奏。此后5年陆续出版了不少作品，包括一些室内乐和第一、第二交响曲，具代表性的是第八钢琴奏鸣曲《悲怆》。这些早期作品使他的声誉日渐遍及欧洲，但主要是沿着海顿和莫扎特的道路有所发展，还没有创立自己的风格。

1801年贝多芬创作的作品有哪些？

1801年第十四钢琴奏鸣曲《月光》的创作，标志着他已开始开辟新的道路，是具有独创性的以形式服务于内容的一个范例。第一乐章不按惯例用快板，也不用奏鸣曲式，而是类似幻想曲的慢板，很有特点。贝多芬所作钢琴奏鸣曲共32首，除《悲怆》和《月光》外，最著名的还有第二十一《瓦尔德施泰因》和第二十三《热情》。前者辉煌灿烂，如朝霞满天，无比光彩，被罗曼·罗兰称为"白色的奏鸣曲"；后者热情奔放，如浪涛汹涌，一泻千里，被列宁称为"绝妙的、人间所没有的音乐"。

《英雄》交响曲有什么特点？

1802年贝多芬为拿破仑写第三《英雄》交响曲，1804年完成时拿破仑已称帝，他愤而撕毁已写好赠款的封面，换写"为纪念一位伟人而作的英雄交响曲"。这首交响乐从内容到形式都富于革新精神，感情奔放，和声与节奏都新颖自由。用庄严的葬礼进行曲作为第二乐章，用谐谑曲作为第三乐章，都是前所未有的。

《命运》与《田园》是贝多芬什么时间创作的？

1808年他完成了简洁凝练、充满斗争精神和胜利信心的第五交响曲和纯真质朴、歌颂大自然的第六《田园》交响曲。第五交响曲的第一乐章充满矛盾，主题思想异常明确，其第一主题贝多芬曾解释为"命运在敲门"，因此被人们称为《命运》交响曲。1812年完成第七、第八交响曲，以个性解放和魄力巨大而论，第七交响曲是最令人惊异的。

贝多芬晚期创作的作品有哪些？

贝多芬晚期创作的5首弦乐四重奏和5首钢琴奏鸣曲已减少了火一般的气势，所表达的思想感情更深刻、更内在。晚期最有名的作品是第九交响曲和《庄严弥撒曲》，第九交响曲因首创在交响曲中加入人声而被称之为《合唱交响曲》。贝多芬在第四乐章用了4位独唱者和一个大合唱队，以独唱、重唱、合唱及乐队交替的形式淋漓尽致地演唱了以席勒的诗谱成的《欢乐颂》，表达作者对美好未来的憧憬和追求。柏辽兹认为它是贝多芬毕生的杰作。

肖邦是如何走上音乐创作之路的？

肖邦，波兰作曲家、钢琴家，1810年生于华沙郊区热拉佐瓦沃拉。幼年时向一位捷克音乐家日夫尼学习钢琴，8岁时开始公开演奏。1824年从师德国音乐家、华沙音乐学院院长埃尔斯纳学习音乐理论。1829年毕业于华沙音乐学院。1830年3月肖邦在华沙演出了自己的早期代表作《第二钢琴协奏曲》，同年10月在告别华沙的音乐会上演奏了自己的另一部代表作《第一钢琴协奏曲》，均获得成功。

肖邦的创作可分为华沙时期、华沙起义时期、在巴黎的全盛时期、晚期4个时期。华沙时期的创作除少数作品外，在肖邦的整个创作中不占很重要的地位。

华沙起义时期肖邦创作的作品有哪些？

华沙起义时期，肖邦的创作出现了一个飞跃。《b小调谐谑曲》是逗留维也纳时期所写的，起义激起的爱国热情同对祖国亲人的思念交织在一起，构成一首既严峻又温存的音诗，又称《革命练习曲》。《d小调前奏曲》是在得知华沙沦陷之后所创作的，激愤、悲痛之情同严整洗练的艺术形式之间达到高度完美的统一，成为肖邦早期音乐创作中的杰作。

巴黎全盛期肖邦创作了哪些作品？

在巴黎的全盛时期的创作中，深刻的民族内容、富于独创性的艺术形式和娴熟的音乐风格使他的艺术达到了炉火纯青的地步。他的创作涉及钢琴音乐的各种体裁，从练习曲、前奏曲、夜曲、马祖卡舞曲、圆舞曲、波洛奈兹舞曲、即兴曲，直到结构更为复杂的叙事曲、谐谑曲、奏鸣曲，都获得了丰硕的艺术成果。肖邦的绝大部分练习曲都是在这个时期创作的，其中《E大调练习曲》、《b小调练习曲》和《a小调练习曲》等最为突出。肖邦的3首奏鸣曲中，在内容的深刻性和艺术的独创性方面最突出的是《降b小调钢琴奏鸣曲》，其中的第3

乐章《葬礼进行曲》，寄托着对华沙起义中为民族解放而献出生命的烈士的哀思，是肖邦音乐中最脍炙人口的篇章之一。他的《c小调夜曲》主题朴实无华、严肃而又悲哀，音乐的发展愈来愈富于戏剧性。它标志着肖邦已经将夜曲的创作提高到前所未有的水平，大大地挖掘了夜曲的表现潜力，使它成为一种能容纳深刻社会内容的音乐题材。

肖邦晚期创作的作品有哪些？

肖邦晚期的创作呈现出明显的衰退趋势。《幻想波洛奈兹舞曲》是这个时期的重要作品。《g小调马祖卡舞曲》和《f小调马祖卡舞曲》是肖邦最后的两部作品。前者是一首亲切、温存的歌，表达了对生活的最后一点眷恋；后者在淡淡的哀愁中倾诉着对故国和亲人的最后思念。

舒伯特一生创作了多少歌曲？

舒伯特，奥地利作曲家，1797年出生于维也纳。童年时师从父亲学小提琴、师从哥哥学钢琴，11岁进入神学寄宿学校，开始显示

★舒伯特雕像

音乐创作才能，歌曲《夏甲的悲叹》就是这时创作的。1814年他在父亲的学校里当助理教员，同时从事创作。1816年起专事作曲，但稿酬微薄，生活清贫。像《流浪者》这样举世闻名的歌曲，舒伯特只拿到两个古尔盾，而出版商在40年间赚取了27000个古尔盾。舒伯特在短短31年的生命中，创作了600多首歌曲，4首小提琴奏鸣曲，10部交响曲，18部歌剧、歌唱剧和配剧音乐，19首弦乐四重奏，22首钢琴奏鸣曲以及许多其他作品。他为歌德、席勒、海涅、米勒等不少诗人的作品写了大量歌曲，把音乐与诗歌紧密结合在一起。

舒伯特的歌曲作品有哪些？

舒伯特的歌曲中既有抒情曲、叙事曲、充满战斗性的爱国歌曲，也有源于民间音乐的歌曲，其中重要的有《菩提树》、《魔王》、《鳟鱼》、《流浪者》、《美丽的磨坊女》、《野玫瑰》、《普罗米修斯》、《致音乐》、《迷娘之歌》、《纺车旁的格雷欣》、《剑之歌》、《战士之歌》和《战斗中的祈祷》等。主要歌曲汇有3部歌曲集：《美丽的磨坊女》、《天鹅之歌》和《冬日的旅行》。他的交响曲中较重要有第四、第五、第八、第九交响曲，其中第八交响曲是一部浪漫主义抒情交响曲，因为只写了两个乐章而被称为《未完成交响曲》，第九交响曲气势磅礴，充满英勇豪迈的气概，被称为《大交响曲》。他的作品还有d小调弦乐四重奏《死与少女》，C大调弦乐五重奏，钢琴五重奏《鳟鱼》，钢琴曲《流浪者幻想曲》、《音乐的瞬间》，降E大调即兴

曲，A大调奏鸣曲和配剧音乐《罗莎蒙德》等。

李斯特创作了哪些作品？

李斯特，匈牙利作曲家、钢琴家，1811年出生于肖普朗的莱丁村。李斯特9岁就登上舞台演奏钢琴。1821年赴维也纳师从车尔尼学钢琴，师从萨列里学作曲理论。1823年在巴黎从师于捷克音乐理论家雷哈和意大利作曲家帕埃尔，1824年首演一举成名。

1839年起开始了长达10年的旅行演奏生活，足迹遍布匈、奥、英、法、德、罗、俄等国，被祖国人民视作民族英雄。这时期创作了《匈牙利英雄进行曲》和《匈牙利风暴进行曲》等一些爱国主义的作品，编写了民歌集《匈牙利民族曲调》，并据此创作了著名的两首匈牙利狂想曲以及男声合唱《铁匠》、《农夫》、《士兵》和《水手》等。一批钢琴改编曲中以《魔王》、《拉科奇进行曲》等为代表。1848年定居魏玛，并任宫廷乐长兼剧院指挥，创作有《匈牙利康塔塔》和《工人大合唱》等。1849年匈牙利革命失败，他沉痛地写了钢琴曲《送葬的行列》，1854年又写了交响诗《英雄的葬礼》以悼念革命烈士。1886年参加瓦格纳的音乐节时染上肺炎逝世。

李斯特最突出的贡献是什么？

首创交响诗体裁是李斯特在音乐史上最突出的贡献。他的13首交响诗大半根据著名诗歌、戏剧或绘画等创作而成，将主导动机原则加以发展，采用单一主题贯穿、变形的发展手法，旋律

常用变化音，用三度关系的转调扩展了和声功能网。他的配器富于色彩性，大大丰富了管弦乐的表现力。李斯特的钢琴音乐创作和演奏艺术在音乐史上也占有重要地位。钢琴音乐中，《但丁奏鸣曲》、《爱之梦》等以激情和诗意见长，《里昂》、《送葬的行列》悲壮奋发，第一钢琴协奏曲雄劲刚健，b小调奏鸣曲思想深刻且富于戏剧性，20首匈牙利狂想曲最富民族民间特色。他在钢琴演奏方面形成准确的大跳、双手八度交错半音进行、快速轮指、高音区快速装饰奏法等一套特有的技巧。他把钢琴当作乐队，形成热情、诗意、辉煌、奔放的风格，开创了钢琴独奏会和背谱演奏的先例。他的《高级技巧练习曲》以技巧艰深、形象鲜明而著称。

柏辽兹的作品有哪些？

柏辽兹是法国浪漫乐派的主要代表人物，作品包括3部歌剧、4部交响曲、6首管弦乐序曲以及许多清唱剧、康塔塔和其他声乐、器乐作品。他在进音乐学院之前就开始了创作，19世纪20年代写的大部分是声乐作品，还不成熟，多未保存下来。

1830年他的康塔塔《萨丹纳帕路斯之死》获得罗马大奖。他还把《马赛曲》改编成大型合唱作品，从此进入创作的繁荣时期。代表作《幻想交响曲》和交响曲《哈罗尔德在意大利》都带有浪漫主义的自传性，《幻想交响曲》更被认为是音乐史上第一部浪漫主义的标题交响曲。这一时期的重要作品还有大型管弦乐声乐曲《死者的大弥撒曲》、歌剧《本维努托·切利尼》、戏剧交响

曲《罗密欧与朱丽叶》和《葬礼与凯旋交响曲》等。《死者的大弥撒曲》需要庞大的合唱队、交响乐队和4个铜管乐队，气魄之大像一幅巍峨的壁画。《葬礼与凯旋交响曲》由于要在露天和队列行进中演出，乐队编制更加庞大，音乐具有雄伟、悲壮的效果。《罗密欧与朱丽叶》是他最大的交响乐作品，演出时间长达1小时40分钟，形式是按戏剧情节构思的，并加入独唱、合唱声部。

19世纪40年代以后的重要作品有戏剧传奇曲《浮士德的沉沦》、序曲《罗马狂欢节》、康塔塔《皇帝》、合唱曲《法兰克人的怒吼》、清唱剧《基督的童年》、大歌剧《特洛伊人》和歌剧《贝特丽丝和培尼狄克》等。《浮士德的沉沦》分为若干场，包含了歌剧中的全部音乐题材，可以说是柏辽兹创作鼎盛期的一个艺术总结。

亨德尔创作的歌剧有哪些？

亨德尔在哈雷时就为教堂圣乐团写了大量清唱剧，但都没有流传下来。在汉堡时，他写了几部歌剧，仅《阿尔米拉》获得很大成功，也只有这部歌剧的总谱被保存下来。他在意大利创作了《复活》和《时间的胜利》等清唱剧，其中《复活》上演时用了布景，并配有45人的乐队伴奏，已接近一部歌剧的演出。他的歌剧《阿格里皮纳》于威尼斯狂欢节时演出了27场，大获成功。但是，亨德尔在音乐创作上的重要成就几乎都是在英国取得的。他一生创作的50部歌剧中有36部是在英国上演的，重要的有《尤利乌斯·恺撒在埃及》、《塔麦拉诺》、《罗德林达》和《奥兰多》等。他的歌剧虽然在音乐的宏

伟和深刻方面高出于他同时代的作曲家，丰富多变的音乐手段将剧中人物刻画得栩栩如生，但未脱离意大利歌剧的模式，当英国民族风格的歌剧兴起时，他的歌剧就衰落了。

亨德尔在清唱剧方面有哪些成就？

从18世纪40年代起，亨德尔的创作中心移到了清唱剧方面。由于他在早期创作过大量清唱剧，已娴熟地掌握了德国的复调音乐技巧和意大利的流畅旋律，又继承了英国圣咏的优良传统，因此他在这一时期的清唱剧创作达到了很高的水平，成为音乐史上的一个里程碑。他的清唱剧题材大都选自《圣经》，少数选自古代传说，气势宏伟，富于戏剧性而又不失抒情色彩。《力士参孙》、《以色列人在埃及》和《犹大·马加比》以及最有名的《弥赛亚》等19部清唱剧在英国上演，受到广泛欢迎。亨德尔还写了包括12首大协奏曲、序曲、组曲及为哈普西科德和管风琴写的相当数量的器乐作品，其中最为人熟知的是露天演奏的《水上音乐》和《焰火音乐》，至今仍在一些喜庆场合演奏。

舒曼19世纪30年代的作品有哪些？

舒曼19世纪30年代的创作主要是钢琴音乐，其中富于幻想性的浪漫主义气质体现得最为鲜明。由12首乐曲组成的钢琴套曲《蝴蝶》，表现作者在幻想中自由翱翔的乐思；由18首乐曲构成的《大卫盟员舞曲》，表现了作者幻想中的大卫同盟成员弗洛雷斯坦和奥伊泽比乌斯的形象和性格；《狂欢节》由21首各具标题的乐曲组成，用一个核心性的音乐动机，将狂欢节上出现的各种人物

的形象和情景贯穿起来；钢琴套曲《克赖斯勒偶记》在一定程度上表达了作者面对庸俗、浅薄、空洞的音乐现状产生的苦闷和不满。

1840年舒曼创作的作品有哪些？

1840年舒曼写了大量艺术歌曲，其中包括用海涅的诗谱写的9首《歌曲集》和16首声乐套曲《诗人之恋》，用歌德、拜伦等人的诗谱写的26首《桃金娘歌曲集》，用沙米索的诗谱写的8首声乐套曲《妇女的爱情和生活》，用海涅的诗谱写的叙事歌曲《两个掷弹兵》等。舒曼在19世纪40年代创作的重点是大型器乐曲和大型声乐曲。第一交响曲《春天》是一部具有生活风俗性的古典传统式结构的交响曲，由门德尔松指挥初演获得成功；第四交响曲规模较小，但结构上很有特色，具有浓厚的抒情色彩；唯一的一部钢琴协奏曲颇具刚健的气质。比较重要的室内乐有献给门德尔松的3首弦乐四重奏、d小调钢琴三重奏、降E大调钢琴四重奏和F大调钢琴三重奏等，最优秀的是降E大调钢琴五重奏。其他作品有清唱剧《天堂与谪仙》、序曲《曼弗雷德》和唯一一部歌剧《格诺菲娃》。

瓦格纳对歌剧有怎样的贡献？

瓦格纳，德国作曲家、剧作家，1813年出生于莱比锡。14岁曾尝试写作一部5幕的大悲剧。1831年从师从魏因里希学习作曲理论。瓦格纳对歌剧艺术的改革作出了许多贡献，如废除传统的朗诵调、咏叹调、合唱分曲的声乐形式，以介于说唱二者之间、始终一贯的无终旋律取而代之；应用主导动机统一发展

原则，以追求艺术的最高结合力和明晰、统一感；采用巨大的乐队编制，增加许多弦乐和新式乐器，应用三管编制乐队；频繁使用半音阶和声和复杂的调性转换，以助于更深地揭示、刻画人物内心世界。

瓦格纳早期的作品有哪些？

早年的时候，瓦格纳创作有少量钢琴曲，几首管弦乐序曲和7首为歌德的《浮士德》谱写的歌曲、《C大调交响曲》以及几首有标题的序曲。从19世纪30年代开始创作歌剧。1833年采用意大利剧作家戈齐所写脚本《仙女们》创作最早的一部歌剧，1838年才获演出。此后相继创作了取材于莎士比亚喜剧《一报还一报》写成的大型喜歌剧《爱情的禁令》，根据英国布尔沃利顿小说所写的歌剧《黎恩济》等。

瓦格纳中期作品有哪些？

瓦格纳的中期歌剧《漂泊的荷兰人》、《汤豪泽》和《罗恩格林》有鲜明悦耳的曲调、精心设计的重唱和合唱场面、绚丽多彩的交响性序奏音乐和插曲，瓦格纳对剧中人物细腻的感情、心理和精彩的戏剧性冲突描写刻画入微。在逃亡瑞士时期，受革命思潮影响，写了《艺术与革命》、《歌剧与戏剧》和《未来的艺术作品》等7部关于歌剧改革的著作，创作了第一部乐剧《特里斯丹和绮瑟》，这是后期浪漫主义消极思想的代表作。

瓦格纳晚期作品有哪些？

在后期创作中，由《莱茵河的黄

金》、《女武神》、《齐格弗里德》和《众神的黄昏》4部歌剧组成的乐剧《尼贝龙根的指环》是一部规模极为庞大的巨作，1872年为实践其歌剧改革主张，瓦格纳在巴伐利亚的拜罗伊特自建剧院，分4夜上演。歌剧《纽伦堡的歌唱师傅》和宗教奇迹歌剧《帕西法尔》是他后期的另外两部重要作品。

小约翰·施特劳斯的作品有哪些？

小约翰·施特劳斯有编号的作品近500首，其中进行曲47首、方阵舞曲69首、波尔卡141首、圆舞曲170首，加上无编号的总数约在800首以上。他的主要成就在圆舞曲，代表作有《蓝色多瑙河》、《维也纳森林的故事》、《维也纳糖果》、《自由之歌》、《艺术家的生涯》、《南国玫瑰》、《葡萄酒、爱人与歌》、《爱之歌》、《晨叶》、《加速度》、《无穷动》、《春之声》、《青年之歌》、《皇帝圆舞曲》以及《安嫩波尔卡》、《革命进行曲》等。1871年后他转向轻歌剧创作，共写了16部，其中以《蝙蝠》和《吉卜赛男爵》较为突出。

勃拉姆斯对音乐界的贡献有哪些？

勃拉姆斯，德国作曲家、钢琴家，1833年出生于汉堡。幼年师从马克森等汉堡当地音乐教师学习钢琴、作曲。由于家贫，15岁就在小酒店演奏，还编写一些娱乐性小曲。1953年认识舒曼夫妇，舒曼在自己主编的《新音乐杂志》撰文，对他的创作和演奏活动给予热情的鼓励和推荐。1858～1859年在代特莫尔德担任合唱指挥，对他后来的合唱曲写作甚为有益。他的早期创作主要受舒曼作品风格和手法的影响。

19世纪六七十年代，勃拉姆斯定居维也纳从事演奏、指挥和创作。1871年创作了《凯旋之歌》，献给通过王朝战争统一德国的俾斯麦，在c小调《第一交响曲》中对此也有表现。后来对德国统一后的严酷现实感到失望，在1885年完成的《第四交响曲》等作品中流露明显的消极因素。晚年创作力衰退，以《b小调单簧管五重奏》和两首单簧管奏鸣曲为代表性作品。

勃拉姆斯的代表作品有哪些？

勃拉姆斯的代表性钢琴作品有《匈牙利民歌主题变奏曲》、《降E大调间奏曲》和《帕格尼尼主题变奏曲》等。从中可以看出深沉、典雅、富于技巧、手法细腻、形象丰富等浪漫主义思潮的影响和作者自己的艺术风格。在21首匈牙利舞曲中则真实地体现了匈牙利民族民间音乐的特点。此外还创作了许多合唱、抒情歌曲和民歌改编曲，继承了舒伯特和舒曼的艺术歌曲传统，感情真挚朴实，声乐和钢琴部分结合完美。代表作有《我的爱情多青春》、《摇篮曲》和《徒然的小夜曲》等。晚年最后完成的7册《德意志民歌集》是他对德奥民间音乐文化研究的重大贡献。

西班牙爱情歌曲大师是谁？

被誉为"爱情歌曲大师"的胡里奥·依格莱希亚斯的名声，随着他那亿万张唱片飞遍世界各个角落。据估计，平均每30秒钟在地球的某地便会响起他优美迷人的歌声。

胡里奥1943年9月出生在西班牙的马

德里，17岁时进入英国剑桥大学攻读法律，20岁时因车祸重伤而与音乐结下了不解之缘。25岁那年，他在西班牙贝德尔姆音乐节上以一曲《人生一如既往》而荣膺最佳奖。

★胡里奥·依格莱希亚斯

不久美国CBS国际唱片公司发行了他的第一套唱片，使他的歌声在拥有数亿人口的西班牙语系国家及其他拉丁语系的国家流传开来。他能用西、英、德、法、意、葡6种语言演唱。许多国家都录制了他的唱片，发行量已逾1亿6千万张，还被灌制成350张金质和100张白金唱片。

胡里奥演唱的歌曲多以爱情为主题，音质优美，充满浪漫色彩，又略带伤感情调。世界各地都有一些"胡里奥迷"，他每年去希腊奥林匹亚演唱，次次都能收到整邮袋的信件。在巴塞罗那，12万不同年龄的歌迷肩并肩地对他鼓掌欢迎。在西班牙，他和美声男高音歌唱家多明戈同样享有盛誉，成为两大最知名的歌唱家。

《祝你生日快乐》是怎样诞生的?

《祝你生日快乐》这首流行歌曲，是1893年美国肯塔基州路昂斯维尔的两姐妹米尔德里特·希尔和帕蒂·希尔创作的。姐姐是个音乐教师，妹妹是幼儿园教员。当时希尔姐妹作为消遣，写了一些短小的少年歌曲，其中有一首叫做《祝你早安》。这首歌发表以后并没有流行开来。后来，这两姐妹中的一个把歌词改动了两个字，把"早安"改为"生日快乐"。1935年以《祝你生日快乐》为题再度发表，引起人们的兴趣和喜欢，成为一首流行全世界的名曲。

肖邦关于爱情的作品有哪些?

钢琴诗人肖邦在24岁时悄悄爱着康丝丹彩·葛拉特柯芙丝卡，他常常边想着她边写协奏曲中的慢板乐章，最后完成了世人熟悉的《f小调第二号钢琴协奏曲》。第二年他恋上了玛丽亚·沃金斯基，在欢度暑假后分手时，肖邦即兴弹奏出著名的《告别圆舞曲》也就是作品69之一的《降A大调圆舞曲》。肖邦在与女作家乔治·桑同居的9年之中，为她写了《降B调第二号奏鸣曲》、《b小调第三号奏鸣曲》、《雨滴前奏曲》和《小狗圆舞曲》等许多名曲。后来他们感情破裂分手，肖邦再没有谱写出重要作品了。

西方著名音乐家从爱情之中获得了哪些灵感?

门德尔松在与赛西儿的恋爱中，接连写出数首《无言歌》。

李斯特在与卡罗琳同居时创作了《但丁交响曲》、《浮士德交响曲》、《骸骨之舞》和《流浪人幻想曲》等内涵深邃的作品。

柴科夫斯基在写信给与他交往13年的梅克夫人时这样说："我笔尖下的每一个音符，全都是呈献给你的。我对工作的热爱得以再次苏醒，完全是你的功

劳。"并将他的《第四交响曲》昵称为"我们两人的交响曲"。

什么是贝多芬第十交响乐？

全世界的音乐爱好者都知道，贝多芬只谱写有9首交响乐，从没听过有第十交响乐。然而，1988年10月19日英国皇家爱乐乐团在伦敦音乐厅首次演奏了第十交响乐，一时舆论哗然。评论家认为，这首交响乐虽不如贝多芬的第九交响乐那么雄壮，但它却更抒情，而且第一句降E大调的柔板和第二句的c小调快板，在贝多芬的原来作品中是没有出现过的。

第十交响乐是如何坎坷问世的？

第十交响乐是谁谱写的，又是怎样谱写出来的呢？原来，1822年后，贝多芬就在着手谱写另一首交响乐，只是由于当时要为维也纳宫廷写三重奏和四重奏而不得不推迟。1827年贝多芬生活不幸，病魔缠身，此时英国皇家爱乐乐团从伦敦赠给他100英镑的医药费。当时贝多芬为感谢爱乐乐团，表示将第十交响乐奉献给爱乐乐团。

然而，在贝多芬作出这个允诺一个星期后，便溘然长逝了。贝多芬刚合上眼睛，他的继承者们就抢夺他的财产。他的秘书和密友申德勒偷走了他所有的乐谱和手稿，并在1845年把这些乐谱和手稿转卖给了普鲁士国王，后来被收藏进了柏林普鲁士文物国家图书馆。1983年英国的音乐和音乐学教授巴里·库珀为撰写《贝多芬的创作过程》一书，钻进了普鲁士文物国家图书馆，在那里发现了贝多芬乱涂乱写的音符，其中一页纸上标明是"交响乐"，其他一些纸片

上是奏鸣曲和四重奏的初稿。

于是，库珀开始致力于研究贝多芬未完成的第十交响乐的工作。他整整用了5年的时间根据贝多芬的创作意图进行加工组合，谱写成了第十交响乐。库珀说："在可以辨认的一堆杂乱的字迹中，我分辨出这是贝多芬有目的有步骤地写下的第十交响乐的谱表"，"我唯一的功劳就是辨认了这些谱表，并把它作了调整和补充，就像贝多芬本来就会这样做的那样做了。"这就是第十交响乐问世的经历。

被称为"音乐之城"的城市是什么？

位于阿尔卑斯山北麓和多瑙河畔的维也纳，山清水秀，绿草如茵，是艺术家、音乐家陶冶情性、启发灵感的胜地。维也纳以它的乐曲和歌声闻名于世，被称为"音乐之城"。

从18世纪初始，维也纳就开创了古典音乐时期。古典音乐大师海顿、莫扎特、贝多芬、舒伯特、勃拉姆斯和布鲁克纳等都在这里生活过。被誉为"华尔兹舞曲之王"的约翰·施特劳斯也在这里创作了400余首圆舞曲和轻歌剧。今天，这些音乐大师的塑像仍屹立在维也纳市。

"音乐之城"最伟大的歌剧院是什么？

维也纳有众多的歌剧院、音乐厅和剧场，演出著名的乐曲和歌舞。施特劳斯的《蝙蝠》和莫扎特的《费加罗的婚礼》、《后宫的诱逃》等，经常在维也纳国家歌剧院上演。维也纳国家歌剧院建于1869年，由著名建筑师凡帝·纳尔等人设计，

演奏大厅有6层楼厢，可容纳1600观众，是维也纳"音乐之城"的主要象征。

"音乐之城"最出名的"音乐大厅"是哪里？

1867年由"奥地利音乐之友协会"筹建的"音乐大厅"，也是频繁地演奏著名乐曲的地方。"音乐大厅"除演奏大厅外，还附有收藏馆，展出音乐大师们的乐谱、手稿和图片等珍贵文物。每年5～6月间维也纳都要举办文化节，在市政大厅广场举行文化节的开幕式，世界各地有名的艺术家、音乐家纷纷前来作精彩表演。还值一提的是，具有悠久历史的维也纳"少年合唱团"在音乐界具有崇高的地位，它的演出总是令听众赞叹不已，为"音乐之城"作出了显赫功绩。

神奇的音乐魔墙在哪里？

1984年3月，法国马赛市卡斯特拉纳地铁站内建成了一堵神奇的"魔墙"——音乐墙。当人们经过它面前时，它就会发出一阵阵伴随行人脚步节奏的乐曲。

音乐墙是借助计算机的功能而奏出乐曲的。在计算机的存储器内贮存着各种基本乐符、短句，构成一个作曲系统。行人经过音乐墙时，改变着光器管的进光强度。这一信息被计算机接收，经过特殊程序处理，就变成一组根据行人经过墙前的动作而配制的音乐。

音乐墙的发明者是29岁的法国作曲家雅克·塞拉诺。按最初的设计思想，通过运动在空间产生音乐，他给这堵墙起名为"空间音乐器"。他认为，音乐墙不属于传统乐器范畴。一般而言，传统乐器的演奏者必须具备一定的技艺，而音乐墙的演奏者则人人可以充当。行人既是音乐演奏者，又是音乐欣赏者。行人可使音乐墙产生音乐，但无法驾驭其内容。

为什么邓肯被称为"现代舞之母"？

伊莎多拉·邓肯是20世纪初震动西方舞坛的舞蹈改革家，由于她为现代舞蹈的发展开拓了道路，因而被誉为"现代舞之母"。现代舞又称"自由舞"、"现代芭蕾"。邓肯1878年生在美国旧金山，父亲是位诗人，母亲是音乐家。

她从小就生活在浓厚的艺术气氛家庭中，曾与家人一起度过了10年的漂泊卖艺生涯。当她的舞蹈艺术在上流社会和艺术界显露出特有的风采以后，她开始到巴黎、伦敦、维也纳、柏林、布达佩斯等地巡回演出，受到各国观众空前热烈的欢迎。后来她到希腊旅行，从古希腊雕塑上汲取了创作灵感与舞蹈语汇。在她眼中具有近400年历史的传统芭蕾舞，已经完全走向僵化和衰落。她不满于芭蕾舞台上所表演的那种严重脱离现实的"神仙故事"和"风流艳史"的题材，不满于艺术形式上千篇一律的"轻盈与曼妙"，主张创造一种充分体现人类自由精神和真情实感的舞蹈。

伊莎多拉·邓肯是如何改革古典芭蕾的？

伊莎多拉·邓肯第一个打开了古典芭蕾的禁宫，摒弃矫揉造作的技巧的限制，使舞蹈动作自然，舞姿优美。她大胆改革舞蹈的动作和服装，从古希腊雕塑与文艺复兴时的绘画中得到启示，创建了形式自然、风格自由的现代舞和崇尚自然、崇尚

古希腊艺术的舞蹈理论。表演时，她通常双脚赤露，只穿着薄纱裙或轻纱飘拂的希腊长袍，多用跑步和跑跳步，两臂经常向侧上方扬举，加上适当的举腿和腾跃，显得自然典雅，柔中带刚。她有卓越的音乐感受力，用舞蹈表现勃拉姆斯、瓦格纳、贝多芬、施特劳斯等人的音乐作品获得了巨大成功。同时，由于邓肯还是一位不畏强权，支持民族解放斗争，终身为妇女解放而拼搏的斗士，因而当时罗丹、斯坦尼斯拉夫斯基、邓南遮、詹姆斯等许多大艺术家，都曾热情赞誉她为"世界最伟大的女性"。

为什么《天鹅湖》能够取得划时代的地位？

《天鹅湖》是俄国古典芭蕾传统剧目之一，也是世界芭蕾舞经典名剧。1876年，由柴科夫斯基作曲，别吉切夫和盖里采尔编剧。1877年在莫斯科首演，1895年由俄国舞剧导演伊凡诺夫和法国舞剧导演彼季帕重新编排在彼得堡上演，获得巨大成功。全剧共有4幕，剧情描写奥杰塔公主被魔法师罗德伯特掳去变成白天鹅，在湖边她与王子齐格弗里德相遇并相爱了。在王子挑选新娘的舞会上，魔法师以女儿黑天鹅奥吉莉亚欺骗王子，最后爱情的力量战胜了邪恶势力，奥杰塔公主和其他白天鹅都恢复了人形，王子和公主终于结合在一起。该舞剧音乐具有高度交响性发展原则，是作曲家柴科夫斯基对芭蕾舞音乐进行重大改革的

★天鹅湖

结果。这也成为该舞剧在舞剧发展史上取得划时代地位的重要原因。

什么是霹雳舞？

现代霹雳舞是美国东海岸黑人歌星詹姆斯·布劳德创立的。1949年，詹姆斯·布劳德在电视上唱新歌的时候，自己发明了一种稀奇古怪的动作。青年们看过之后竞相模仿，经常在街头进行比赛跳这种舞蹈。这种舞蹈传播到西海岸洛杉矶后，还产生了模仿木偶、机器人动作的舞蹈。美国东西两岸两大派街头舞蹈相结合后，赢得了青年们的欢迎。由于这种舞蹈表演的场地大都在街头，所以又叫做"街头舞蹈"，中文翻译成"布雷克舞"，也有人按其形象翻译成"霹雳舞"。

在跳"布雷克舞"的人看来，霹雳舞是个专有名词，并不是任何一种舞蹈都可以称为霹雳舞。只有贴近地面，以头、肩、背、膝为重心，迅速旋转、翻滚的舞蹈才可以称为"霹雳"。模仿木偶、机器人或月球漫步的舞步，属于"布雷克舞"的另一种形式。"霹雳舞"动感和节奏感都很强烈，跳起来非常尽兴，青年人对跳这种舞简直达到如醉如痴的程度。

霹雳舞的动作有什么特点？

霹雳舞有其独特的舞蹈动作，分力量动作和风格动作。力量动作是对一系列高技巧性动作的总称。它的动作可以分为旋转、跳、滑、浮、刷腿、空翻、踢几类。它的特点是以身体各个部位为支点，来完成身体旋转或腾跃。风格动作是霹雳舞的基础，同时也是霹雳舞风格的主要体现。它包括战斗舞步、摇摆步、地板动作、定格等舞蹈风格动作。战斗舞步是模仿打斗的舞蹈。摇摆步是身体直立有摇摆动作的舞蹈。地板动作就是身体下伏，用手臂支撑地面，同时双腿快速翻转和移动。定格就是由手部支撑地面来完成的身体空中停顿动作。

什么是水兵舞？

水兵舞也称为六步、拉手或者吉特巴，在中国重庆，还称为拉六步。这种舞不同于慢三、慢四，不管是在舞蹈的风格上，还是在舞姿的要求上，和交谊舞都有很明显的区别。

水兵舞是怎么来的？

水兵舞原本是美国军舰上的水兵跳的一种舞蹈，最初是两位男士相对一起跳。在第二次世界大战期间，美国有二百万军队驻扎在英国，美国大兵也就把这种舞蹈带到了英国，随后传到了欧洲各地。后来，随着美国海军遍布世界各地，水兵舞也因此传播到了世界各地，并且演化成男女对跳的一种舞蹈。

什么是国际标准舞？

国际标准舞原名称作"社交舞"的国际标准交谊舞，又有"体育舞蹈"的称号，是在宫廷举行的欧洲贵族的交谊舞会。起源于古代土风舞的国际标准舞，它的演变过程经历了对舞、圈舞、行列舞、集体舞等形式。是在法国大革命后，开始流传于民间并至今。美国人在第二次世界大战后将这种舞蹈在全球各地散播，并形成一股至今不衰的跳舞热潮。

★国际标准舞

社交舞包括哪些种类？

"社交舞"经过一百多年的发展，在1704年成立了"英国皇家舞蹈教师协会"，从"社交"发展到"竞技"，将单一的舞种发展到今天的摩登舞和拉丁舞两大系列、十个舞种。摩登舞中包括探戈、弧步、快步舞、华尔兹和维也纳华尔兹。拉丁舞中包括桑巴、恰恰、街舞、伦巴和斗牛舞。每个舞种都有属于自己的舞曲、舞步和风格，并以各舞种的乐曲和动作要求为根据，组编成各自的成套动作。"英国皇家舞蹈教师协会"把当时欧美流行的舞姿、舞步、方向等整理为统一标准，对有关舞蹈理论、技巧、音乐、服装等竞技的标准进行了制定，公布为"国际标准交谊舞舞厅舞"，简称为"国标舞"。这个标准被世界各国所承认并遵循。"国标舞"的圣地是英国的黑池。

国际舞理论分为哪三种？

国标舞理论的三种分类是"英皇舞协国标舞理论"、"英国舞协国标舞理论"和"国际舞协国标舞理论"。

"英皇舞协国标舞理论"是指由"英皇舞协"所创建的国标舞教学标准理论。"英国舞协国标舞理论"是指由"英国舞协"以所引用的"英皇舞协国标舞理论"的内容为根据进行小改之后所形成的国标舞衍生标准理论。"国际舞协国标舞理论"是指由"国际舞协"以所引用的"英皇舞协国标舞理论"内容为根据进行小改之后所形成的国标舞衍生标准理论。

什么是踢踏舞？

踢踏舞有拍打敲击的意思，是现代舞蹈的一种，形成于20世纪20年代的美国。当时非洲奴隶和爱尔兰移民将各自的民间舞蹈带入美国，逐渐融合使新的舞蹈形式形成。这种比较开放自由的舞蹈形式不存在很多形式化的限制。舞者并不关注身体的舞姿，而是对趾尖与脚跟打击节奏的复杂技巧十分看重。穿着特别的踢踏舞鞋的表演者，用脚的各个部位摩擦拍击地板，发出各种踢踏声，再加上舞者的各种优美舞姿，使踢踏舞有一种特别的诙谐、幽默和表现力特别丰富的魅力。经过多年的发展，吸收了爵士乐节奏、即兴表演等元素的踢踏舞，也是一种十分有趣的运动，具有自娱性、开放性，而挑战性更强。它给人以轻快、活泼、自由与节奏感十足的感觉。

什么是爵士舞？

本为舞蹈音乐的"爵士"一词，是在1700年以后才被用在音乐上的，随着1880年爵士乐的诞生，爵士舞一词配合而生。又因为在演奏上，爵士乐一向非常热闹，才会解释为狂躁、活泼、喧闹的意思。一种自由而淳朴的表现是爵士舞动作的本质，把内心的感受直接用身体的颠、抖、扭来进行表达。就和我们听到喜欢的音乐一样，可以使感情从内心自然地流露出来，随着音乐的节奏，身体就摆首顿足、弹响手指不由自主地进行活动，时而缓慢优柔，时而兴奋激烈地融入音乐之中。

爵士舞有什么特征？

爵士舞主要是对愉快、活泼、有生气所进行追求的一种舞蹈。可以自由自在地跳是它的特征，不必局限于一种形式与遵守固有的姿态。就像传统式的古

典芭蕾那样，但又不同于迪斯科舞那种完全自我享受的舞蹈，它仍有一种规律存在于自由之中。比如它的感情的表现会与爵士音乐相配合，对其他舞蹈技巧进行借助或仿效；在步法和动作上，应用芭蕾舞的原则和动作位置、踢踏舞灵敏的技巧、现代舞收缩与放松的躯体、拉丁舞的摆臀与舞步以及上半身挪动位置的东方舞蹈等。

什么是恰恰舞？

恰恰舞是拉丁舞的一种，它是从一种最原始的曼波舞蹈衍生出来的一种舞蹈。在国际标准舞里面，拉丁系列中的恰恰舞是最年轻的，它没有辉煌的历史。根据资料文献，它大约在20世纪50年代美国的舞厅中产生，跟随曼波舞的演变而发展。在20世纪50年代，恰恰舞很快风行全美国，成为最流行的拉丁社会舞蹈。很多音乐家，都会在不知不觉中运用恰恰舞蹈的节奏。恰恰舞和它的前身曼波舞几乎在同一时间传入欧洲。而在第二次大战后的1956年，恰恰舞已经十分流行，为曼波舞所远远不及。国际化的恰恰舞是经由英国皇家舞蹈教师协会进行整理，细分规则后产生的。

街舞是如何发展而来的？

街舞原本是美国黑人的一种发泄情绪的运动，后来演变成一种街边文化。它的最大特点是爆发力强。在跳舞的时候，肢体所做的动作比其他舞蹈要夸张得多。最吸引人之处在于，它以全身的活力引起激情澎湃的感觉。跳街舞时要注意力集中，保持浓厚兴趣，做到动作优美、随意。

　　跳街舞可以起到瘦身的作用，这是因为街舞属于一种中低强度的有氧运动。一个小时的街舞对全身脂肪的消耗作用是相当强的。由于街舞是一种小肌肉运动，经常跳街舞可以增强全身的协调性，使身材比例更接近标准。

第七章 名胜与建筑

世界上最早的摩天大楼是什么？

在美国，摩天大楼四处可见，如纽约103层的帝国大厦、107层的国际贸易中心，还有芝加哥110层的西尔斯百货公司等。但是，世界上最早的摩天大楼却不在美国，而是建在也门。

也门有3000年文字记载的历史。因为古代宫殿建筑甚多，它曾被称为"宫殿之国"。著名的萨拉欣宫、纳依泰宫、什巴姆宫和霍姆丹宫显示了也门灿烂的古代建筑文化。其中霍姆丹宫最引人注目，它是世界上第一幢摩天大楼。

霍姆丹宫大约建于公元120年，位于也门首都萨那东南的纳格姆山麓，楼高20层，约100米。公元10世纪的也门古代史学家哈姆达尼在其著作中写道：当建造霍姆丹宫时，一位建筑师在清晨登上未竣工的大楼顶层，看到楼影被晨光映照在远处的阿斯勒山上，他认为是吉祥之影，于是，他下令不再往上盖，此时大楼正好盖了20层。

在远没有钢筋水泥的时代，古代也门人用沙、细石和铅按比例混合在一起，砌以巨石，垒成了如此巍峨壮丽的大楼。在大楼的最高层，建筑师还为国王设计了薄而透明的雪花石盖顶的房间，可以饱览宫外景色。在大楼房间的窗帘上有无数的小铃铛，风铃曲使大楼神妙无比。

霍姆丹宫不愧为世界建筑艺术的瑰宝，它屹立了570年，后毁于异族入侵的兵燹中。今天，在萨那大清真寺内，人们还可以看到它那3米多高的整石柱。

唐人街的名字是怎么来的？

中国盛唐时期，外国来华的使者和商人络绎不绝，西方一些国家也开始同中国建立关系。远扬海外的唐代声威，使"唐"字与"中国"成为同义词。后来，有关中国的词汇前往往冠以"唐"字，如7世纪以后西方穆斯林常称中国为"唐家"；宋代时中国的远洋船舶被称为"唐舶"；近代海外华工也把祖国称为"唐山"；海外的华侨也有自称为"唐人"的；海外华侨和华裔聚居的城区称为"唐人街"。

旧金山唐人街有什么特点？

旧金山唐人街又称中国城，是美国最大的唐人街，迄今已有120余年的历史了。其范围东至孟金街，南伸到甫士街，西及云纳士街，北与意大利人聚居区毗邻。四周为山丘环绕，形成矩形地带。从甫士街进唐人街的入口牌楼上，雕刻着孙中山先生书写的题词"天下为公"四个大字，它是唐人街的象征。在聚居区的圣玛丽广场上，矗立着孙中山的不锈钢塑像。华侨和华裔在这里开设餐馆、饮食店，还经营中国刺绣、古玩、中药材等行业，办有同乡会、电影

院、华人学校，出版中文报刊。旧金山约有华人7万余人，每逢新春佳节，有耍龙灯、舞狮子、放爆竹等活动，保留了中华民族的传统风俗。

纽约唐人街有什么特点？

纽约唐人街位于纽约市曼哈顿区南端，华尔街稍北，包括彼尔街、培耶特街、摩特街等，人口达7万多，其规模仅次于旧金山的唐人街。那里有个孔子广场，广场上有1.8丈高的孔子青铜塑像。唐人街有中国风格的店铺五六千家，以餐馆、饮食店居多，茶楼、酒店、中草药店也不少；还有戏院、银行、商行；此外有各种会馆，如氏族宗祠、同乡会馆，行业公会等。

西雅图唐人街有什么特点？

西雅图唐人街位于美国华盛顿州西雅图市区南部。华裔居民经营的餐厅和茶馆有20家，还有书报社、古玩店和一家中国武术馆。平时供市民游憩的地方是"浩然亭"，这是新建的一座中国式亭榭。

悉尼唐人街有什么特点？

悉尼唐人街位于澳大利亚悉尼市的德臣街，又叫华埠。在那里华人开设的餐馆、商店鳞次栉比，可以买到中国出口的各式食品、服装和工艺品。普通话、广东话、海南话、客家话、潮州话畅行无阻，华人仍保留浓厚的中国风俗，每逢春节，商店张灯结彩，鞭炮齐鸣，表演舞龙和舞狮子。

复活节岛的名字是怎么来的？

传说在浩瀚的南太平洋上，在远古有个巨大的陆地，北至夏威夷，南至汤加，西至斐济，东至复活节岛。东西长8000

★复活节岛

公里，南北宽5000公里，称为"姆"。可是这个"高度文明的大陆"，在距今12000年前，遭受火山破坏，沉沦于太平洋中。它的文化，现在我们只能从复活节岛上领略一点残余。

复活节岛现属智利，它位于智利圣地亚哥和土阿莫群岛之间，距南美大陆有3700公里，全岛面积只有100多平方公里，在它的周围看不到陆地的影子，可说是地球上最寂寞的地方。1772年4月5日，荷兰航海家洛加文来到此岛，这一天正好是耶稣复活节的第一天，小岛因此而得名为"复活节岛"。

复活节岛上的石雕人像之谜是什么？

岛上的第一个文化之谜是巨大的石雕人像。现已发现的石雕人有670个之多，其中的276个在腊诺拉腊库火山之麓，石雕人背南面北，身上刻有各种花纹，线条清晰。其余的394个分布在沿海地带的石台上，每座石台上一般竖有石雕人4~6尊，多的有15尊；石雕人高为7~10米，重50~60吨，有的重达70吨。这些石雕人大都是半身像，从头至臀部为止，造型十分生动，长长的脸，窄额、高高的鼻子，深陷的眼眶，双耳几乎垂肩，嘴巴突出而紧闭。这些石雕人各有自己的形态，表现出各种各样的情感。

它们高大雄伟，昂首挺立，注视着万顷波涛的海洋。

为什么雅典人要建造帕特农神庙？

帕特农神庙位于雅典卫城的古城堡中心，公元前447时开始兴建，于公元前438年建成，是雅典卫城的主体建筑，为了歌颂雅典战胜波斯侵略者的胜利而兴建。设计这座神庙的建筑师为伊克梯诺和卡里克利特。帕特农神庙是供奉雅典娜女神的最大神庙，帕特农原意为贞女，是雅典娜的别名。帕特农神庙是多立克式建筑艺术的巅峰之作，有"希腊国宝"之称。帕特农神庙历经沧桑，经历重重磨难。1687年威尼斯军队炮轰城堡，庙内内殿、殿墙等建筑夷为瓦砾。

★巴特农神庙

18世纪下半叶欧洲列强开始来此盗运、抢夺文物，许多原属神庙的古文物已经下落不明。

帕特农神庙有什么特点？

神庙坐西向东，外部呈长方形，东西宽31米，南北长70米，由46根多立克柱环绕，长边方向每边17根，短边方向每边8根。多立克式列圆柱的额枋、檐口、屋檐等多处装饰着镀金青铜盾牌、各种纹饰和珍禽异卉等装饰性雕塑；由92块白色大理石饰板装饰而成的中楣饰带，上有记载希腊神话内容的连环浮雕；东西庙顶的墙上，有雕刻着在天空乘四马金车奔驰的太阳神赫利俄斯、侧身躺卧的酒神狄俄尼索斯和在太空驾银车遨游的月神塞勒涅的浮雕以及描写万神之王宙斯请火神赫淮斯托斯劈开他的脑袋，雅典娜披着铠甲从中跃出的一组浮雕。神庙主体建筑是两个大厅，两旁各倚一座有6根多立克圆柱的门厅，东边门厅通向内殿，殿内供奉着巨大的雅典娜女神像，神像设计灵巧，可以搬动、转移、隐蔽。帕特农神庙的正立面的各种比例尺度一直被作为古典建筑的典范，柱式比例和谐，视觉校正技术运用纯熟，山花雕刻丰富华美。整个建筑既庄严肃穆又不失精美。被美术史学家称为"人类文化的最高表征"，"世界美术的王冠"。

阿兹特克金字塔有什么特点？

阿兹特克文明是墨西哥古代阿兹特克人所创造的印第安文明，是美洲古代三大文明之一，主要分布在墨西哥中部和南部地区。

太阳金字塔和月亮金字塔是印第安人阿兹特克文化特奥蒂瓦坎古城遗迹的主要组成部分，位于墨西哥城东北40公里的波波卡特佩尔火山和依斯塔西瓦特尔火山山谷之间，面积为20多平方公里。"特奥蒂瓦坎"在印第安语中意为"众神之都"。

太阳金字塔建于2世纪，呈梯形，坐东朝西，内部以250万吨泥土和沙石堆建而成，外表铺砌有巨大的火山石，上面雕刻有五彩缤纷的各种图案。塔体面积为100万立方米，分五层，高65米，正面

共有236级台阶，可以直达塔顶。塔顶曾有一座10米高的太阳神庙，是古印第安人祭祀太阳神的场所。

月亮金字塔比太阳金字塔晚建了大约二百年，坐北朝南，塔体面积38万立方米，分为4层，高46米，有200多级的阶梯到达顶端，每一步梯级的倾斜角度都不一样，十分耐人寻味。在外部叠砌的石块上绘有许多色彩斑斓、戴羽毛项圈的蛇头和用玉米芯组成的象征雨神的壁画。月亮塔前宽阔广场可以容纳上万人。

一些科学家和考古学家不断地对太阳金字塔和月亮金字塔进行研究。他们发现，太阳金字塔的地基下面是一个天然的溶洞，在溶洞尽头的四个密室当中发现了不少古代的祭祀文物，里面没有棺椁，所以，他们认为，特奥蒂瓦坎的太阳金字塔不是人的陵寝，而是祭祀神灵的场所，与埃及的金字塔有所不同。

柏林勃兰登堡门有什么特点？

柏林勃兰登堡门位于德国首都柏林市中心，是新古典主义建筑风格建筑，最初是柏林城墙的一道城门，由于通往勃兰登堡而得名。1788年时由普鲁士国王腓特烈·威廉二世下令建造，于1791年间建成，以纪念普鲁士在七年战争中取得的胜利。勃兰登堡门是柏林的象征，也是德国的国家象征标志。

勃兰登堡门高26米，宽65.5米，深11米，以雅典卫城的城门作为蓝本，由12根各15米高、底部直径1.75米的多立克柱式立柱支撑着平顶，东西两侧各有6根，依照爱奥尼柱式雕刻，前后立柱之间是墙，将门楼分隔为5个大门，正中间的通道略宽，是为皇家成员通行而特意设计的。大门内侧墙面用浮雕刻画了罗马神话中最伟大的英雄海格力斯、战神玛尔斯，以及智慧女神、艺术家和手工艺人的保护神米诺娃。勃兰登堡门门顶中央最高处是一尊高为5米的胜利女神铜制雕塑，女神张开翅膀，驾着一辆四马两轮战车面向东侧的柏林城内，右手手拿带有橡树花环的权杖，花环内有一枚铁十字勋章，花环上有一只展翅的鹰鹫，鹰鹫戴着普鲁士的皇冠。女神雕塑象征着战争的胜利，是普鲁士雕塑家沙多夫的艺术作品。

克里姆林宫是什么？

克里姆林宫曾是历代沙皇的宫殿，莫斯科最老的建筑群。在公元12世纪初，克里姆林宫的所在地还是一座木栅围起的木筑堡垒，相传伊凡三世聘请意大利巨匠巴洛克设计了克里姆林宫，始建于1156年，这是一个融合拜占庭、俄罗斯、巴洛克和希腊罗马风格的建筑群。

克里姆林宫首先浮现在人们眼前的是高高的围墙及围墙上的20座塔形建筑，其中最漂亮的一个塔叫斯巴斯基塔，塔尖上镶有红色五角星，下面是一座直径为6米的大钟，钟的字盘是用黄金铸成，每15分钟报时一次，12点整时

★柏林勃兰登堡门

鸣奏进行曲。宫内雄伟建筑包括寺院教堂、皇宫、钟楼及办公大楼。四座教堂围绕在宫内广场四周，这四座教堂是：12使徒堂、圣母升天堂、天使报喜堂及圣弥额尔堂。但最美的教堂要数华西里·伯拉仁内教堂。它是伊凡四世时所建，由9座高塔组成，其中最高的方形塔高达17米。在教堂的广场上耸立着伊凡大帝钟楼，高达81米。钟楼左侧有重达40吨的大炮，右侧是著名的重达200吨的大钟，号称"钟王"。

克里姆林宫的收藏有哪些？

克里姆林宫不仅是世界建筑史上的杰作之一，而且还是一座大博物馆和艺术殿堂。宫中原有的一个武器库，被彼得大帝改建成博物馆。馆内收藏着许多珍贵文物，有历代沙皇用过的实物、美术、工艺品以及掠夺来的战利品。这里的皇冠、神像、十字架、盔甲、礼服和餐具无不镶满宝石。仅《福音书》封面就嵌有26公斤黄金，以及无数的宝石。哥登诺大帝的金御座上镶有2000颗宝石。四座教堂中也收藏着无数文物珍宝，圣母升天堂内的圣画像是出自君士坦丁堡的希腊画家手笔，教堂中挂满了用黄金做架的圣画像。

莫斯科大剧院有什么特点？

莫斯科大剧院坐落在莫斯科市中心的斯维尔德洛夫广场上。从1776年3月28日上演第一个剧目以来，迄今它已有200多年的历史了。最初，它称为"彼得洛夫斯基剧院"。1805年和1853年剧院两次失火，几乎被夷为平地。特别是第二次被火焚毁以后，又于1856年8月在原地重建，成为当时仅次于意大利米兰市"斯卡拉"剧院的世界大剧院。今天，这个剧院是一座淡黄色的长方形建筑。正门是用八根双人合抱的"爱奥尼亚式"大圆柱构成的门廊，颇具古希腊建筑遗风。门廊上三角墙的顶端，有一座阿波罗脚踏战车、执鞭握缰的黑色铜像。铜像中的四匹神马，前蹄腾空，振鬣长嘶，分别象征着音乐、舞蹈、戏剧和歌剧艺术。在剧院内，雪白的墙壁上刻满涂金的浮雕花纹，淡青色的天花板上彩绘着7位缪斯女神，她们手持各式乐器，翩翩起舞。剧院正中屋顶，垂吊着巨大的水晶吊灯，照得整个剧院显得富丽堂皇。剧院的两侧各有一座式样迥异而又和谐对称的建筑。一边是被誉为"第二所莫斯科大剧院"的小剧院，另一边是中央儿童剧院。

大剧院以上演俄国和西欧古典剧目为主。1856年8月20日，大剧院重建后的首场演出剧目，是意大利作曲家贝里尼的歌剧《清教徒》。从那时到现在，剧院共上演了几百个剧目。1919年10月，大剧院曾获"苏联国家模范大剧院"称号，此后，又两次获得列宁勋章。

白宫是如何建造成功的？

白宫是美国总统府，坐落在华盛顿市中心的宾夕法尼亚大街1600号，南望华盛顿纪念碑，北依拉菲特广场。

白宫是美国第一任总统华盛顿动工兴

★白宫

建的。起初他准备采用法国皮埃尔·朗方的计划，在首都中心建筑一座比现在的白宫大五倍的"总统宫"，结果这一方案没有实现。1792年华盛顿改用了爱尔兰后裔建筑师詹姆斯·霍本的设计方案，亲自步测地基，立下北墙标柱，动工兴建，1800年落成。第一个住进这个住宅的人是第二任总统约翰·亚当斯的国务卿约翰·马歇尔，因为他当时没有找到合适的住所，便先搬进楼上住了几个星期，然后亚当斯总统才搬进去住的。

1814年8月24日，300名英军士兵，在罗伯特·罗斯将军和乔治·科伯恩海军上将率领下，攻入美国总统府，当时麦迪逊总统和夫人逃往农村，罗斯亲自指挥士兵纵火焚烧，只剩下4面砂石墙。1815年起重新修建和扩建，外墙饰以白色沙岩石，1901年西奥多·罗斯福提议，经国会认可，正式命名为白宫。第二次世界大战后的1948~1952年间，美国政府又一次修缮白宫，耗费500多万美元。

白宫采用了什么样的布局结构？

白宫建筑占地18英亩，由主楼和东西两翼组成。东翼供游客参观，西翼为办公区。白宫有132个厅室。白宫的正门在北面，正门内有休息厅；东端为东大厅，装饰辉煌，是举行酒会、文艺演出和记者招待会的地方；西端是举行国宴的宴会厅。一楼有椭圆形的外交接见厅，内挂描绘美国风景的巨幅油画，是总统接见外国元首和使节的地方，欢迎国宾仪式就在该厅前的南草坪举行；此外还有古典式的总统图书室、地图室和陈列室等，厨房在地下室，用升降机把食品送上宴会厅。二楼是总统全家居住

的地方。白宫北面是绿草如茵的草坪和花坛，南面是一片灌木林，东面庭园为肯尼迪夫人花园，西面为玫瑰园，还有一个网球场。白宫内种有80余种树木和许多花卉，在优美环境衬托下，白宫显得更加绚丽。

美国佛罗里达州人约翰·施维弗和他的妻子简，为了能让人们观光到白宫，从1961年至1975年，花了10余年的功夫，按照白宫的精确比例，夫妻两人亲自动手制作了一座微型白宫。这座白宫模型长18米，造型逼真，连里面的家具、幕帘、地毯、油画及其他装饰品，都与白宫里的一样。他们还把这座微型白宫艺术品，在美国50个州和国外的一些城市作了巡回展出。

自由女神像有什么特点？

在美国纽约赫德森河口的贝得罗兹岛上，昂然屹立着一尊巨大的自由女神像，被称为"自由照耀世界之神"，也被人们认为是自由理想和美国的象征。

这座自由女神像，是1886年法国人民为纪念美国独立100周年，而送给美国人民的珍贵礼物。女神像高达93米，矗立在同样高的基座上，基座内部辟有美国移民博物馆。女神像的外表是用约80吨重的铜片组成，像内支架是由艾菲尔设计的、以约重120吨的钢骨制成，用30万个铆钉把铜片固定在钢架上。凡乘海轮到纽约来的人，首先见到的就是这个雄伟的自由女神像。她右臂高举火炬，左臂抱着象征美国《独立宣言》的书板，书板上刻着"1776年7月4日"宣言发表日期的字样，脚上残留着被挣断了的铁链。神态勇毅，气宇轩昂。

自由女神像是如何建造成功的？

自由女神像的设计者是法国杰出的雕塑家佛莱利克·奥古斯特·巴托第。美国南北战争结束后，法国历史学家、著名自由主义者拉布莱伊建议铸造一个铜像，在美国庆祝独立100周年之际，赠送给美国人民。他的这个建议在法国社会上得到广泛的支持，致使巴托第产生了建造自由纪念碑的想法。就在这个时候，巴托第偶遇一位年轻美貌，且具有女神般魅力的少女布尔耐特，使他决定以布尔耐特为雕像的模特儿，以他自己母亲的脸型为雕像的面貌，来塑造一个自由女神像。1869年巴托第拟好了自由女神像的草图，但因普法战争而搁下了建造工作。1871年6月，巴托第赴美考察，决定将来把女神像安置在纽约港湾内的贝得罗兹岛上。1875年巴托第主持女神像的建造工作，次年再次访美，得到美国人民和国会的极大支持。美国国会通过议案，接受法国人民赠送的象征自由的女神像。

1885年6月17日，在美国军舰伊泽尔号的护卫下，自由女神像的构件安全运抵美国纽约港。美国派遣75名技术工人，历时约半年，组装成功。1886年10月28日，在美国总统克利夫兰亲自主持下，举行了隆重的自由女神像揭幕典礼。从此，这座雄伟的自由女神像就屹立在美国纽约的贝得罗兹岛上，放射着她那自由的光芒。

华盛顿纪念碑是纪念谁的？

美国国会为华盛顿建立的华盛顿纪念碑，坐落在美国首都华盛顿市波托马克河畔，国会大厦和林肯纪念堂中间。纪念碑由著名建筑师罗伯特·米尔设计，1848年动工兴建，1884年竣工，历时36年。1885年举行工程落成典礼，1888年10月起对公众开放参观。

纪念碑呈方形尖顶，用白色大理石建造。整个碑高169米，内墙镶嵌着由私人、团体、各城市、各州和一些国家赠送的188块纪念碑。上面镌刻着各种图案和历史故事，其中有中国清朝赠送的刻有中文的纪念碑。围绕碑基的旗杆上，有50面星条旗迎风招展。人们把这座尖顶方碑的4个面比喻为华盛顿的

★华盛顿纪念碑

4个称号：民族英雄、美国之父、大公无私的爱国者和资产阶级革命领袖。

为什么美人鱼会成为华沙的象征？

据民间传说，很久很久以前，波兰有位国王，名叫齐格蒙特。他巡游全国，想为王国找个理想的首都。一天，国王来到维斯瓦河畔的一个风景秀丽的小村庄时，一条人身鱼尾的美人鱼从河中跳出水面，给国王唱了一支优美动听的歌，于是国王爱上了这个地方，决定在这里建都。国王问正在河边嬉戏的两个渔民的孩子："这地方叫什么名字？"孩子回答道："没有名字"，国王又问孩子叫什么名字，哥哥答，叫华斯；妹妹答，叫沙娃。于是国王把他们兄妹俩的名字连在一起，作为这个地方的名称，这便是"华沙娃"（中译为华沙）。从此，美人鱼被认为是华沙的保护神，成了华沙的象征。

现在华沙美人鱼的形象，是华沙古城徽经过长期演变而来的。目前所知，大约从14世纪下半叶开始，在印刷品上就出现过华沙城徽，到17～18世纪，华沙城徽已接近于现代美人鱼的形象了。华沙第一个美人鱼铜像建于1855年，位于华沙古城市中心，后来迁到城墙边。现在矗立在维斯瓦河畔的美人鱼铜像，是波兰著名女雕塑家卢德维卡·尼特斯霍娃于1934年创作，1937年建成的。第二次世界大战法西斯德国侵占波兰期间，人们把这座铜像拆下，掩埋在安全的地方保护起来。波兰人民共和国成立后，人们把她重新竖立在维斯瓦河畔。

科隆剧院采用了什么样的格局？

科隆剧院矗立在阿根廷首都布宜诺斯艾利斯市区，据说它仅次于纽约大都会歌剧院和米兰的斯卡拉剧院，被称为世界第三大剧院。科隆剧院始建于1889年，历时19年，1908年才建成。它是在企业家安赫尔·弗拉利的支持下，由著名建筑师弗朗西斯科·塔布里尼设计的，既模仿了文艺复兴时期意大利的建筑风格和内部设施，又兼有德国建筑宏伟坚固和法国建筑装饰优美大方的特征。剧场大厅呈马蹄形，面积7050平方米，它的舞台长35.25米、深34.5米，是世界上最大的舞台。有7层观众席，2487个座位。剧场内的装饰瑰丽豪华，靠近天花板的墙上写有各国著名乐队和世界名剧。大厅穹顶还有阿根廷著名画家拉乌尔·索尔迪画的51幅绘画。剧场内有不少的豪华大厅，如观众休息厅、艺术家休息厅、会议厅、宴会厅以及歌剧排练场、芭蕾舞演员练功室、交响乐团演奏厅等。每个大厅里都有著名音乐家、作曲家、乐队指挥的塑像和其他绘画、雕塑装饰。世界上许多著名的歌剧团、芭蕾舞团、交响乐团以及著名指挥、导演、歌唱家、舞蹈家都到这里来演出。

剧院后面有座三层地下建筑，是专供剧院服务用的。院长管理处、办公室、各种服务部门和陈列室都设在这里。其中的服装部存有各时代各剧种的全套服装8万多件及40多万件为各国剧目服装配用的各种服饰工艺品。还有一个制鞋厂，备有各国剧团剧目所需要的演出鞋45000多双。其中有一双是中国京剧《美猴王》中孙悟空穿的靴子。

科隆剧院还是一个文化中心和艺术学校。剧院约有500名演员，设有芭蕾舞团、合唱团、儿童合唱团、交响乐团、管弦乐队。还附设有声乐、器乐、芭蕾舞、舞蹈编导、舞台设计等专科学校以及戏剧图书馆、音乐档案馆、声乐艺术博物馆、古老乐器博物馆等。

悉尼歌剧院有什么特点？

在濒临澳大利亚悉尼港的贝尼朗岛上，雄踞着举世瞩目的悉尼歌剧院。它以新颖奇特的造型，吸引着世界众多的游客，引起人们万般遐思。整座建筑

★悉尼歌剧院

形如升出海面的一组贝壳，又似一张张迎风鼓起的白帆漂浮于海面。它的奇特还在于建筑与环境地形巧妙地结合在一起，达到了出神入化的境地。这座被当代建筑大师们誉为伟大杰作的澳大利亚表演艺术中心，是按照丹麦建筑师约翰·乌尔松的得标设计方案建造的。

悉尼歌剧院于1959年破土动工，历时14年，耗资巨额，1973年落成，同年10月20日由英国女王伊丽莎白二世剪彩揭幕。剧院矗立在一个平台上，占地1.84公顷。主体建筑外型结构成贝壳形，有三组贝壳形的屋面系统，外表铺以高级白色瓷瓦。正面是宽为70米的桃红色花岗岩铺设的台阶，这也是世界上最宽的台阶了。剧院内部结构复杂，由错落别致的各种形态独特的阶梯、平台、厅堂和走廊联结在一起，四通八达，形成一个多功能的综合体。内有可容纳2700人的音乐厅，舞台设在当中，舞台后壁顶端装有重达340公斤的目前世界上最大的管风琴，舞台上方悬挂着18个汽车轮胎形状的白色塑料反应器，使音乐厅的音响柔和悦耳；有1550个座位的歌剧场，舞台面积440平方米，有转台和升降台，它的围幕图案是以太阳为主题设计的，称为日幕；有550个座位的话剧院，它的围幕图案是以月亮为主题设计的，称为月幕。舞台灯光由电子计算机自动控制，还装有闭路电视。除此以外，悉尼歌剧院内还有电影厅、录音厅、多个排演厅、展览厅、图书馆和餐厅、咖啡馆、酒吧等，大小厅室700多个。人们在这里可以欣赏澳洲乃至世界著名演唱团体的表演，可以在餐厅里一边品饮料一边观赏灯火相映下的海面，真是美不胜收。

维也纳史蒂芬大教堂是如何建成的？

史蒂芬大教堂，是全世界最著名的哥特式教堂之一。1997年，史蒂芬大教堂庆贺它八百年诞辰，它那137米高的尖塔是继科隆大教堂之后全世界第二高的教堂尖塔。

史蒂芬大教堂和欧洲历史上遗留下来的所有教堂一样，也屡遭劫难和几经改建的命运。早在12世纪初，巴奔堡的戍边伯爵们就在此建造了一座方殿式罗马建筑风格的教堂。两次大火之后，波西米亚国王奥托卡二世又重新建造了一座方殿型的教堂。如今我们见到的西门正是那个年代的产物。今天见到的哥特式风格是14世纪的产物。在哈布斯堡的鲁道夫四世公爵的倡导下，一座哥特式风格的教堂渐渐形成了。在以后的几个世纪里，史蒂芬大教堂基本没有中断过它的建造。15世纪，南塔的建造完成了；16世纪，北塔的尾期工作结束了；18世纪，史蒂芬大教堂的高塔完工；19世纪，教堂的改建和修缮工作一直在进行着。除了1683年土耳其人兵临城下和1809年拿破仑大军再次破门而入之外，史蒂芬大教堂几乎未受到过战争的威胁。对史蒂芬大教堂最大的破坏是在1945年第二次世界大战最后的那几天。遭受炮火袭击使教堂起火，教堂的屋顶、铜钟、管风琴和大部分玻璃窗画毁于一旦。战后的奥地利满目疮痍，但是重建家园的工作立刻就开始了。修复工作从1948年开始，一直延续到1962年。全奥地利的九个联邦州，分别负责修复大教堂的其中一个部分。如今，各州人民精诚团结，共同修建史蒂芬大教堂被

传为佳话。如今每一个走进教堂的人，都会被它建筑的浩繁和精美所折服。两排哥特式的柱子，把教堂的正殿分成三部分。放眼望去，从圣坛背后唯一的两块免遭摧残的玻璃窗画射进了一缕缕五彩缤纷的光线，为巴洛克的圣坛增添了神秘的气氛。

圣彼得教堂有什么样的辉煌历史？

罗马圣彼得教堂坐落在神权首府世界天主教总部梵蒂冈的入口通道上，是目前世界上最大的教堂，也是世界上最大的圆顶建筑。

圣彼得教堂建在一座更古老的大教堂旧基之上。老教堂是君士坦丁大帝在306年所建，据猜测圣彼得就葬在此处。经过数次被劫、重建，老教堂终成废墟。1450年，教皇尼古拉五世担心教会丧失世俗权力，命令在此兴建更大的新教堂以象征教会的胜利。56年后，教皇裘里斯二世开始动工。原先设计的平面图是一个希腊十字架，后经数次修改。到1546年，教皇保罗三世委托72岁的米开朗基罗设计教堂圆顶，于是有了两块半圆的壳形结构，用辐条状的肋结构，解决了由跨度过大而引起的建筑难题。

圣彼得教堂长达187米，宽133米，

★圣彼得教堂

内部镶有地板、饰有花柱，雕镂天花板和辉煌的金制祭坛以及许多出自米开朗基罗等名家之手的雕塑像。从教堂奠基到教皇乌尔本八世举行落成典礼，有100多年历史。

巴黎圣母院有什么特点？

巴黎圣母院位于巴黎城中岛上，是古老巴黎的象征。它是法兰西早期哥特式建筑的典型范例，也是世界上众多精妙绝伦的伟大建筑之一。1163年巴黎当时的主教莫里斯·德·苏里就决定在巴黎的发源地——旧城岛上建这座全世界最出色的天主教堂，工程前后历时182年，直到1345年方告竣工。教堂宽约47米，深约125米，其尖塔高达70米，钟楼高69米，楼内巨钟重13吨。教堂顶部屋架，长120米，高10米，架上的每根梁均为橡树制成，被称为"森林"。教堂的中殿有举世闻名的管风琴，它由4个键盘，140个音键，700多条粗细、长短不一的管子组成。还有拿破仑敬赠的"圣毯"，长达22米，"圣毯"平日不打开，只在每年复活节展开一次。中殿尽头有法国"太阳王"路易十四敬献的圣母哀痛耶稣之死的大理石雕塑。还有天主教最珍贵的传世宝物耶稣的"荆棘冠"，每年封斋期周五，由数名"圣墓卫士"在旁护卫。巴黎圣母院被誉为"中世纪建筑中最完美的花"。

伦敦唐宁街十号有什么特殊的地方？

伦敦唐宁街十号是英国首相的官邸。唐宁街是伦敦市内一条东西走向的街道，1681年为英国外交家乔治·唐宁所建，并因此而得名。1832年英王乔治二世，把那里的建筑物赐予他的宠臣财政大臣罗伯特·沃尔波爵士。当时英国尚无首相称号，而财政大臣则在各大臣之首。1937年英国议会通过《国王的大臣法》，始有首相职称，因此通常认为沃尔波是英国第一任首相。后来，每当新首相上任，便住进唐宁街十号。卸任的首相则即时迁出，只在十号留下一幅油画肖像，悬挂在画廊里。

唐宁街十号是一座3层楼建筑物，带有一个地下室。它可以通过走廊、楼梯、地道与附近的政府部门连接。十号楼内有内阁会议厅，厅内挂着沃尔波的画像，还有首相办公室，首相及其家属住在楼上。十号楼是首相接待外国政界要人、接见群众、发布新闻的地方。

白金汉宫的格局有什么特点？

白金汉宫从19世纪初至20世纪初，几经扩建和修缮，成为世界上最富丽堂皇的意大利风格建筑的宫殿之一。它是一座四方形的建筑群，由互相连接的四幢三层高的大楼组成，共有702个厅堂和房间。四幢大楼的中央是个正方形庭院。东楼为正殿，是宫廷官员的办公室和国宾馆，正殿前的广场上矗立着维多利亚女王的塑像，大门的两扇铁门上镌刻着英国国旗。西楼是王室人员的国事活动大厅，其中有大型会议厅、宴会厅、跳舞厅和音乐厅。在这些大厅里饰有精制的壁板和天花板，光彩夺目的水晶大吊灯，陈设着豪华的家具。南楼是皇家美术馆，收藏着许多稀世的绘画和工艺品等。北楼为王室居住地。王宫的西侧是个占地18公顷的御花园，正殿南

侧还有一座皇家马厩，养着御马，放着嵌金镶玉的马车。整个王宫由高达14英尺的高墙围栏，建筑雄伟，陈设豪华，环境幽雅。

伦敦大本钟有什么特点？

伦敦大本钟，指的是威斯敏斯特宫钟塔，是英国国会会议厅附属的钟楼的大报时钟的昵称，位于威斯敏斯特桥的南面桥头。大本钟和英国议会大厦相连，位于英国议会大厦的北角，钟楼高95米，钟楼四面的圆形钟盘，直径是6.7米。大本钟是伦敦的标志性建筑之一，于1858年4月10日建成，是英国最大的钟。

作为伦敦市的标志以及英国的象征，大本钟巨大而华丽。大

★伦敦大本钟

本钟从1859年就为伦敦城报时，根据格林尼治时间每隔一小时响一次，到现在将近一个半世纪，尽管这期间大本钟也曾两度裂开而重新铸造。现在大本钟的钟声依然清晰、动听，从1923年起，通过广播，大钟的声音远播世界各地。

大本钟被视为伦敦的象征，所有到伦敦观光的人，无一不想到钟楼周围，站在议会桥上欣赏伦敦这个别具一格的建筑。

大英博物馆为什么会被建立？

闻名世界的大英博物馆，坐落在伦敦市的布卢姆伯雷区。它收藏着代表世界各地各个文明时期的文物，是世界上

收藏最丰富的博物馆之一。

大英博物馆建于18世纪中期。1753年英国博物学家汉斯·斯洛安爵士，将自己收藏的80000件稀珍古董和书画献给了国家，要求国家建造博物馆。1756年乔治二世又捐赠了英格兰老皇家图书馆的全部图书，同时，英国政府又购买了牛津伯爵和科顿家族的一批图书和文物。于是英国政府购买了蒙塔古宫为馆址，建立了大英博物馆，并于1759年1月15日正式开馆。

大英博物馆是如何发展成为世界级博物馆的？

大英博物馆建立后，由于私人的捐赠，藏品和藏书迅速增加。1802年，英王乔治三世把在埃及发现的罗塞达石碑和其他古物送给了博物馆。1823年英王乔治四世又将其父亲的图书馆藏书送给博物馆。特别是在英国向外殖民的过程中，不仅大肆掠夺历史文物，而且还派出考古队以及传教士和商人，到处挖掘和搜集历史文物。

历史文物的不断增多，使大英博物馆一再扩建。如新建了自然历史博物馆、人类博物馆、图书馆等。现在大英博物馆划分为：埃及文物馆，东方文物馆，西亚文物馆，希腊罗马文物馆，英国文物馆，钱币和徽章馆，书籍绘画馆等。在这些馆内，分门别类地陈列着世界各地的许多珍贵文物。埃及文物馆是其中最大的陈列馆之一。在那里陈列的有石雕、碑文、壁画、木乃伊、金玉首饰等70000多件埃及古代文物。在东方馆内的中国馆，是外国收藏中国文物最多的地方，在那里有为数不少的中华国

宝，稀世之珍：如秦汉时期的"猎鹰坐俑"；公元5世纪顾恺之的《女史箴图》，这是中国美术史上极重要的开卷图；在大量的敦煌画幅、绢画中，有十分著名的《净土变相图》；那里陈列有不少的唐三彩，其中的三彩蛇、三彩文官俑、三彩镇兽等，都是极品；还有世界上少见的宋朝观音菩萨坐雕；此外有大量的玉器、瓷器和珐琅等。这些重要文物，都是英国人通过鸦片和其他贸易搜集的，特别是在八国联军攻打北京时劫掠而去的。

大英博物馆不仅收藏这些文物，而且对文物进行科学研究工作，还出版书刊，制作复制品，发行明信片，举办展品讲解，每年都有几百万人，到这里参观和研究古物。

比萨斜塔有什么特点？

比萨斜塔是意大利比萨城大教堂的独立式钟楼，位于意大利托斯卡纳省比萨城北面的奇迹广场上。广场上分布有一系列宗教建筑，分别是建造于11世纪至13世纪的大教堂，建造于1153年到14世纪的洗礼堂、比萨斜塔，还有建造于1174年的墓园，它们的外墙面都是由乳白色大理石砌成，各自相对独立但又形成统一的罗马式建筑风格。

比萨斜塔在1173年开始建造，设计为垂直建造，但是在工程刚开始便由于地基不均匀和土层松软而倾斜，1372年完工，塔身向东南倾斜。比萨斜塔从地基到塔顶高58.36米，从地面到塔顶高55米，钟楼墙体在地面上的宽度是4.09米，在塔顶宽2.48米，总重约14453吨，目前的倾斜约10%，即5.5度，偏离地基外沿

2.3米，顶层突出4.5米。

为什么比萨斜塔会倾斜？

比萨斜塔是世界建筑史上的一座重要建筑。至于比萨斜塔为什么会倾斜，专家们为此争论不休。特别是在14世纪

★比萨斜塔

时，人们在两种论调中不断徘徊，比萨斜塔到底是建造过程中无法预料和避免的地面下沉累积效应的结果，还是建筑师的有意而为之。到了20世纪，一些地质学家及科学家对比萨斜塔进行了精确的测量，使用各种先进设备对地基土层进行了深入勘测，以及对历史档案进行了研究，一些事实逐渐明朗。

比萨斜塔之所以会倾斜，是由其地基下面土层的特殊性造成的。比萨斜塔下有数层不同材质的土层，主要由各种软质粉土的沉淀物和特别软的黏土形成，在深约1米的地方有一处地下水层。最新的挖掘表明，比萨斜塔建造在了古代的海岸边缘，所以土质在建造时便已经沙化和下沉。

比萨斜塔是比萨城的标志，1987年因它和相邻的大教堂、洗礼堂、墓园一起对11世纪至14世纪意大利建筑艺术产生的巨大影响，而被联合国教科文组织列入世界遗产。

巴黎卢浮宫是如何建造成功的？

巴黎卢浮宫位于法国巴黎市中心的塞纳河北岸，原是法国的王宫，现在为卢浮宫博物馆，始建于1204年。1546年，建筑师皮埃尔·莱斯柯在国王委托下进行改建，使卢浮宫具有文艺复兴时期的风格。后又经历几代的扩建，到拿破仑三世时，卢浮宫的整体建设才算完成。历经了七百多年的扩建、重修，卢浮宫才达到今天的规模。卢浮宫占地面积约为45公顷，建筑物占地面积为48公顷，全长680米。它的整体建筑呈"U"形，分成新老两部分，老的建筑在路易十四时期，新的建筑在拿破仑时代。宫前的金字塔形玻璃入口，是由华人建筑大师贝聿铭设计的。

为什么卢浮宫会成为艺术殿堂？

法国国王对艺术品的收藏开始于弗朗索瓦一世时期，他曾从意大利购买了

★卢浮宫

包括油画《蒙娜丽莎》在内的大量艺术品。到路易十四时期，法国王室已经收集了约2000幅油画、150多座雕刻、700多张素描，以及其他大量的美术作品。路易十五和路易十六时期继续从意大利、佛兰德斯和西班牙购入艺术作品。

法国大革命期间的1793年8月10日，共和政府将收归国有的王室收藏集中于卢浮宫，并将其作为博物馆向公众开放，命名为"中央艺术博物馆"。11月8日，博物馆正式开放。卢浮宫收藏的艺术品数量达40万件，可分为包括雕塑、绘画、美术工艺及古代东方、古代埃及和古希腊罗马等七个门类，使卢浮宫成为世界著名的艺术殿堂。

巴黎凯旋门有什么样特点？

巴黎凯旋门位于法国巴黎的戴高乐广场中央，是拿破仑为了纪念1805年打败奥俄联军的胜利，在1806年2月下令兴建的，拿破仑被推翻后凯旋门工程曾一度中断，直到1836年才竣工。巴黎凯旋门是欧洲一百多座凯旋门中最大的一座，与埃菲尔铁塔、卢浮宫、巴黎圣母院并称为巴黎四大代表性建筑。

凯旋门全部是由石材建成，高49.54米，宽44.82米，厚22.21米。凯旋门的四周都有门，中心拱门高36.6米，宽14.6米，门上有很多精美的雕刻。内壁刻的是曾经跟随拿破仑东征西讨的数百名将军的名字和宣扬拿破仑赫赫战功的数百个胜利战役的浮雕；外墙上刻着取材于1792年至1815年间法国战史的巨幅雕像。所有雕像各有特色，同门楣上的花饰浮雕构成一个和谐的整体，俨然是一件精美动人的艺术品。在凯旋门门墩的墙面上有四幅以战争为题材的大型浮雕："出征""胜利""和平"和"抵抗"；这其中最引人注目的是刻在右侧石柱上的"1792年志愿军出发远征"浮雕，是世界美术史上的不朽杰作。

凡尔赛宫是如何建成的？

凡尔赛宫位于法国巴黎西南郊外伊夫林省省会凡尔赛镇，1682年至1789年时作为法国的王宫，是欧洲最宏大、最豪华的皇宫，人类艺术宝库中的一颗绚烂的明珠。凡尔赛宫所在地区原本是一片森林和沼泽地。1624年，路易十三在这里修建了一座两层的红砖楼房，用作狩猎行宫。1661年，法国国王路易十四开始建宫，后来又经历代王朝的修葺和改建，该宫在1689年竣工，

★凡尔赛宫

历时二十八年才得以落成。全宫占地111万平方米，建筑面积11公顷，至今已有三百多年的历史。

古埃及古王国时期的建筑有什么特点？

金字塔是古王国时期建筑的代表。第一座金字塔是由石头构造的，称为萨卡拉的昭赛尔金字塔，建筑时间大约是公元前3000年。公元前3世纪中叶，在尼罗河三角洲的吉萨相继出现了三座毗邻的金字塔，被称为吉萨金字塔群。它们标志着古埃及金字塔建筑技术的成熟。这三座金字塔是标准的正方锥体，样式非常单一。最高的是胡夫金字塔，高146.6米，底边长230.35米。哈弗拉金字塔高143.5米，底边长215.25米。孟卡拉金字塔高66.4米，底边长108.04米。三者

最底下有面积较小的祭坛与附属建筑。

古埃及中王国时期的建筑有什么特点？

石窟陵墓是中王国时期建筑的代表。这一时期的陵墓由于使用了梁柱结构，内部空间很宽敞。公元前2000年前后出现的曼都赫特普三世墓是这一时期的代表作。古埃及中王国时期将首都迁到上埃及的底比斯。因为尼罗河在深山中绕流，金字塔那庞大的形体已经不能在这种地形里建造了。法老们学习当地贵族，把陵墓建在山岩的峭壁上。其中，最具代表性的是曼都赫特普三世陵墓。这个陵墓的大门道路是一条两边密排着狮身人面像的石板路，长约1200米，进去后是大广场，路旁陈列着法老的雕像。由一段坡道登上平台，壁前装饰着柱廊。平台中央有一座面积较小的金字塔，柱廊围绕在它的正面与侧面。后面有一个庭院和一个立有80根柱子的大厅通往圣堂。全部陵墓都凿在半山崖里。

古埃及新王国时期的建筑有什么特点？

神庙是新王国时期建筑的典范。它包括柱廊环绕的内庭院、接受臣民朝拜的大柱厅和只能是法老与僧侣进入的密室三部分。其中卡纳克和卢克索的阿蒙神庙规模最大。岩窟庙是新王国时代出现的又一种建筑类型，其中代表是阿布辛拜勒神庙。阿布辛拜勒岩窟庙开凿于山崖中，庙门口两旁的斜坡岩壁雕有四座拉美西斯二世像，高20米，在后殿立有拉美西斯二世像。最令人们惊奇的是，每年的2月21日和10月21日这两天阳光直照拉美西斯二世的神像上面——2月21日是拉美西斯二世的诞辰日，10月21日是他的登基日，这是古埃及建筑艺术的一大奇迹。

古希腊建筑有什么样的优点？

古希腊建筑有着很多独具特色的优点。平面构成比例为1：1.618或1：2的矩形，柱子环绕着中央大厅，整体是一种环柱式建筑，很有艺术感。经阳光照耀后建筑可以产生各种变幻莫测的光影和虚实变化，这比封闭性建筑更加增强了雕刻艺术的魅力。柱式上有陶立克柱式、爱奥尼克柱式、科林斯式柱式、女郎雕像柱式。这四种柱式是在建筑本身的长期发展中形成的，柱式与柱式之间不是彼此独立的，有着微妙的联系。这体现出一种人体美与数的和谐美相一致的思想。

什么是哥特式建筑风格？

哥特式建筑是一种以教堂建筑为主的建筑艺术，它发端于11世纪下半叶的法国，13～15世纪在欧洲普遍流行开来。这种建筑风格主要见于天主教堂，但它同时也影响到了世俗建筑。哥特式建筑因在技术和艺术方面均取得了很高的成就，所以它在西方建筑史上占有很高的地位。比较具有代表性的建筑有著名的俄罗斯的圣母大教堂、意大利的米兰大教堂、德国的科隆大教堂、英国的威斯敏斯特大教堂和法国的巴黎圣母院。法国是哥特式建筑艺术发展的中心。

什么是文艺复兴建筑风格？

继哥特式建筑之后出现了一种新

的建筑艺术。它排斥了哥特式建筑的传统风格，被称为文艺复兴建筑。其代表人物有伯鲁乃列斯基、莱昂·巴蒂斯塔·阿尔伯蒂、米开朗基罗和帕拉第奥等。文艺复兴建筑出现在15世纪的意大利，后来流行于欧洲其他地区，形成了各有千秋的民族国家文艺复兴建筑风格。其中意大利的文艺复兴建筑在整个欧洲文艺复兴建筑中占有重要地位。它包括巴洛克建筑和古典主义建筑，发端于意大利的佛罗伦萨。它的理论基础是文艺复兴运动中的人文主义，在建筑物形式上排斥了代表神权意义的哥特式建筑风格，主张重新复兴古罗马时期的柱式比例结构、半圆形拱券、以穹隆为中心的建筑形体等。其代表性的建筑物是意大利佛罗伦萨的美第奇府邸、维琴察圆厅别墅和法国枫丹白露宫等。

文艺复兴建筑有什么特点？

文艺复兴建筑的明显特征是排斥了哥特式建筑风格，这一阶段的建筑师们认为哥特式建筑代表着神权的统治，而古希腊和罗马的建筑没有基督教色彩。古希腊和罗马建筑中的古典柱式体现了和谐和理性，并与人体美相联系，这些大胆的构想正符合了文艺复兴运动关于人文主义的要求。建筑师们在建筑上多用古典柱式，还把文艺复兴时期出现的科技成果应用到了建筑领域。无论是在建筑类型还是在建筑形制方面都比以前增多了。建筑师们在建筑作品中将时代风貌与个人的艺术个性结合在一起。文艺复兴建筑，尤其是意大利的文艺复兴建筑，体现了建筑历史的长足发展，它在世界建筑史上具有很高的地位。

文艺复兴建筑开端的标志是什么？

人们将建成于15世纪的佛罗伦萨大教堂看做是文艺复兴建筑的开端，但在关于文艺复兴建筑结束时间的问题上，各方观点不一。个别学者认为文艺复兴建筑一直到18世纪末才结束，另一种观点认为意大利文艺复兴建筑到17世纪初就转为了巴洛克建筑风格。意大利地区以外的文艺复兴建筑的开始和结束时间在建筑学界众说纷纭，但建筑学界都一致认为以意大利为中心的文艺复兴建筑，对接下来欧洲及其他地区几百年的建筑风格都产生了广泛的影响。

什么是巴洛克建筑风格？

巴洛克建筑是一种于17世纪至18世纪出现在意大利文艺复兴建筑之后的建筑和装饰风格。它的基本特征是追求外形自由和动感，注重富丽堂皇的装饰和精雕细琢，大多作品强调强烈的色彩，常使用椭圆形的建筑空间。

"巴洛克"一词的原始意义是奇特古怪，古典主义者用它来指违反正统的建筑风格。巴洛克风格否定僵化的古典建筑形式、追求自由的风格，它对城市广场、园林艺术和整个文学艺术的发展都有过重大的影响，曾在欧洲十分流行。

巴洛克建筑有什么样的独到之处？

巴洛克建筑的新颖之处是十分鲜明宽广的教堂中殿、大理石制成的花纹和大量的天花板壁画。巴洛克建筑对意大利、罗马的大教堂的影响主要是圆顶和教堂中殿。巴洛克建筑的艺术中心是法国，其中卢森堡宫殿设计了三个翼的整体布局。巴洛克建筑用圆形宽阔的中殿取代了狭长的中殿，很好地利用了光线，形成了强烈的光影对比，使得建筑具有明暗鲜明的效果。建筑内部使用了大量作为装饰品的天花板壁画，一般是设计了绘画与雕塑的基本框架，外形上往往有中央突出部分，整个建筑给人一种错视画法般的虚幻美妙的立体效果。这种绘画与建筑完美结合的艺术建筑到了巴伐利亚、捷克、波兰、乌克兰等国家还发展成了带有梨状穹顶的形式。

什么是洛可可建筑风格？

洛可可建筑在18世纪20年代出现于法国，后来流行于整个欧洲，它借鉴了巴洛克建筑风格，但又在室内装饰上有所突破和创新。洛可可风格的建筑给人一种柔弱娇媚、精美华丽、细腻柔和、纷繁细致的感觉。它是在欧洲封建贵族文化普遍衰落的背景之下发展起来的，反映了贵族阶层在没落时期的颓废、浮华的审美观和情绪感。洛可可建筑师排斥了古典主义建筑的严肃和巴洛克建筑的喧嚣，他们追求建筑的华丽与舒适。"洛可可"一词在法语中的原意是建筑装饰中使用的贝壳图案。1699年，建筑师马尔列在金氏府邸的装修方案中大量使用了这种曲线形的贝壳图形，洛可可建筑风格一名由此得来。它最初出现在室内装饰方面，后来被应用到绘画、雕刻、工艺品、音乐和文学等领域。

洛可可建筑有什么特点？

洛可可建筑风格独特，室内装修多用明朗的色彩和灵巧的修饰，家具讲究精致繁琐，在色彩上不如巴洛克建筑那样强烈，装饰上也没有巴洛克建筑那样浓重华丽。洛可可建筑细腻柔和，经常用贝壳、山石等作为装饰材料，卷曲柔嫩的草和舒展鲜艳的花缠绵绕曲，成为一体。天花板和墙面多用弧面相连，墙角的转角处挂置壁画。室内建筑和家具多呈不对称形状，变幻莫测，但难免有时矫揉造作。室内墙面粉刷时用嫩绿、粉红两种，以及玫瑰红等浅色调，墙壁的线脚大多用金色。室内护壁板是木质的，呈精致的框格形状。洛可可风格是法国路易十五时期宫廷贵族生活的反映。宫廷贵族追求纤巧、精美、繁琐的生活，曾风靡全欧洲。洛可可建筑装饰的典型作品是尚蒂依小城堡的亲王沙龙、巴黎苏比斯饭店的沙龙和德国波茨坦无忧宫。

什么是新古典主义建筑风格？

新古典主义的设计风格其实是经过改良的古典主义风格。欧洲文化丰富的艺术底蕴，开放、创新的设计思想及其尊贵的姿容，一直以来颇受众人喜爱与追求。新古典风格从简单到繁杂、从整体到局部，精雕细琢，镶花刻金都给人一丝不苟的印象。一方面保留了材质、色彩的大致风格，仍然可以很强烈地感受传统的历史痕迹与浑厚的文化底蕴，同时又摒弃了过于复杂的肌理和装饰，简化了线条。新古典主义风格，更像是一种多元化的思考方式，将怀古的浪漫情怀与现代人对生活的需求相结合，兼容华贵典雅与时尚现代，反映出后工业时代个性化的美学观点和文化品位。

新古典建筑融合了哪些建筑风格？

览尽所有设计思想、所有设计风

格，无外乎是对生活的一种态度而已。为业主设计适合现代人居住，功能性强并且风景优美的古典主义风格时，能否敏锐地把握客户需求实际上对设计师们提出了更高的要求。无论是家具还是配饰均以其优雅、唯美的姿态，平和而富有内涵的气韵，描绘出居室主人高雅、贵族之身份。常见的壁炉、水晶宫灯、罗马古柱亦是新古典风格的点睛之笔。

高雅而和谐是新古典风格的代名词。白色、金色、黄色、暗红是欧式风格中常见的主色调，少量白色的糅合，使色彩看起来明亮、大方，使整个空间给人以开放、宽容的非凡气度，让人丝毫不显局促。

第八章　宗教与神话

耶稣降生有什么样的传说？

据传说，在今巴勒斯坦北部加利利地区的一个小城拿撒勒，木匠约瑟的未婚妻玛利亚从圣灵怀了孕。忠厚的约瑟不愿使玛利亚难堪，打算悄悄退掉婚事。夜里，天使在梦中告诉他，玛利亚是纯洁的，她所怀的孕是从圣灵而来，她所生的儿子将把百姓从罪恶中解救出来。天使要约瑟娶玛利亚为妻，并给她所生的儿子取名耶稣。约瑟听从了天使的吩咐。当时全国进行人口登记，约瑟是大卫的后代，必须到伯利恒登记，就

★耶稣

在那里生下了耶稣。这时从东方来了3个博士，自称来耶路撒冷是为了朝拜才诞生的犹太王，因为他们在东方看到了他的星。国王希律听到后，要他们去伯利恒寻访。博士们找到了耶稣，但天使指示不要回报希律，于是他们便回东方去了。天使又在梦中告诉约瑟，要他带上妻子和孩子逃到埃及去，因为希律正在寻找这孩子，并要杀害他。于是，约瑟带着耶稣母子逃往埃及，直到希律死后，他们才返回拿撒勒小城。耶稣在这里当了工匠。30多岁时，施洗约翰在约旦河给他施洗，而后圣灵引他去接受魔鬼试探，此后成为救世主。耶稣降生的故事在欧美国家家喻户晓，并被编成剧目在圣诞节演出纪念。

什么是《旧约全书》？

《圣经》为基督宗教的经典，由《旧约全书》与《新约全书》组成。《旧约全书》主要是犹太教的经典。《新约全书》则是关于耶稣基督以及其使徒的言行举止及其故事的记录。

《旧约全书》是基督教的启示性经典文献，内容与希伯来圣经一致，但在编排上有所不同。《旧约全书》主要包括摩西五经、历史书、诗歌智慧书、大先知书、小先知书，总共39卷（希伯来古本则为24卷），分为四类，分别是律法书、历史书、智慧书和先知书。公元前12～前

2世纪间，《旧约全书》陆续用希伯来语写成。"旧约"之所以称为"约"，起源于耶和华拯救以色列人脱离埃及法老的统治与以色列人立下的盟约。《旧约全书》主要记载了主与以色列人之间所建立的盟约。旧约也是律法的盟约，是为了救世主降生而作准备的。

《新约全书》的内容包括哪些?

《新约全书》的内容包括福音书、历史书、使徒书信和启示录。其中福音书有《马太福音》、《马可福音》、《路迦福音》、《约翰福音》4卷。历史书有使徒行传。书信共有21卷，其中确定是使徒保罗所撰写的有13卷，它们分别是《罗马书》、《哥林多前书》、《哥林多后书》、《加拉太书》、《以弗所书》、《腓立比书》、《歌罗西书》、《帖撒罗尼迦前书》、《帖撒罗尼迦后书》、《提摩太前书》、《提摩太后书》、《提多书》、《腓利门书》。其他还包括：《希伯来书》、《雅各书》、《彼得前书》、《彼得后书》、《约翰一书》、《约翰二书》、《约翰三书》和《犹大书》，新约的最后一卷《启示录》属于启示文学类。

天主教的教会组织形式是什么样子的?

天主教会的组织形式严密，主要为教阶制。教阶制分别有神职教阶和治权教阶。神职教阶下分别有教宗、主教、神父和执事。治权教阶下分别有教宗、主教、省区大主教、都主教、教区主教等。教宗拥有最高的权威，神圣不可侵犯，主要由枢机主教构成的枢机集团选举产生，同时，枢机集团也是教宗的主

★天主教堂

要参谋机构。修会由信徒组成，修士需要发安贫、守贞、服从三愿，须过集体生活。天主教严格规定神职人员不得结婚，强调与俗人的界限。除教宗外，公会议也有很高的权威。公会议主要由教皇主持，参加的人一般是世界各地区的主教，重要的修会、修院领导人以及著名神学家、教会法专家。从12世纪开始，天主教至今已经召开了13次公会议。12世纪中叶完成的《格拉蒂安教令集》是天主教第一部完整的教会法令。16世纪时，又有《教会法大全》问世，20世纪初将其修改简编为《天主教会法典》，1983年时又经过修改，颁布了更为简明的《天主教会法典》。

天主教的四大瞻礼是什么?

天主教把耶稣的诞生、复活、圣神降临、圣母升天规定为四大瞻礼，每逢这些节日时都要举行大型的弥撒仪式。另外天主教还有圣洗、坚振、圣体、终傅、告解、神品、婚配七件圣事。

教父学的内容是什么?

教父学经过教父的最高权威奥古斯丁

（354～430年）的系统化以后，它的基本内容有如下5条：

一、创世说。认为上帝是造物主，世界万事万物都是上帝从虚无中创造出来的。

二、三位一体说。基督教宣称上帝是全知、全能的真神，是"永生的大主宰"，是"万灵的父"，是"万王之王，万主之主"。它具有圣父、圣子、圣灵三重神格，所谓"圣父"是指至高无上的上帝，"圣子"是指救世主耶稣，"圣灵"是把圣父、圣子同人们联系起来的东西。这三者虽各有其神格，却又存在于同一实体之中。

三、原罪说。上帝创造了人类始祖男人亚当和女人夏娃，将他俩安置在天堂的花园（伊甸园）之中。他俩不听上帝的命令，偷吃了伊甸园中"知善恶树"上的"禁果"而犯了罪。教父们认为这种罪代代相传，传至亚当的所有后代，以至后来世人一出生就是罪人，成为整个人类的原始罪过。

四、救赎说。教父们说，人类都犯有罪，上帝对人类，一要惩罚，二要解救，于是让自己的儿子耶稣来到世上受苦，最后被钉死在十字架上，替人类赎罪，人们应当信奉耶稣、感恩耶稣。但耶稣这位救世主并不直接拯救世人脱离现实苦难，而是教导世人在忍受现实苦难中信奉上帝，从而得到拯救。

五、天堂地狱说。教父们说，现实世界是罪恶的渊薮，人在这个世界中的苦楚是无法摆脱的，只有相信上帝和救世主耶稣，一切顺服神的安排，死后灵魂才能升入天堂，否则就要受到末日审判，被抛入地狱，去受无穷尽的折磨。

什么是东正教？

东正教，也称作正教、东方正教，是指遵循东罗马帝国（拜占庭帝国）时期流传下来的基督教传统的教会，"正教"在希腊语中是正统的意思。1453年拜占庭帝国覆灭之后，俄罗斯等一些斯拉夫语系的国家相继脱离了君士坦丁堡普世牧首的直接管辖，逐渐形成了用斯拉夫语的俄罗斯正教的自主教会。

东正教的自主教会有哪些？

东正教信徒主要分布在欧洲的东南部、巴尔干半岛、小亚细亚、美国等地区。东正教主要的自主教会有君士坦丁堡牧首区、耶路撒冷牧首区、俄罗斯正教会、格鲁吉亚正教会、塞浦路斯正教会、塞尔维亚正教会、保加利亚正教会、罗马尼亚正教会、波兰正教会、希腊正教会、美国正教会、日本正教会、芬兰正教会等。

什么是宗教裁判所？

宗教裁判所是13世纪至19世纪时天主教会侦察和审判异端的机构，又称为异端裁判所、宗教法庭，其主旨为镇压一切反对教会、反对封建的异端，以及一切有异端思想或同情异端的人。宗教裁判所建立于13世纪上半叶，教皇英诺森三世为了镇压法国南部阿尔比派异端建立了侦察和审判机构，这是宗教裁判所的发端。1220年，霍诺里乌斯三世继任教皇后，通令西欧各国教会建立宗教裁判所，此后，教皇格里高利九世又重申设置机构的重要，并任命教会直接控制的托钵僧为裁判长官，要求各地区的主教予以协助，宗教裁判所遍布西欧的天主教国家。

宗教裁判所是怎样对待异端对象的？

异端是指不同于或反对罗马正统教派的言行和思想。13世纪开始，不少反封建斗士、进步思想家、科学家等成为了裁判所打击迫害的对象。宗教裁判所对异端罪的侦审一般是秘密进行的。异端一旦被控告，基本上不能幸免，如果有谁为被告作证、辩护，也有被指控为异端的可能性，因此来说无人敢为异端作辩护。被告如果认罪，所受到的惩罚一般是苦行、斋戒、离乡朝圣或在公开的宗教仪式中受鞭打、胸前或身后缝缀黄色十字架接受群众的凌辱等。对于不认罪或不悔过者，一般是处以徒刑或死刑，死刑大多为火刑，由世俗政府来执行。没收被判死刑或者徒刑的人的财产，归教会和世俗政府分享，或由政府占为己有。

什么是基督新教？

基督新教，简称新教，经常被称为基督教。基督新教是16世纪时宗教改革运动中脱离天主教后形成的新宗派，包含其中不断分化出的派系的统称。基督新教也

★基督教教堂

称作抗议宗、抗罗宗或誓反宗，原意是指1529年神圣罗马帝国举行的帝国议会中的少数反对派，此次会议通过了支持天主教旨在压制宗教改革运动各派的决议，少数派对此表示出了强烈的抗议，后以其统称宗教改革的各新教派。

基督新教在教义上强调"因信称义"，主张个人的得救既有因蒙主恩的方面，也有因信的方面，每个人凭着信心就可以蒙恩称义。基督新教的因信称义彻底否定了天主教教会所提倡的得救必须以教会、神职人员、圣事为中介的主张。在基督新教中每个信徒都可以成为祭司，不仅相互间可以代祷，还可以宣传福音。新教认为《圣经》具有最高的权威，认为信徒可以在圣灵的指引下直接与上帝交流，接受启示，从而彻底否定了天主教的教会释经权，为此新教各教派都允许并重视使用民族语言来诵读经书，取消了用拉丁语诵读《圣经》的垄断地位。在其他方面，新教反对圣母和圣徒的崇拜，同时也不赞同炼狱的说法。

新教的礼仪圣事是什么样的？

在新教的礼仪圣事方面，反对天主教的繁文缛节，摒弃弥撒仪式，注重讲道诵经，信徒在一起共同唱诵赞美诗。新教将天主教的七项圣事精简为圣餐和洗礼两项。新教的教堂陈设布置以及宗教服饰方面没有统一的规定，比较简朴。一些教会如安立甘宗教会，保留了比较多的传统，如教堂里有圣像、圣画，仪式较为复杂。新教的大多数教会一般推崇简朴，教堂内部只有十字架。新教的节日与天主教基本一致，特别重视耶稣诞生与复活的庆典。

为什么塞涅卡被称为"基督教之叔"？

在罗马帝国初期，劳苦大众对现实生活的幸福憧憬已成泡影；即便是社会上层分子，也因阶级斗争激化和社会动荡不定而处于意志消沉和心情颓废的状态中。因此，教导人们追求现实幸福的伊壁鸠鲁主义哲学已不时兴。人们只有从幻想中寻求精神寄托，于是寄托于越来越蜕变为宗教唯心主义的斯多葛派哲学。斯多葛派哲学此时的代表人物名叫塞涅卡（前6年或前3～公元65年）。他宣扬宿命论和神秘主义，认为命运、天命主宰世界，提倡听天由命，对现实生活恬淡寡欲。由于这种宿命论观点和实行禁欲主义的主张铸造了基督教精神的内核，所以人们称塞涅卡为"基督教之叔"。

教皇是怎样产生的？

公元4世纪初，君士坦丁大帝统一了罗马帝国。那时天主教会的组织仿照帝国形式，分成5个区，即罗马、君士坦丁堡、耶路撒冷、亚历山大和安提阿喀，各区教务由五大长老分掌。西罗马帝国灭亡后，罗马教区长老在西欧政治长期混乱中逐渐扩张权力，便成了所谓"教皇"。自9世纪起教皇专用于罗马主教。

女扮男装的罗马教皇是谁？

在罗马教皇史上，从公元853～855年的2年5个月零4天的时间，有一个女扮男装的教皇。长期以来，罗马教廷把这件事严加保密，并试图把这个女教皇作为一个虚构人物，在教皇史上抹杀掉。这个女扮男装的罗马教皇名叫琼·安格里卡斯。她于818年生于英国，年轻时就把自己乔装成一个男子。她曾在科隆上学，由于她的学术成就，取得了大学教授的职位。后来，她前往罗马加入教士行列，当过罗马教廷公证人，在教廷统治集团中的地位日增，被称为来自英国的约翰。853年教皇列奥四世逝世（教廷把这个年份改为855年，以图抹掉这位女教皇的存在），要挑选一个新教皇。教廷经过辩论以后，这位女扮男装的琼·安格里卡斯当选为新教皇，称教皇约翰八世。

基督教的节日主要有哪几种？

基督教的节日主要有圣诞节、复活节、圣灵降临节还有圣母圣诞节、圣母领报节、圣母进殿节、圣母升天节、耶稣受难节、十字架高升节、万圣节、狂欢节（谢肉节）、感恩节等。

圣诞节是纪念耶稣"诞生"的节日。天主教和新教规定为每年的12月25日为圣诞节，届时都要举行盛大的纪念活动。东正教由于历法不同，其12月25日相当于公历1月6日或7日。

复活节是纪念耶稣被钉死在十字架后"复活"的节日，规定每年春分月圆后第一个星期日举行。

圣灵降临节，据《新约全书》载，耶稣复活后第40日升天，第50日差遣"圣灵"降临，耶稣门徒领受圣灵后开始传教。据此，基督教会规定每年复活节后第50日为圣灵降临节。又称"五旬节"。由于历法的不同，东正教在具体日期上，常比天主教、基督新教迟13、14天。

十字架经历了什么样的演变历史？

在古罗马时代，十字架是一种刑

具。奴隶主往往把敢于逃跑和反抗的奴隶，钉死在十字架上。史书记载，公元前73～71年的斯巴达克斯起义失败后，被钉死在十字架上的起义者达5000之众。

★十字架

《圣经》中说，耶稣是上帝的使者，后被钉在十字架上为人类赎罪，死后三天复活升天。这样，十字架就成了基督教的主要标志，既代表基督本身，又代表基督教信仰。313年，罗马皇帝君士坦丁承认了基督教的合法地位，同时宣布废止钉十字架的酷刑。此后，十字架就不再是刑具而纯粹作为基督教的标志了。

十字架作为徽号，有4种基本形式。希腊十字架四臂等长，拉丁十字架竖长横短，圣安东尼十字架呈丁字形或罗马数字X形。

"耶和华约柜"和"所罗门财宝"的传说是什么？

公元前11世纪犹太国王大卫建立了以色列——犹太王国，定都耶路撒冷城。在他的儿子所罗门统治时期（前960～前930年）征集18万民工，费时7年，在耶路撒冷的锡安山上建造了豪华的宫殿和耶和华神庙，成为古犹太人的宗教和政治中心。耶和华神殿长200米、宽100米，建筑结构严谨，造型美观，内部装饰华丽。神殿的中央有"亚伯拉罕圣岩"。这是一块长18米、宽2米的花岗岩。亚伯拉罕圣岩下面是岩堂，岩堂里设有祭坛，坛上放着一个石制的箱子，箱内存放着"耶和华十戒条"和"西奈法典"，这就是"耶和华约柜"，被视为"镇国之宝"。国王所罗门在亚伯拉罕圣岩下，还修建了地下室和秘密隧道，据说存放有大量的金银珠宝。这就是所谓"所罗门财宝"。

"耶和华约柜"和"所罗门财宝"，究竟隐藏在哪里？2000年来，有种种的说法：一说仍在耶路撒冷城内的无人知道的暗道里；二说是被所罗门与阿拉伯南部的示巴女王所生的儿子偷走了，运到阿拉伯南部或埃塞俄比亚古都阿克苏玛隐藏起来了；三说是被所罗门娶的埃及公主偷运到埃及隐藏起来了；还有一种说法是在位于西南太平洋的群岛上，即在后来被称为所罗门的群岛上。

梵蒂冈的教廷采取什么样的外交政策？

"梵蒂冈"既是一个世俗国家的概念，又是一个宗教概念。在对外活动中，一般它是教廷统领外交大权，在国际上以"圣座"名义出现。根据梵蒂冈

★梵蒂冈

基本法，教皇是梵蒂冈城国最高统治者，具有完全的立法权、执法权和司法权。教皇通过教廷国务院代表梵蒂冈政府同外国世俗当局签订条约和建立外交关系，相当于世俗国家国务院总理的教廷国务卿则具体负责外交事宜。这种教廷外交在教皇保罗六世时期（1963～1978年）开展迅速，他为非天主教国家设置"教廷大使"，并向无外交关系国家的天主教会派驻"宗座代表"，与驻在国当局进行广泛接触。此外，梵蒂冈还在联合国及其他国际组织中进行广泛的活动，它以教廷的身份向国际组织派遣教廷大使、代表和观察员，如在联合国教科文组织、联合国粮农组织总部、现"联盟"等，都设置了观察员。教廷每年要派出代表参加上百次国际会议，与国际上各种组织接触。

基督教主要流行于哪里？

基督教主要流行于东、西非沿海和中、南非各地。它们是殖民主义者侵略非洲的工具。教会广泛从事政治活动，进行武器买卖，举办学校，经营商业和种植园。

传说中的圣诞老人一般是指谁？

传说中的圣诞老人一般是指圣·尼古拉，土耳其语为诺艾尔·巴巴。公元4世纪初，他出生在小亚细亚吕底亚王朝的米拉城（现在的土耳其安塔利亚省代姆莱镇）附近的帕塔拉村。他后来成为当时基督教的重要中心米拉城的主教，在这里度过了他的一生。

古希腊神话之中的智慧女神是谁？

雅典娜是古希腊神话中的智慧女

★雅典娜女神

神。雅典娜又称帕拉斯，因为有一双明亮的蓝眼睛，又被称为"明眼女神"。她给希腊人传授了纺纱、织布、造车、造船、冶金、铸铁、制鞋以及雕刻等各种本领；传说她是最高天神宙斯和聪慧女神墨提斯所生的。宙斯害怕将来的儿女比他更强有力，就把怀孕的妻子一口吞了下去。后来宙斯感到头部疼痛，就叫匠神用铜斧把他的头顶劈开，全身戎装、右手持矛、左手持盾的雅典娜大声呐喊着从宙斯的头里跳了出来。因此，雅典娜具有宙斯的威力和墨提斯的智慧。她还发明了犁和耙，驯服了牛和羊，因而又是农业和园艺的保护神。此外，雅典娜还被尊为战争之神、法律和秩序的保护神。

赫拉克勒斯的传说是谁？

罗马神话传说中称之为海格力斯的赫拉克勒斯是希腊神话传说中的大英雄。他是主神宙斯与忒拜王安菲特律昂之妻阿尔克墨涅之子。赫拉克勒斯出生后，神后赫拉无意中给他喂了奶，使他获得了超人的力量。赫拉为了报复，派去两条巨蟒要把他咬死在摇篮里，均被他扼死。他长大后随多人学得各种武艺和知识，杀死基泰戎山的猛狮，剥下的狮皮（一说是他后来杀死涅墨亚森林的猛狮的皮）成了他漫游时的经常装束。18岁时回到忒拜，使忒拜

205

摆脱了弥尼埃人的欺压，为此国王克瑞翁把女儿墨伽拉嫁给了他。此后他受命于欧律斯托斯，先后完成12件神奇的苦差事，获得自由。后来他去过许多地方，曾因杀人而给吕底亚女王昂法勒为奴3年，参加过阿尔戈船寻取金羊毛的远航和卡吕冬狩猎，攻打特洛伊和伯罗奔尼撒的皮洛斯，声名显赫。赫拉克勒斯死于抹有马人涅索斯的毒血的衬衣；宙斯在他死后让他上了奥林匹斯，成了神，并娶青春女神赫柏做妻子。赫拉克勒斯的故事包含西亚和埃及的传说，传到意大利后又增加了他在意大利建功立业的内容，如取消萨宾人杀人献祭的习俗，创立对火的崇拜，杀死强盗卡库斯等，成为整个古希腊罗马普遍知晓的大英雄。

奥林匹斯众神有什么特点？

希腊神话是古希腊人关于神和英雄传说的总汇，以人民口头创作的形式在史前时代氏族公社各时期久远流传，逐渐完整和系统化。"奥林匹斯众神家族"就是古希腊人按照人类父权制家庭的形式创造出来的。

古希腊人创造出来的天神有1000个，他们与人同性、同形，同人一样具有七情六欲，喜怒哀乐；也和凡人一样具有正直、勇敢、残忍、妒忌等品性；同样也受爱情的折磨与困扰。这些栩栩如生的众神形象不仅反映了当时人们的爱憎感情，也反映了古希腊人们认识自然和征服自然的愿望和斗争精神。

特洛伊战争之中最伟大的英雄是谁？

阿喀琉斯是特洛伊战争中最伟大的英雄，第二代英雄中的佼佼者，阿尔戈英雄珀琉斯和海洋女神忒提斯的儿子。当他出生时，他的女神母亲也想使他成为神人。她在夜里背着父亲把儿子放在天火中燃烧，要把父亲遗传给他的人类成分烧掉，使他圣洁。到了白天，她又用神药给儿子治愈烧灼的伤口。有一次，珀琉斯暗中偷看。当他看到儿子在烈火中抽搐时，不禁吓得大叫起来。这一来妨碍了忒提斯，因此阿喀琉斯除了脚踵之外全身刀枪不入。阿喀琉斯在奥德修斯的邀请下参加特洛伊战争，在战斗中杀敌无数，数次使希腊军反败为胜，后来被庇护特洛伊的阿波罗用太阳箭射中脚踵而死。

古希腊神话之中的天后是谁？

赫拉是奥林匹斯众神之主宙斯的姐姐和妻子。作为天后，宙斯向她公开自己作为主神的各种想法和计划，不过始终仍让她处于从属的地位。她为宙斯生了青春女神赫柏、匠神赫菲斯托斯和战神阿瑞斯（一说阿瑞斯是赫拉吸了花香怀孕而生）等。赫拉除了以天后的身份协助宙斯掌管天庭外，还司掌婚姻和生育。赫拉生性好强，好用权势，嫉妒心强，残酷地报复自己的情敌（包括女神和凡间女子），曾使伊奥变成母牛，使卡利斯托变成母熊，使塞墨勒丧命，对阿尔克墨涅为宙斯生的大英雄赫拉克勒斯尤其余恨难消。赫拉在斯巴达、阿尔戈斯、科林斯等地尤受崇拜。特洛伊战争时她站在阿凯亚人（希腊人）一边，帕里斯裁判使她对特洛伊人充满憎恨。在罗马神话中，赫拉与尤诺混合。尤诺吸收了有关赫拉的各种传说，但保持较赫拉在希腊神话中更为崇高的尊严。

古希腊神话中盗火造福人间的恩神是谁？

普罗米修斯是希腊神话中造福人类的恩神。他是提坦族的后裔伊阿珀托都的儿子。传说他用泥土和河水按照神的形象塑造了人，智慧女神对人吹一口气，使人有了灵魂和呼吸，人类便逐渐繁殖起来。普罗米修斯又教给人类观察星辰、计算数目、驯服动物、掌握医药等多种生产和生活的技能。以后，他又用茴香管把天火偷下来带到人间，从此人类进入了文明时代。因此他触怒了主神宙斯，宙斯派强力和暴力两仆用铁链将他吊在高加索山崖，并派神鹰啄食他的肝脏，夜间伤口愈合，天明神鹰又来啄食，让他永受折磨和痛苦。但是普罗米修斯坚韧不屈，宁受折磨也不投降。过了许多世纪以后，神鹰被大力士赫拉克勒斯射死，他才被解救。普罗米修斯不畏强暴、殒身不恤的精神为历代文学家所歌颂。古希腊悲剧家埃斯库罗斯和英国诗人雪莱，根据他的传说分别写出了悲剧《被缚的普罗米修斯》和诗歌《解放了的普罗米修斯》。

古希腊神话中的太阳神是谁？

阿波罗是宙斯和女神勒托的儿子。阿耳忒弥斯的孪生兄弟。一般认为关于阿波罗的神话来源于小亚细亚，因特洛伊战争时他站在特洛伊一边，那里有许多他的神庙。也有人认为它来源于希腊北方，许佩耳波里的人民自称是阿波罗的后裔。

与阿波罗有关的神话主要有：他斩杀恶龙皮同，在他战胜皮同的地方得尔斐修建神庙；参加奥林匹斯山众神与巨灵的战斗；在特洛伊战争中，他的祭司受希腊人侮辱，他施瘟疫，使希腊人遭受侵袭；赫尔墨斯发明七弦琴送给阿波罗，使他成为音乐之神；特洛伊公主卡珊德拉与他相爱被赋予预言天才，而公主事后食言，阿波罗又使其预言失灵；神女达佛涅为摆脱他的追求，变作月桂树，被称为阿波罗圣树；他还和波塞冬合力帮助特洛伊，建起牢不可破的城墙等等。通常阿波罗作为太阳神为人们接受，称福波斯（光亮之意），他一方面保护农业，另一方面他的阳光被视作金箭，具有战神作用。常见的阿波罗形象多是长发无须的青年，随身带有竖琴、弓、神盾等。

为什么鸽子与橄榄枝被视为和平的象征？

据圣经《旧约》记载，上帝耶和华创造人类始祖亚当和夏娃以后，地上人丁兴旺起来。但耶和华看到世上人欲横流，非常恼怒，决定毁灭地上的人类和牲畜。而亚当的后代，希伯来的族长挪亚（又译诺亚）对上帝非常虔诚。上帝为了他家人和牲畜的安全，以免在用洪水毁灭人类和地上一切生物时遭受灾难，便吩咐挪亚准备方舟，以避免洪水淹没。当挪亚600岁时，果然发了洪水。他遵照上帝的吩咐，带领家人、牲畜、飞鸟、昆虫上了方舟。过了7天，

★鸽子

滂沱大雨倾泻而下，持续了40个昼夜，洪水淹没了高山峻岭，吞没了一切房屋和土地。而挪亚一家却坐在方舟里，在水中漂荡，安然无恙。当洪水退下时，挪亚打开方舟的窗户，三次放出鸽子。第一次，鸽子无处落脚而飞回来了，证明洪水还没有退去；第二次，鸽子口里衔着橄榄枝回来，可见洪水已退，树上长出了嫩枝绿叶；第三次，鸽子不再回来了，这说明地上可以立足和觅食。于是，挪亚一家便从方舟里走出来。这里，鸽子衔橄榄枝回来，是告诉人们灾难已过，平安来临。后来，人们就以鸽子和橄榄枝来象征和平。

文艺女神缪斯们分别主管什么？

古希腊的天神宙斯和记忆女神谟涅摩辛涅据说生了九位司管文学和艺术的女神。她们住在奥林匹斯山山麓的庇厄里亚，因此又叫庇厄里亚女神。九位司管文艺的女神，在太阳神阿波罗的领导下，掌管着天上人间的一切文学艺术。她们司管文学艺术各有分工：手捧笛子、头戴鲜花圈的欧忒耳珀专管音乐；头戴桂冠的喀利俄珀专管叙事诗（史诗）；手握琴的厄拉托专管爱情诗；头戴金冠、手拿短剑与帝杖的墨尔波墨涅专管悲剧；头戴野花冠、手拿牧童杖与假面具的塔利亚专管牧歌喜剧；迈着轻捷脚步、手拿七弦琴的忒耳普西科拉专管舞蹈；克利俄专管历史；乌拉尼亚专管天文；波吕许谟尼亚专管颂歌。

塞浦路斯的"维纳斯诞生石"的传说是什么？

在西方，维纳斯是家喻户晓、妇孺皆知的爱神和美神。在古希腊神话传说中，爱与美的女神叫阿佛洛狄特，是众神之王宙斯的女儿。罗马时代称她为维纳斯，是人们崇拜的诸神之一，建有许多她的神庙。相传维纳斯的诞生地在塞浦路斯彼特拉·图·罗密欧，距海滨城市利马索尔17英里。这里没有人烟，北边是起伏的山丘，南边则是地中海。在碧波粼粼的浅海中，兀立着3块巨石。中间一块高约10多米，拔海而出，亭亭玉立，如出水芙蓉，这便是传说中的维纳斯诞生石，她从这块海石里冉冉升起，赤身裸体地在碧空中飘浮。风神把她吹向岸边，山林女神捧起锦衣，欢呼她把美和爱带到人间。

第九章　电影与摄影

电影是怎么发明的？

1829年，比利时物理学家约瑟夫·普拉多发现了这样一个原理：当物体在人的眼前消失以后，这个物体的形象还会在人的视网膜上停留一段时间。据此原理，普拉多于1832年发明了"诡盘"。"诡盘"是能使描画在硬纸盘上的画片活动起来的装置。"诡盘"的发明标志着电影发明开始进入科学实验阶段。到了1834年，美国人霍尔纳发明了"活动视盘"，1853年，奥地利的冯·乌却梯奥斯将军放映了最原始的动画片。

摄影技术的发明与改进，是电影产生的重要基础。1826年，世界上第一张照片"窗外的景"由法国的尼埃普斯拍摄成功，曝光时间用了8小时。银板照相出现后，摄影时间不断缩短。到了1840年，拍摄一张照片需要20分钟，1851年，由于湿性珂珞酊底版的发明，摄影速度甚至缩短到了1秒，"运动照片"在克劳黛特、杜波斯克等人的实验中应运而生。1878年，英国摄影师爱德华·穆布里奇成功拍摄了骏马的奔跑，并在荧幕上放映成功。1882年，法国生理学家马莱制作了"摄影枪"，之后又发明了"活动底片连续摄影机"。1888年，法国人雷诺成功地制作了"光学影戏机"，并拍摄了世界上第一部动画片《一杯可口的啤酒》。1889年，美国发明大王爱迪生发明了电影视镜。随后，他把摄制成功的胶片在纽约公映，轰动了美国。他的电影视镜每次仅能一人观看，内容仅仅是跑马、舞蹈表演等。

1895年，在爱迪生的"电影视镜"的基础上，法国的奥古斯特·卢米埃尔和路易·卢米埃尔兄弟成功研制了"活动电影机"。"活动电影机"共有摄影、放映和洗印等三种功能，同时能以每秒16画格的速度摄制和放映影片，且图像清晰稳定。1895年3月22日，他们在巴黎法国科技大会上播放了影片《工厂的大门》，初获成功。同年12月28日，他们正式向社会公映了他们的一批纪实短片，包括《火车到站》、《水浇园丁》、《婴儿的午餐》等12部影片。

被称为"电影之父"的兄弟是谁？

卢米埃尔兄弟是最早用银幕进行投射式放映电影的人。他们的拍摄和放映都已经脱离了实验的阶段，所以，卢米埃尔兄弟被誉为"电影之父"。

摄影师出身的卢米埃尔兄弟，从一开始对电影就与爱迪生有着全然不同的想法。这种不同更明显地体现在他们要表达的电影作品上。这种不同是根本的时空观的差别、根本的美学差异。

尽管爱迪生对电影的产生作出了很大的贡献，就是他为这门新艺术起了富有诗意的名字——电影。然而，爱迪

生在看待电影的观念上，却有着很大的局限。爱迪生的"电影视镜"所放映的影片只是提供给观赏者一次重复摄影师"窥视"的机会而已，而且其内容大多是简单的跳舞、拳击、变戏法、做游戏等场景，这只不过是套用了舞台剧的模式，与舞台剧没有什么本质区别。

而卢米埃尔兄弟与此相反地采取了更为现实的态度。他们不再局限于封闭的人为空间，而是迈向了更开放的自然空间。作品也着重表现现实生活中真切的存在。卢米埃尔兄弟如实地记录了现实生活的场景，使人们看到了自己身边的那些真正的生活和人群。在路易·卢米埃尔的作品中，可就题材与内容大致分为四个方面。其一为劳动和工作的生活场景。世界电影史上的第一部影片《工厂的大门》，就是以工厂作为背景拍摄的工人下班的景象。看似平凡的形象出现在银幕上，这令人们感到无比惊奇。这种朴素的艺术魅力即使是让今天的人们去看，也会动容。其二为家庭生活情趣的记录。以最为熟悉的家庭生活为题材的影片是电影早期制作的最好选择。《婴儿的午餐》、《玩纸牌》、《下棋》等在这类作品中最具代表意义。其三为政治、文化、新闻实录。卢米埃尔和他培养的摄影师们为了开阔视野，还将镜头对准了那些具有社会政治、宗教文化、实事新闻等方面的内容，如《耶路撒冷教堂》、《沙皇尼古拉二世的加冕礼》、《日本内宅》、《代表们登陆》等。它们以不同的角度再现了那个时代异国政治、文化的色彩与特征。其四为自然风光和街头实景。这类作品包括《出港的船》、《火车到站》、《警察游行》、《街景》等。

在这些影片的拍摄中，摄影机位置安排以及画面构图都十分考究，同时卢米埃尔多运用景深、移动摄影等方式进行拍摄，这些表现手法使他拥有"早期电影最出色的摄影师"的美誉。

好莱坞是如何建立起来的？

第一次世界大战结束以后的十年是美国电影向世界扩张的兴盛时期。外国影片在美国电影院完全失势，而在世界各地，美国影片则独占优势。派拉蒙、劳乌、福克斯、米高梅、环球等大的制片公司决定着影片的生产乃至全世界影片的发行和上映。

格里菲斯的没落使得金融资本家不再重视导演，而转为重视电影明星。明星们开始成为制片公司的工具或商标。影片的主人变为制片人，他们利用解除合同这种暗中操作的伎俩，窃取了导演过去所拥有的大部分实权。他们最关注的是如何多赚钱，最终确立了票房收入的原则。

明星制度成为好莱坞进军世界的武器。这种制度引发了鲁道夫·范伦铁诺、玛丽·璧克馥、道格拉斯·范朋克等一大批偶像的诞生。为了消减由于明星效应带来的一些诸如清教徒对明星的攻击事件等负面影响，资本家们组建了一个名叫美国制片人与发行人协会的机构。在这个协会的领导下，电影变成了颂扬美国生活方式的工具。这最直接地体现在了好莱坞的明星们身上。道格拉斯·范朋克曾滑稽地扮演过一个强壮、天真、乐观，为女人所喜爱的美国英雄，到了后来却在《佐罗的标记》、法国的《三个火枪手》等影片中变成一个大力士、一个无所畏惧且无可指责的骑士。明星效应使得导演开始成为明星的附属，电影先驱们日益没落。格里菲斯也在走下坡路。标志着格里菲斯进入极致的作品是《一个国家的诞生》。而格里菲斯之后的《阿美利加》、《马戏团女郎》等影片都显示出这位伟大导演走向了英雄末路。他被列入了制片厂黑名单，这意味着他再也没有机会导演一部影片。好莱坞的拜金主义毁灭了它的创始人。对比格里菲斯，西席·地密尔的崛起耐人寻味。他的庸俗、浮夸的作风成了此后好莱坞影片的鲜明特征。他拍了《男性和女性》、《伏尔加的船夫》、《十诫》等影片，只要影片能赚钱，他什么都会拍摄。地密尔是当时最能卖座的商业性影片的导演之一。

好莱坞的崛起使它的电影题材也开始国际化。在国际化中，本土题材的电影日益减少，除了喜剧学派。在无声电影时代，美国的喜剧学派在世界上一直是独一无二的，这与卓别林的天才创作不无关系。《寻子遇仙记》是卓别林的第一部长片。这部影片之后，卓别林又拍摄了《有闲阶级》、《发工资的日子》和《朝圣者》三部短片。不久，卓别林以夏尔洛的身份出现在《淘金记》中。这是一部具有隐喻意义的经典电影，是卓别林在无声电影时代的众多杰作中最完美的一部。《淘金记》后三年拍成的《马戏团》除了表达滑稽、悲哀和伤感之外，又表现出了苦涩这个全新的味道，而这种苦涩此后成了卓别林永远的特色。

有声电影是如何发明的？

1899年，电影在爱迪生的实验室里已经可以发出一些声音。卢米埃尔、梅里爱等一些人曾经利用在银幕后面说话的方法使电影带有声音。1900年以前，百代甚至举办过几次歌唱片的放映会。

可见有声的影片并非是一种新鲜的事物。但是，这并不是电影真正的声音，此时的电影还仅仅是一种无声艺术。当时电影已经克服了影音同步等问题，困难在于如何把声音强化。不久，无线电广播的发明使电影声音能通过扩音器的电气录音和三级真空管的音响放大。进而，制造无线电器材的大电气公司成了有声电影机专利权的占有者。这些专利权为当时两大集团占有，即美国的"通用电气公司——西方电气公司"和德国的"AEG-托比斯公司-克兰影片公司"。西方电气公司曾向一些美国大电影公司提议它的录音方法。但这些公司对这种危及好莱坞霸权的有声电影不愿接受。西方电气公司在失望之余，转而与华纳兄弟接洽，获得了很大成功。华纳拍摄的第一部影片《唐璜》在美国的上映收入达350万美元。不久，华纳公司的另一部新片《歌痴》就创造了上映收入500万美元的记录。

这些辉煌的成就使得好莱坞其他电影公司开始寻求有声电影的专利权。威廉·福克斯拥有一种由德国的发明转化而来的有声电影制式"摩维通"。不久，洛克菲勒旗下的无线电公司研究出一种"福托风"有声电影机。这使得当时的美国观众争先恐后地来到影院观看这些音乐片。对于唱词和歌手嘴唇动作的完全一致，他们感到十分惊奇。与此同时，这种新技术却受到卓别林、金·维多、雷内·克莱尔、茂瑙、普多

夫金、爱森斯坦等无声艺术大师们的抵触。普多夫金与爱森斯坦还和亚历山大洛夫一起发表了一篇反对对白片的有名的宣言。但当时，真正的有声影片实际上并未产生。第一部真正意义上的有声电影是直到1929年才出现的影片《纽约之光》。

其实美国之所以在拍有声片上犹豫不决，主要是因为全部有对白的影片将会因为语言等各种因素而阻碍好莱坞影片在国外的畅销。但是《纽约之光》之后，无论是企业家、艺术家还是个别观众，都阻止不了有声电影的发展趋势。

自由电影运动是如何发起的？

自由电影运动兴起于20世纪50年代中期的英国，由于它和法国的新浪潮电影运动同出一源，是当时席卷整个欧洲的反传统思潮的产物，因而也有人称之为"英国新浪潮电影运动"。

自由电影运动的发起人是些年轻的电影批评家和纪录片导演，倡导者为曾任过英国《电影场景》杂志编辑的林德赛·安德逊、卡苒尔·雷兹和托尼·理查森。他们针对当时英国电影业的貌似繁荣，而写实传统丧失殆尽、影片创作停滞不前的局面，呼吁电影艺术家加强社会责任感，立刻改变电影回避现实、日益商品化的恶劣倾向。1956年2月，安德逊等人在英国国立电影剧院首次放映了一批他们自己拍摄的影片，并在影片说明书上题写了"自由电影"几个字，毫不掩饰地声称"我们的态度就是信仰自由，重视人民，发掘出日常生活的重要意义"，强烈要求墨守成规的电影批评界接受"自由电影"的这一原则。

自由电影运动的主要影片有：《啊，梦乡》、《在一起》、《妈妈不同意》、《愤怒的回顾》、《蜜糖的滋味》等。这些影片大多由文学作品改编而成，表现普通人和下层人民的生活，在手法上它继承了20世纪30年代英国纪录片运动朴素流畅的传统，格调清新自然，为英国开展一场具有批判现实主义精神的电影艺术新运动提供了动力。

意大利的新现实主义电影有什么特点？

20世纪40年代末至50年代初，伴随着意大利导演罗西里尼的《罗马——不设防的城市》影片的公演，植根于意大利的新现实主义电影给国际影坛吹进了一股清新的风，引起了巨大的震动。

《罗马——不设防的城市》、《偷自行车的人》、《警察与小偷》、《罗马11点钟》等新现实主义电影的代表作品真实地反映了第二次世界大战后，意大利国内出现经济危机和失业的严重局面，倾吐了人民的呼声。电影编导的政治观点虽不尽相同，但都对当时意大利现实生活不满，企图以电影手段参与现实斗争。他们为追求毫不粉饰地反映生活，使用非职业演员饰演电影中的他们"自己"，在实景中进行拍摄，尊重时间真实性的叙述结构，有着共同的艺术风格和美学要求。1946年首届戛纳国际电影节上，《罗马——不设防的城市》夺得大奖，使得意大利新现实主义影片名噪一时，罗西里尼则被人们称为"新现实主义电影之父"。

意大利影派的这种创新，给世界影坛造成了重大影响，甚至有人认为，所有的现代电影，包括它的各种新浪潮，不管有意无意，都植根于意大利新现实主义电影的土壤。20世纪六七十年代，意大利新现实主义电影消亡或分化，政治电影渐渐崛起。

什么是真实电影运动？

真实电影运动是20世纪50年代末期和60年代初期在法国和美国出现的电影创作运动。一般说来，法国的称之为"真实电影"，美国的则称之为"直接电影"。二者的宗旨和风格基本相同，均要求导演具有敏锐的观察力，善于在生活中发现和捕捉有意义的戏剧性事件，客观地记录现实。其影片都强调随意性和自发性，排斥一切虚构。

真实电影运动是吉加·维尔托夫的电影眼睛理论和创作实践的发展，他们强调以记录作为电影的美学功能，反对运用一般的电影手段和拍摄技巧。真实电影是名副其实的客观记录派。当然，真实电影运动也从意大利新现实主义电影的成功经验中汲取了营养，并从更新的电影摄影设备和电视工业的发展中获得了直接的动力。

法国的"真实电影"流派兴起于20世纪60年代初，第一部影片为法国导演让·卢西和埃德加·莫兰合作摄制的《夏日纪事》（1961年）。美国的"直接电影"产生于20世纪50年代末期，领导者为查德·李考克和罗伯特·德鲁，主要影片有他们合作摄制的《椅子》（1963年）、奥瑟和法龙合作摄制的《生与死》（1969年）以及梅斯尔兄弟导演的《推销员》（1969年）。

真实电影运动所追求的绝对客观真实，实际上是不存在的，因为电影摄影必然受人的思想和行为的操纵。但真实电影运动在电影记录功能和拍摄方法上所作的多方面探索，诸如手提摄影、利用自然光、微型麦克风同步录音等实地拍摄的技巧，促成了一种具有纪实性和虚拟性相结合的综合风格影片的诞生。同时，真实电影运动重视表现重大政治事件的倾向促成了欧美电影风气的转变，为20世纪60年代的影片注入了强烈的政治内容。

什么是政治暴露性电影？

自改革以来，苏联文艺界出现了一批较有分量的政治暴露性作品，它们汇成一股新的批判浪潮。对斯大林一生是非功过的评价，是其重点之一。这些作品以探究"现代迷信"的根源为出发点，再现了"个人崇拜"在历史上和现实生活中的表现和影响，表现了斯大林时代的悲剧在几代苏联人的心态和行动上的弥散。作品评价倾向于否定的一面，而且还有一个共同点便是悔悟和带着自责的反思。被苏联电影界称为"改革的第一只春燕"的《悔悟》一片以强烈的隐喻色彩和深刻的哲理性在国内外多次获奖，成为涉及苏联历史上这个痛苦时期的第一次成功的努力；《53年寒冷的夏天……》着力于在极度紧张的情节叙述中展现主人公的个性以及他们的精神复活过程；《明天发生了战争》表现了一群天真无邪的少男少女在个人迷信时代所遭受的心灵创伤，以简单朴素的语言与青年观众展开对话，把艺术家对权欲熏心者的强烈愤恨传达给他们；《我们的铁甲列车》（又名《斯大林的

雄鹰们》）讲述了一个被普通苏联人称作"斯大林分子"的故事，是一部效忠于君的忠臣们的悲剧。这些影片力图从民族文化的心理结构中去寻求"个人崇拜"这一历史现象的原因，去探究造成"现代迷信"的根源，这在苏联文艺界引起了巨大的反响。

"奥斯卡"金像奖的名字是怎么来的？

以"促进电影艺术与科学以及发展人类文化"为宗旨的"奥斯卡金像"奖，已成为举世瞩目、艺术家全力追求的电影最高荣誉。然而，这种电影奖的得名，却实属偶然。

1927年的美国，由米高梅公司创建人路易斯·梅耶建立的电影艺术与科学院，打算把注意力集中到电影成就方面，设立"学院奖"。美工师德里克·吉本斯随意地在桌布上画了一个躯体健美的男子，双手紧握长剑，屹立在一盘电影胶片上的画像。青年雕塑家斯坦利根据这个设想，未用模特儿，在1928年成功地塑出了这样一尊10.25英寸高的"金像"，作为"学院奖"的奖品。1929年5月16日，在美国的好莱坞罗斯福饭店举行"学院奖"第一届授奖仪式，颁发了最佳影片、最佳导演、最佳男演员、最佳女演员、特别荣誉等15项"金像奖"。

1931年的一天，有位新来电影艺术与科学院的管理员，偶尔看到那尊金光闪闪的塑像，无意中说道："这个人像使我想起了我叔叔。"她的叔叔乃是美国大名鼎鼎的戏剧家奥斯卡·王尔德。她的话碰巧被一位记者听到，从此，

"奥斯卡金像奖"的说法广为传播，并正式定为这个名称。

谁是具有举世无双的天赋、真诚和美貌的女演员？

美国著名好莱坞女明星费雯丽（1913-1967年），被人称为"具有举世无双的天赋、真诚和美貌的女演员，"她因主演《乱世佳人》、《欲望号街车》两次荣登奥斯卡"最佳女演员"宝座。

费雯丽出生于印度大吉岭城英国股票经纪人哈特莱之家。从小她就决定要成为一名演员，在她的要求和坚持下，父亲先后送她到巴黎和英国皇家戏剧学院。19岁时，费雯丽结婚。在生下女儿后，她又毅然重返舞台。1934年，她和著名电影演员劳伦斯·奥立弗相识，登上影坛，两人合演了《火烧伦敦》。之后，她来到好莱坞。当她得知米高梅公司拍摄《乱世佳人》的消息后，便找来小说《飘》及有关资料研读，下决心非得饰演女主角郝思嘉不可。结果费雯丽向公司自荐竞争到了这一角色。1939年拍摄的这部以染印法印刷的彩色巨片，在1940年第十二届奥斯卡金像奖评选中，一举夺得8项金像桂冠。费雯丽也因饰演郝思嘉一角夺得"最佳女主角"金像奖。此后，费雯丽还主演了《魂断蓝桥》、《倾国倾城》、《安娜·卡列尼娜》等巨片。1951年，她因主演《欲望号街车》，再次夺得奥斯卡"最佳女主角"金像奖。

被称为"超级巨星"的瑞典女星是谁？

第二次世界大战后，美国《游艺界

日报》曾举行全国民意调查，对200位有25年以上影坛生涯的明星进行评选，荣获有声影片时代"最佳演员"首席的是瑞典女星英格丽·褒曼，后人都称她是"超级巨星"。

1915年，英格丽·褒曼出生在瑞典斯德哥尔摩。她天生丽质，纯真大方。1933年，她报考皇家戏剧学校被录取。在校期间，她被瑞典电影厂选中，参加拍摄第一部影片《僧侣桥的伯爵》，由于在此片中的表演，她被电影厂看中。1935年一年间，褒曼一鼓作气连续主演了3部影片。1937年，她主演的《插曲》在美国引起轰动，好莱坞制片人大卫·赛尔兹尼克也看中这颗新星，同褒曼签了拍片的合同，重拍《插曲》。到好莱坞后，褒曼拒绝了导演提出的把眉毛拔掉些、把牙齿修补一下的要求，坚持保持"天然美"。

1942年，褒曼在好莱坞完成了她的成名作——《卡萨布兰卡》。她在此后的《战地钟声》中也有出色表演。1944年，她因主演《煤气灯下》而夺得了奥斯卡"最佳女演员"桂冠。此后，她压倒群芳，成为全球红极一时的大明星。

1948年，褒曼与丈夫在一家剧院里看了意大利新现实主义电影《罗马——不设防的城市》，她为这部朴素纪实而具有人性的电影倾倒了。她写信给导演罗西里尼，要求与他合作拍戏。1950年，褒曼与丈夫离婚，同罗西里尼同居，并在意大利拍了6部平常影片。

1956年，褒曼重返美国，又拍了《真假公主》、《东方快车谋杀案》，并两次夺得奥斯卡最佳女主角和女配角的金像奖，恢复了往日的风采。

褒曼18岁从影，一生拍过46部影片，三次荣登奥斯卡金像奖宝座。除了以上提到的电影名作外，她还有《爱德华大夫》、《美人计》等名片传世。褒曼晚年同癌症苦苦搏斗了8年，于1982年生日那天与世长辞。

玛丽莲·梦露有着怎样的传奇人生？

梦露原名诺玛·吉恩·贝克，她是个私生女，童年四处漂泊，寄住过许多人家。她16岁嫁人，后到工厂做工，在摄影师康纳沃的介绍下当了模特儿。1946年她离婚后来到好莱坞，成为20世纪福斯克制片公司的演员，并取艺名为玛丽莲·梦露。起初她只能演一些不起眼的小角色，为了维持生活她曾让人拍裸照做广告，制片商们也开始利用她的姿色、"性感"拍片赚钱。梦露因拍《尼亚加拉》而一举成名，接着又主演了《男人喜爱金发女郎》、《怎样高攀百万富翁》、《七年之痒》、《汽车站》等多部影片。一时她红得发紫，走到哪儿都被狂热的崇拜者包围着，凡有她出演的影片都会创下票房新纪录。但是梦露并不喜欢她在银幕上的那些以身姿诱人的角色，她认为演员最重要的是演技，因此虽然她的"脱"戏引起过很多轰动，真正赢得观众的却是她朴实纯真的表演和过人的艺术灵感。1962年8月5日夜里，梦露在经历了三次婚变的打击后，在她创办的制片公司濒于垮台时，在逐渐走向年老色衰的情况下，服用了大量安眠药，结束了她挣扎于孤独、寂寞、绝望中的生命。

法国影坛皇后是谁？

1988年10月，巴黎竖起了以著名影

星卡特琳娜·德纳芙为模特儿塑就的雕像"玛丽亚娜"。市政当局宣布它是由巴黎市民选出的新的"法兰西象征"。德纳芙那带有几分冷漠和忧伤的特殊韵味的美，曾令无数电影观众为之倾倒。但德纳芙的成功并非仅在于相貌出众，关键是因为她表演真切动人，风格高雅脱俗，技艺精湛成熟。德纳芙1943年出生于巴黎一演员世家，年仅13岁就登上影坛，拍过《女中学生》、《恶与善》、《撒旦指挥舞会》等片。20岁时她因主演《瑟堡的雨伞》荣膺法国电影科学院颁发的最佳表演奖、戛纳电影节金棕榈奖。1965年她因主演划时代影片《厌恶》而跻身世界第一流影星之列，接着她又先后主演了《追踪》、《冷血惊魂》、《世界之歌》、《驴皮公主》等20余部影片，其间她因主演《白日美人》而获阿加布尔科电影节最佳女演员奖。20世纪70年代她和阿兰·德龙等世界超级影星共同主演了《歌舞女郎》、《肮脏的钱》、《野人》等片。1980年她因主演"新浪潮"代表人物特吕弗导演的巨片《最后一班地铁》而获法国电影节恺撒奖的最佳女演员奖，该片同时获10项大奖。20余年的表演生涯、50余部影片、观众们的崇拜，使德纳芙成为法国影坛当之无愧的皇后。

以"悬念大师"而著称电影世界的导演是谁?

英国导演希区柯克（1899～1980年）以电影的"悬念大师"著称于世界影坛。他一生导演过54部影片，大都以奇特的凶杀案或间谍活动为题材，故事情节扑朔迷离，充满神秘和恐怖的气氛，被称为"电影界最令人毛骨悚然的魔术师"。

在希区柯克童年时候，有一次他做错了一件事，准备接受严厉父亲的惩罚。但父亲只是叫他把一张封在信封里的纸条给爷爷送去。到了爷爷那里才知道纸条上写的是让爷爷处罚他。这件事给希区柯克留下了深刻印象，竟从此播下了他毕生创作和追求风格的种子。1920年，希区柯克踏进影圈。1925年，他导演了处女作影片《欢乐圈》，但那时还没有形成他的创作风格。1929年，他的第一部惊险片《讹诈》问世。1934年，他导演了第一部间谍片《知道太多的人》和悬念片《抓贼》。1935年，他以导演《39级台阶》这部经典名著震动了美国好莱坞。

在好莱坞，希区柯克的第一部影片是取材于英国女作家达夫妮·杜·莫里叶所著《丽贝卡》而易名的《蝴蝶梦》。1941年，这部影片夺得了美国奥斯卡金像奖的"最佳影片"桂冠。此后40年，希区柯克导演了《西北偏北》、《群鸟》、《晕眩》等十几部悬念片，以"悬念大师"的独特风格蜚声影坛。他一生都在绞尽脑汁追求悬念和艺术创新。为制造让众人目瞪口呆、喘不过气来的惊险气氛，在影片《西北偏北》中，拍摄直升机向地面上的人俯冲的镜头；在影片《破坏者》中让德国间谍从自由女神铜像的火炬上掉下来摔死。

虽然希区柯克导演的影片多次获奖，可他从来未获得奥斯卡"最佳导演"的称号。1968年，美国电影艺术科学院授给他"塔尔贝格奖"，表彰他始终如一的努力和对电影事业的贡献。

1979年，他又获得美国电影学会授予的最高荣誉——终生成就奖。

"米老鼠"与"唐老鸭"是怎么诞生的？

动画片《米老鼠与唐老鸭》共有100集左右，每集包括2～3个独立的故事。动画片的主角有米老鼠、唐老鸭、黄狗布鲁托、黑狗高飞以及代尔、其普两个花栗鼠，此外还有蜜蜂、蚂蚁、蟋蟀、马、鹿、牛、鲸、海豹等配角。动画片将动物人格化，想象力丰富，艺术造诣精深，以夸张的手法表现喜、怒、哀、乐，妙趣横生，加上配之于名曲民歌，更增添了影片的音乐美和节奏感，风靡全球。

《米老鼠与唐老鸭》，出自于美国青年画师沃特·迪斯尼之手。他从小喜欢画画。一天，他忧郁地坐在汽车工场里，望着自己喜爱的画板发呆，想着自己该画什么才能使作品得到别人的肯定。此时，他忽然看到场里的老鼠窜来窜去，似乎在他的画板上寻找食物，又像是在游戏。他找来面包屑喂它们，而老鼠亲昵地吃着他手里的食物。正当他苦苦思索着画什么的时候，脑子里涌现出了神气活现的小老鼠形象。他决定以老鼠作为动画片的主角，把动画片拍成影片。他和妻子为这只老鼠取了个"米奇"的名字，从此充满智慧和欢乐的米老鼠就诞生了。此后，迪斯尼又塑造了"唐老鸭"这个可爱的角色，首次出现在《聪明的小母鸭》中。迪斯尼的动画片，于1932年获奥斯卡金像奖。1937年他又拍摄了世界上第一部长篇彩色动画片《白雪公主》，前后获得八项奥斯卡

奖。迪斯尼还开设了迪斯尼制片厂，主要摄制动画片。

世界第一部太空电影是什么？

近年，由美国电影制片公司推出的一部长36分钟、耗资360万美元的太空电影——《美梦成真》，是美国宇航员在三次航天飞行中，利用装在遥控机械臂上的摄像机拍摄而成的。影片上映，几乎场场爆满。更令人倾倒的是，观看这部太空电影，可以亲身体验太空航行的惊险、紧张和兴奋。由于影片采用鱼眼镜头摄像机拍摄，又用带有鱼眼镜头的放映机在半球形的银幕上放映，使观众更有亲临其境之感。

里根的成名电影是什么？

在美国总统里根的一生中，演员生涯占去了他的青年和中年的大部分时光。从27岁到54岁（1937～1964年），他在好莱坞共拍摄了64部影片。

里根从影前是美国衣阿华州首府得梅因市WHO电台的体育新闻播音员。1937年，他经一位歌星的推荐，在华纳电影公司拍摄的影片《空中的爱情》中扮演了一位感情丰富而又幽默的播音员。从此里根开始了漫长的银海生涯。1941年，华纳公司拍摄《金石盟》。《金石盟》描写20世纪初一个美国的小镇上，三个孩子在残暴和疯狂的世界中成长起来的故事。里根在该片中扮演一位名叫麦考的年轻运动员。内容是麦考和一个医生的女儿兰迪相爱，而兰迪的父亲反对这门婚事。不久，麦考在一次意外的车祸中双腿受伤。兰迪的父亲为了惩罚他，趁麦考处于昏迷状态时，切

断了他的双腿。该片卖座鼎盛，里根也一跃而为好莱坞的名演员。

哪部电影是走红全球的好莱坞史诗片？

好莱坞历史上最受欢迎的影片，是于1939年由好莱坞制片名家塞尔兹尼克拍摄的《乱世佳人》。影片费时3年，耗资425万美元，由形象英俊美丽的克拉克·盖博和费雯丽担任男女主角。他们演技惟妙惟肖，炉火纯青。影片上映后立刻轰动影坛，在许多国家反复映出，50年来长盛不衰。《乱世佳人》这部影片，是根据玛格丽特·米切尔的同名英文小说改编的（中文小说译为《飘》），小说不仅畅销美国，而且被译成几十种文字。影片经过半个世纪的磨蚀，色彩大大变样，既不像彩色片，也不像黑白片，影界人士称之为"褪色片"。为了纪念这部绝世佳品50周年华诞，拥有此片版权的美国端纳公司，利用最新科技手段，把此片已褪色的拷贝还原。

世界电影史上之最有哪些？

在银幕上出现次数最多的历史人物：法国皇帝拿破仑·波拿巴（1769～1821年）。有这个角色出现的影片至少有163部。

在银幕上最常出现的美国总统：亚伯拉罕·林肯（1809～1865年）。到目前为止，这个角色出现在128部影片中。

文学名著被搬上银幕次数最多的：威廉·莎士比亚的作品。直接由莎翁作品改编或源于莎翁之作而拍成的影片有270部。其中，《哈姆雷特》41次，《罗密欧与朱丽叶》28次，《麦克白》26次。

改编次数最多的故事：德国格林兄弟写的《灰姑娘》。自从1898年以来，已经拍摄过58次。包括故事片、动画片、舞剧片、歌剧片、色情片等。

最昂贵的默片（无声电影）：美国弗雷德·尼布洛的耗资390万美元的《宾虚传》。

最昂贵的影片：苏联的谢尔盖·邦达尔丘克导演并主演的分为4部、长达8小时的史诗片《战争与和平》，耗资一亿多美元。

第一部获奖影片是吉奥瓦尼·维特洛蒂的《感恩的狗》（意大利，1907年），它在意大利举办的国际比赛上获得了由路易·卢米埃尔兄弟颁发的金质奖章。1912年在都灵举办的国际影展上又获得了25000法郎的大奖。

一次获奥斯卡奖最多的影片：《宾虚传》（美国，1959年）。该片获得11项奖：最佳影片奖、最佳导演奖、最佳男主角奖、最佳男配角奖、最佳摄影奖、最佳美工奖、最佳音响奖、最佳作曲奖、最佳剪辑奖、最佳特技奖和最佳服装奖。

获奥斯卡奖数量最多的人：动画大师沃特·迪斯尼（1901～1966年）。他共获得24项正式奖，6项特别奖。

获奥斯卡最佳导演奖次数最多的导演：约翰·福特。他导演的《告密者》（美国，1935年）、《怒火之花》（美国，1940年）、《青山翠谷》（美国，1941年）、《沉默的人》（美国，1952年）使他4次获奖。

获奥斯卡最佳男演员奖次数最多的演员有4人，每人获奖两次。他们是：

斯宾塞·屈赛，主演影片《怒海余生》（美国，1937年）和《孤儿乐园》（美国，1938年）；费雷德里克·马区，主演影片《化身博士》（美国，1932年）和《黄金时代》（美国，1946年）；贾莱·古柏，主演影片《神枪手》（美国，1941年）和《正午》（美国，1952年）；马龙·白兰度，主演影片《在江边》（美国，1954年）和《教父》（美国，1972年）。

获奥斯卡最佳女主角奖次数最多的演员：凯瑟琳·赫本，她因主演《惊才绝艳》（美国，1933年）、《猜猜谁来吃晚餐》（美国，1967年）、《冬狮》（英国，1968年）和《金色池塘》（美国，1981年）等影片而获得4次奥斯卡奖。

最年轻的奥斯卡奖获得者是秀兰·邓波儿，她6岁时获得了一项特别奖，表彰她在1934年中对于银幕娱乐所作的卓越贡献。

获得正式奥斯卡奖的最年轻的演员是塔特姆·奥尼尔。她10岁时在影片《纸月亮》（美国，1973年）中担任角色，获奥斯卡最佳女配角奖。

唯一无人认领的奥斯卡奖：1957年一个叫罗伯特·里奇的人因《勇敢的人》（美国，1956年）这部影片的剧本获得奥斯卡最佳编剧奖。在发奖仪式上，没有人来认领这个小金像，也没有人知道这个叫"里奇"的编剧者。直到19年后，这部影片的制片人因被怀疑是"共产"分子，向电影艺术科学院送来一份保证书，人们才知道，原来"里奇"就是道尔顿·特伦波——"好莱坞十人之一"。

第一个获得奥斯卡奖的黑人演员：海蒂·麦克丹尼尔。她在影片《乱世佳人》（美国，1939年）中扮演黑人保姆，获得最佳女配角奖。

第一个在故事影片中担任主角的黑人演员：萨姆·卢卡斯，在影片《汤姆叔叔的小屋》（美国，1914年）中扮演汤姆叔叔。

第一部全部由黑人表演的有声故事片：米高梅公司的《哈利路亚》（美国，1929年），由金·维多导演，丹尼尔·海恩斯主演。

第一部由黑人制片公司拍摄的影片：奥斯卡·米霍公司的《充军》（美国，1931年），由奥斯卡·米霍导演，斯坦利·莫雷尔主演。

世界上电影导演生涯最长的导演：法国的阿贝尔·冈斯。他的导演生涯是从影片《堤》（法国，1911年）开始，到《拿破仑这个陌生人》（法国，1971年）而告终，共计60年。

第一个女电影摄影师：罗西娜·查奈利。她的第一部作品叫《进化论的起因》（巴西，1909年）。

世界上第一部水下电影：1914年英国人威廉在一个特制的潜水球里拍摄了巴哈马群岛的海底世界。

世界上第一个成功的照相法是什么？

1839年，世界上出现了第一个成功的照相法，称为达盖尔照相法。达盖尔（1789～1851年）是19世纪法国的一位景物画家兼物理学家，他曾借用针孔显影箱进行写生绘画，这种针孔显影箱是一个巨大的密闭容器，边上开有一个小孔，原为希腊人所发明，光线透过此一

小孔之透镜后，会在容器内的布幕上形成一个倒立影像。

1829年起，他和尼埃普斯合作研究照相法。1833年，尼埃普斯去世，达盖尔继续进行实验，终于发明了世界上第一个成功的摄影技术，1839年1月9日在法国科学学会上正式宣布。这种照相法，是用一块涂有碘化银的铜板曝光，然后熏以水银蒸汽，并用普通食盐溶液定影，这样就能形成永久性的影像。达盖尔照相法与棒球及自行车并列为1839年的三大发明，而第一架商业摄影机是于1888年由柯达公司生产的。摄影可以传达美的信息，跟好的艺术品一样，能够触动人们的心灵，丰富人类的精神生活。

彩色胶卷是怎么诞生的？

早在1860年，英国科学家J.C.马克斯韦尔的实验表明：对一个物体分别用红、绿、蓝三种颜色的滤镜，拍摄出三张黑白底片，用这三张底片制成三张幻灯片，并用三个幻灯机各配上相应的滤镜进行放映，三个影像便能准确地重叠起来显示在屏幕上，原物上所有的颜色也重现出来。

1868年，法国科学家D.迪奥隆提出了系统的彩色摄影方法，但未能付诸实施，因为当时尚无摄影材料能对红色感光。直到1906年，有了全色胶片以后，摄影家才拍摄出三张静物的"分色底片"。同时，一些能同时拍摄三张分色底片的"一拍"摄影机也问世了。但它拍摄出来的人像或风景必须用看片器进行观察，看片器中有三个反光镜，使人能看到三张幻灯片互相重叠而形成的彩色影像。但这对一般摄影者来说，既复杂又昂贵，不易推广。

1907年，法国吕米埃兄弟创造了一种"天然彩色片"。它是一种透明正片，含有一层由红、绿、蓝三色混合而成的极细微的淀粉颗粒，它们起着"细微滤镜"的作用。这种"天然彩色片"是最初的实用彩色片，不久在欧洲被先后应用于胶片上，最著名的有"杜菲彩色片"，有的做成叶片，有的做成胶卷和电影片，流行于1935至20世纪50年代。这类彩色片的主要缺点是由于颗粒的过滤关系，需要的曝光时间很长，而且拍摄出来的效果显得太暗，不能印制成彩色相片。

1912年，德国化学家们证明，将无色的彩色显影剂与无色的成色剂结合起来，即可形成颜料，但未能使它在胶片的三层乳结构中产生可靠的效果。后来经过广泛的探索，直到1936年，柯达公司终于生产了第一个三层乳剂的彩色胶片——即"柯达彩色片"。

什么是高速摄影？

利用高灵敏度的胶片和快门时间仅为1/1000秒的照相机，能轻而易举地捕捉住速度最快的运动员在一刹那时的动作。要研究速度更快的物体，曝光时间要进一步缩短，电子闪光灯就成了必不可少的设备。

最早用闪光光源拍照的是英国人福克斯·泰勒伯特，他在1851年向法拉第借了一些设备进行实验，利用莱顿瓶放电产生的极其短暂的火花，拍照了一张附在高速旋转着的纺纱机轮轴上的报纸的照片，照片上可见到报纸上清晰的文字。1877年，布拉格大学欧内斯特·麦克教授用电火花拍摄了子弹飞行的情况。1893年，法国摄影师昌弗用电流点燃管内充满氧气的镁条作闪光光源用。1929年，奥斯特迈耶做成第一批作为商品用的一次性闪光泡，此后闪光泡开始广泛使用。最早致力于电子闪光灯发展工作的主要人物是美国麻省理工学院的埃杰顿教授。他发现将产生火花的两导线之间的空间间隙封闭在玻璃管内，并充以惰性气体，能产生明亮得多的闪光。根据这一原理，1931年5月，他发明了一种水银频闪观察器，发光时间极短，因此被誉为频闪灯（即电子闪光装置）之父。

第二次世界大战后，可利用每秒发出6000次光脉冲的频闪灯拍下子弹飞行的轨迹。目前美国已研制出世界上最短的激光脉冲为12毫微微秒，在这样短的时间内，激光仅移动5微米，相当于人头发丝直径的十分之一，若将这种奇异的短脉冲作为频闪灯光，可"停止"包括分子、原子和电子的运动过程。电子闪光灯闪光持续时间一般为1/500至1/5000秒，最短可达1/28000秒。至于拍摄更高速度的运动情况，就要借助闪光持续时间更短、光能量更大的激光光源了。

人像摄影大师纽曼的作品风格是什么？

世界第一流的人像摄影家阿诺德·纽曼以其风格独特、形象鲜明的人像摄影作品征服了各国观众的心。《音乐家斯特拉伦斯基》是他的成名作和代表作，也是世界名作。这幅摄影体现了作者控制画面构成的能力：钢琴支起的琴盖与音乐家以手支撑头部之间形成两个相互呼应的三角形，光线柔和而影调对比鲜明，线条富有旋律与节奏感。画面构图与音乐家作品的粗犷刚劲简洁的风格相吻合。此作发表后摄影家和音乐家同时名扬四海。纽曼的《芭蕾舞演员》和《斯提格利茨夫妇》也是世界名作。前者环境处理简洁，明暗对比强烈，人物身份气质刻画准确细腻。后者善于运用环境来寄寓象征意味，所摄的一对艺术家夫妇恰到好处地显示出他们的特征和他们艺术的风格。纽曼在人像摄影艺术上走出的这条新路，浸透了他辛勤的汗水。1918年他出生于纽约，19岁进入迈阿密大学学绘画，21岁即在摄影馆里开始了摄影艺术生涯。他专攻人像摄影，曾为不少著名艺术家拍摄肖像。26岁那年他举办了第一次个人影展，在艰苦的探索与实践中他逐渐成为了世界第一流的人像摄影家。纽曼善于把主体人物和所生活的环境紧密结合起来进行构思；善于在形象与构图上追求象征意味；善于以洗练的画面结构，对比强烈而和谐的影调来刻画形象，这些都是他的摄影艺术具有魅力和形成独特风格的原因。

比尔·勃兰特有哪些贡献？

世界著名的超现实主义摄影大师比尔·勃兰特（1904～1983年）的摄影作品被伦敦莫尔巴勒美术馆收藏和出售，一幅用原底拷贝、反差很大的作品要卖到250至800英镑。勃兰特生于伦敦，在从事摄影工作的初期他成绩平平，直到20世纪20年代末机遇才帮助了他。他去巴黎给著名美国画家曼·雷当助手，曼·雷是位达达主义者，后又专门从事

221

超现实主义创作，以大胆的变形摄影在先锋派圈子里引起轰动。1931年勃兰特返回伦敦，带回超现实主义摄影的领袖安德烈·布雷东的纲领性警句："用内心的现实代替现实的外界"，并以此作为自己摄影创作的座右铭。勃兰特所拍摄的照片常采用抽象变形的手法，以加强人的柔软的形体与坚硬的山川之间的对比，如拍摄于1957年的人体摄影《耳朵》。他常使用极硬的相纸制作照片，使图像形成没有任何颗粒的强烈对比，如摄于1952年的《女像》。他还以精心摆拍知名人士的肖像而闻名于世，如摄于1963年的《画家弗朗西斯·培根》等。他的摄影作品的魅力产生于对比之中：靠近镜头的物体过分夸大，远景骤然缩小，加之每张照片都具有远近清楚的大景深，这种对现实存在的拍摄对象的夸张和变形形成了他独特的摄影风格。勃兰特的超现实主义摄影将继续影响着世界现代摄影艺术。